高职高专"十四五"规划学前教育专业新标准实践型示范教材

总主编　蔡迎旗

学前儿童语言教育

主　编◎王　雯（华中师范大学）
副主编◎唐汀露（汉口学院）
　　　　刘师珈（湖北第二师范学院）
　　　　段　为（湖北艺术职业学院）
　　　　方玲玲（湖北三峡职业技术学院）
　　　　彭佳雪（荆楚理工学院）
参　编◎刘翠霞（湖北工程学院）
　　　　郭　云（武昌工学院）
　　　　姜　莉（湖北商贸学院）
　　　　韩苗苗（武汉商贸职业学院）
　　　　陈嘉依（华中师范大学教育学院研究生）

华中科技大学出版社
http://press.hust.edu.cn
中国·武汉

图书在版编目(CIP)数据

学前儿童语言教育 / 王雯主编. -- 武汉：华中科技大学出版社, 2024.9. -- (高职高专"十四五"规划学前教育专业新标准实践型示范教材). -- ISBN 978-7-5772-1223-4

Ⅰ. G613.2

中国国家版本馆 CIP 数据核字第 2024GA5004 号

学前儿童语言教育
Xueqian Ertong Yuyan Jiaoyu

王　雯　主编

策划编辑：周晓方　周清涛　袁文娣	
责任编辑：陈　孜	
封面设计：廖亚萍	
责任校对：唐梦琦	
责任监印：周治超	
出版发行：华中科技大学出版社(中国·武汉)	电话：(027)81321913
武汉市东湖新技术开发区华工科技园	邮编：430223
录　　排：华中科技大学惠友文印中心	
印　　刷：武汉科源印刷设计有限公司	
开　　本：889mm×1194mm　1/16	
印　　张：13	
字　　数：340千字	
版　　次：2024 年 9 月第 1 版第 1 次印刷	
定　　价：49.90 元	

本书若有印装质量问题，请向出版社营销中心调换
全国免费服务热线：400-6679-118　　竭诚为您服务
版权所有　侵权必究

高职高专"十四五"规划学前教育专业新标准实践型示范教材

总主编

蔡迎旗　华中师范大学早期教育学院院长，教授，博士生导师
　　　　教育部高等学校幼儿园教师培养教学指导委员会委员
　　　　中国教育学会学前教育专业委员会副理事长
　　　　学前教育"国培计划"首批专家和学前教育师范类专业认证专家

副总主编

（按照姓氏拼音排序）

邓艳华	衡阳幼儿师范高等专科学校	徐丽蓉	江汉艺术职业学院
刘丽伟	华中师范大学	杨冬伟	湖北工程职业学院
罗春慧	湖北幼儿师范高等专科学校	杨　龙	郑州幼儿师范高等专科学校
唐翊宣	广西幼儿师范高等专科学校	杨素苹	武汉城市职业学院
田兴江	重庆幼儿师范高等专科学校	叶圣军	福建幼儿师范高等专科学校
王任梅	华中师范大学	尹国强	华中师范大学
王先达	福建幼儿师范高等专科学校		

编　委

（按照姓氏拼音排序）

陈启新	三峡旅游职业技术学院	欧　平	衡阳幼儿师范高等专科学校
董艳娇	安阳师范学院	苏　洁	湖北幼儿师范高等专科学校
段　为	湖北艺术职业学院	孙丹阳	铜仁幼儿师范高等专科学校
俸　雨	武汉商贸职业学院	谭学娟	江汉艺术职业学院
郝一双	湖北商贸学院	田海杰	烟台幼儿师范高等专科学校
侯晓磊	合肥幼儿师范高等专科学校	王会明	湖北职业技术学院
焦　静	福建幼儿师范高等专科学校	王　梨	常州幼儿师范高等专科学校
焦名海	深圳信息职业技术学院	王　雯	华中师范大学
李　卉	华中师范大学	闫振刚	郑州升达经贸管理学院
李志英	三峡旅游职业技术学院	杨　洋	三峡旅游职业技术学院
廖　凤	湘南幼儿师范高等专科学校	张　娜	华中师范大学
刘翠霞	湖北工程学院	赵倩倩	湖北三峡职业技术学院
刘凤英	湘南幼儿师范高等专科学校	郑艳清	湖北幼儿师范高等专科学校
刘　艳	三峡旅游职业技术学院		

网络增值服务

使用说明

欢迎使用华中科技大学出版社人文社科分社资源网

1 教师使用流程

（1）登录网址：https://bookcenter.hustp.com/index.html （注册时请选择教师身份）

注册 → 登录 → 完善个人信息 → 等待审核

（2）审核通过后，您可以在网站使用以下功能：

浏览教学资源　建立课程　管理学生　布置作业　查询学生学习记录等

2 学员使用流程

（建议学员在PC端完成注册、登录、完善个人信息的操作）

（1）PC端学员操作步骤

① 登录网址：https://bookcenter.hustp.com/index.html （注册时请选择学生身份）

注册 → 完善个人信息 → 登录

② 查看课程资源：（如有学习码，请在个人中心-学习码验证中先验证，再进行操作）

首页课程 > 课程详情页 > 查看课程资源

（2）手机端扫码操作步骤

内容提要

本教材旨在为广大学前教育专业师生和幼儿园教师提供兼具系统性和实用性、顺应数字赋能教育高质量发展趋势的学前儿童语言教育教学指导,为学前儿童语言教育高质量发展添砖增瓦。

本教材共由三大板块、十一个项目组成。第一个板块为学前儿童语言教育基础理论,对应本教材项目一至项目三的内容,该板块构建了学前儿童语言教育的理论框架,帮助学生理解学前儿童语言发展的内在机制。第二个板块为学前儿童语言教育的策略与方法,对应本教材项目四至项目九的内容,该板块详细阐述了幼儿园常见的各类语言教育活动的具体策略、活动设计及实施要点,强调实践应用。第三个板块为特色拓展,对应本教材项目十至项目十一的内容,旨在为学前儿童第二语言的启蒙教育提供思路,为学前教育从业者、家长自我语言修养的提升指明方向。

本教材注重理论与实践相结合,既可作为师范院校学前教育专业学生学习的教材,也可以作为幼儿园教师继续教育或者自修的参考书,还可以作为家长案头的学习资料。

总 序

人生百年，立于幼学。学前教育是我国学校教育制度的基础、国民教育体系的重要组成部分和重要的社会公益事业，关系到我国千万名儿童的健康快乐成长和无数家庭的和谐幸福，我国各级政府高度重视，社会各界高度关注。推动学前教育普及、普惠和高质量发展已成为我国学前教育事业改革与发展的未来方向。

幼儿园教师是决定幼儿园保育与教育质量的关键因素，是我国构建现代化、高质量学前教育体系的根本保障。当前，我国学前教育事业发展的薄弱环节是幼儿园教师队伍的建设。高质量的幼教师资来源于高水平的学前教师教育，为顺应我国学前教育事业发展的迫切需求，教育部颁布了《教师教育课程标准（试行）》《幼儿园教师专业标准（试行）》《新时代幼儿园教师职业行为十项准则》《学前教育专业师范生教师职业能力标准（试行）》等多个文件，对我国幼儿园教师教育课程、幼儿园教师专业素养、职业道德与行为、职业能力与岗位适应等进行规范与引导，以努力提升我国学前教师教育的整体质量与水平。

当前，我国幼儿园教师起点学历已由中专提升为专科及以上层次。在职幼儿园专任教师中专科及以上学历比例超过了90%，其中近八成是专科学历。高职高专在我国幼儿园教师人才培养中具有举足轻重的地位，是我国学前教师教育的主力军。

职业教育是我国国民教育体系和人力资源开发的重要组成部分，

是培养多样化人才、传承技术技能、促进就业创业的重要途径。我国各级各类职业教育院校守正创新、锐意改革，大力提升职业教育办学质量和适应性，而职业教育课程与教材是提高职业教育办学质量和适应性的关键所在。华中科技大学出版社计划出版的"高职高专'十四五'规划学前教育专业新标准实践型示范教材"，正好回应了我国学前教育事业发展之所急和职业教育事业发展之所需。本人受邀作为本套教材的总主编，深感荣幸且责任重大。经过与出版社深度沟通、市场调研和全国学前专业相关院校教师专家的研讨，本套教材试图实现以下六个方面的创新与突破。

第一，坚持立德树人，创新教材理念。本套教材以培养高素质专业化幼儿园教师为目标，坚持教材的思想性和先进性，把社会主义核心价值体系有机融入教材，精选对培养优秀幼儿园教师有重要价值的课程内容，将学前教育领域的前沿知识、教育改革和教育研究最新成果充实到教学内容中，加强中华优秀传统文化的渗透与融入，实现课程思政一体化，立德树人，德技并修。本套教材注重引导学习者树立正确的儿童观、教师观、教育观和长期从教、终身从教信念，塑造未来教师的人格魅力；加强职业道德教育和职业态度与行为的养成；着力培养学习者的社会责任感、创新精神和实践能力。

第二，分层分类设计，优化教材体系。本套教材从"教育信念与责任、教育知识与能力、教育实践与体验"三个维度，按照国家《教师教育课程标准（试行）》对幼儿园教师教育课程的要求，设计了"人文素养与思政类、保教理论与实践类、教师技能与艺术类"共三个层次47本教材，分别着重培养学习者的人文科学素养与师德理念、幼儿园保育与教育职业能力以及幼儿园教师教育素养与艺术素养；强化教育实践环节，加强职业技能训练内容，编写教育见习、实习和研习手册，提供名师优秀教学案例；坚持育人为本，促使学习者"德、才、能、艺"全面发展，人才培养目标从促进就业、创业转变为促进人的全面发展和专业职业的可持续发展。

第三，"课、岗、证、赛"并重，精选教材内容。本套教材的大纲与内容、拓展练习与教学资源库，均依据我国幼儿园教师职前和职后教育、幼儿园教师职业与岗位准则、幼儿园教师资格制度等方面的相关法规，实现"课、岗、证、赛"一体化。每本教材坚持职前教育和职后培训贯通设计。在全面夯实学习者专业知识与能力的基础上，注重学习者职业道德与能力的培养和从业态度与行为的养成教育。另外，教材注重课前、课中与课后的整体设计，课前预习相关学习资源，课中精讲关键知识点，课后链接"课、岗、证、赛"相关练习，以利于学习者巩固所学内容并学以致用，提升学习者的专业与职业综合素质以及职业与岗位适应能力，实现终身学习和毕生发展。

第四，以生为本引导学习，完善教材体例。本套教材从"教"与"学"两个角度设置教材体例，使其符合学习者的学习、内化直至实践应用的规律，具有启发引导性，也充分考虑了教材面向的主体——高职高专学生的学习特点，内容编排由浅入深，理论与实践并重，努力做到"教师好教，学生好学"；注重培养学习者对学前教育学科知识的理解和感悟，设计模拟课堂、情境教学、案例分析、技能训练、教学竞赛等多样化的教学方式，增强学习者的学习兴趣，提高学习效率，使其实现学习能力、实践能力和创新能力的三重提升。

第五，数字技术强力支撑，丰富教材形式。本套教材注重将信息技术作为基础条件与支撑，构建丰富多彩、高质量的电子资源库，努力实现课程与教学资源的共建共享；实现"互联网+教育"和教材形态的多样化与电子化，将纸质媒介和电子媒介相结合，创设数字化的教育教学情境。教材中穿插大量数字资源二维码，引导学习者在课前和课后拓展学习海量专业知识，培养学习者的数字化教育能力和数字化学习能力，做新时代高素质的数字化教育者和学习者。针对幼儿园管理与保教的特点，本套教材尤其注重提升学习者的信息素养和利用信息技术进行保育与教育、安全风险防控和质量管理的能力。

第六，"校、社、产、教"多元合作，确保教材质量。为确保教材质量，特聘请全国开设学前教育专业的高职高专院校、本科高校推荐遴选教学经验丰富、有影响力的专家和一线骨干教师担任每本教材的主编和副主编，拟定教材编写体例，给出教材编写样章，同时参与审定大纲、样章，总体把控书稿的编写进度与品质。参与的作者分别来自高校、行业领域和实践一线，来源广泛而多元，实现了"校、社、产、教"不同领域人员的协同创新与深度合作。

当然，以上六个方面只是本人作为总主编对这套教材的美好期待与设想，这些想法能否真正得以实现和彰显，有赖于所有参编人员和编辑的共同努力，也有待广大读者的审读与评判。在本套教材编写的过程中，我们参阅、借鉴和引用了国内外大量学术成果和教研教改案例。科研成果为本套教材提供了学术滋养，而实践经验与案例展示了当前我国学前教育改革与发展的生动样态，在此一并表示感谢。书中如有疏漏和不妥之处，敬请各位读者批评指正。

最后，我谨代表本套教材的所有编委和作者，衷心感谢本套教材的策划者——华中科技大学出版社人文社科分社社长周晓方，周社长对学前教育充满热情和信心，为本套教材的编写、出版和发行倾注了大量心血；还要感谢本套教材的策划编辑袁文娣和其他各位编辑及相关工作人员。我们基于教材的首次合作渐趋默契和融洽。让我们携手共进，继续为我国学前儿童的福祉和学前教育事业的健康可持续发展奉献智慧与力量！

武汉桂子山·华中师范大学教育学院

2023 年 5 月

preface 前言

　　语言是人类重要而便捷的交际工具、思维工具和学习工具，是实现个体社会化发展必不可少的桥梁之一。心理学的研究表明，学前期是语言发展的关键期，促进学前儿童语言高质量发展，是学前教育从业者的职责所在。因此，一直以来培养学前教育师资的师范院校普遍将"学前儿童语言教育"作为本专业的一门核心课程，通过探讨3~6岁儿童语言发生和发展的现象、原理，帮助学生掌握学前儿童语言领域教育的基本知识，熟悉幼儿园语言领域的教学目标和内容，准确运用适宜的教学策略和方法，合理设计并有效开展学前儿童语言教育活动，从理论和实操两个方面提升学生今后从事学前儿童语言教育的专业素养和能力水平。

　　本教材紧密围绕《幼儿园教育指导纲要（试行）》《3—6岁儿童学习与发展指南》《幼儿园保育教育质量评估指南》的指导思想，并结合幼儿园教师资格证考试的相关要求编写，旨在构建全面、系统的学前儿童语言教育知识体系；同时，注重理论与实践相结合，树立运用理论来指导学前儿童语言教育教学实践的编写意识，力求更好地帮助学生掌握学前儿童语言教育的相关知识。

　　本书由三个板块的内容构成，共分为十一个项目。第一个板块为学前儿童语言教育基础理论，包括学前儿童语言概述、学前儿童语言发展的基本理论、0~6岁学前儿童的言语发展，该板块构建了学前儿童语言教育的理论框架，帮助学生理解学前儿童语言发展的内在机制。第二个板块为学前儿童语言教育的策略与方法，包括幼儿园语言教育活动设计概述，幼儿园谈话活动、讲述活动、绘本与集体阅读活动、文学作品活动、语言区活动的设计，该板块详细阐述了幼儿园常见的各类语言教育活动的具体策略、活动设计及实施要点，强调实践应用。第三个板块为特色拓展，包括学前儿童第二语言的发展与教育、教育者的语言修养和教育引导，旨在为学前儿童第二语言的启蒙教育提供思路，为学前教育从业者、家长自我语言修养的提升指明方向。

在编写过程中，我们充分考虑了现代职业教育的特点与需求，不仅阐述了相关理论知识，还辅有案例分析、教学设计范例和数字资源，以期通过多样化的教学手段激发学生的学习兴趣，增强教学效果，同时适应"互联网＋教育"的发展趋势。本教材中每个项目设置的"思考与练习"栏目精选了幼儿园教师资格证考试真题，帮助学生巩固知识点，提高应试能力；"实践与实训"栏目则设计了相关知识的实践练习题，引导学生将所学知识应用于实际教学中，培养他们解决实际问题的能力。

本教材由华中师范大学王雯主编；汉口学院唐汀露、湖北第二师范学院刘师珈、湖北艺术职业学院段为、湖北三峡职业技术学院方玲玲、荆楚理工学院彭佳雪为副主编；湖北工程学院刘翠霞、武昌工学院郭云、湖北商贸学院姜莉、武汉商贸职业学院韩苗苗、华中师范大学教育学院研究生陈嘉依参编。本教材在编写的过程中，借鉴了国内外许多专家、学者的著作和文献，教材中的案例来自各地优秀幼儿园教师的教育实践，部分音视频资源选自网络平台的公开资源，在此，对这些著作、文献、案例，以及音视频的原作者表示衷心的感谢！同时，限于编者水平及时间有限，书中不免存在错漏之处，恳请广大读者海涵并提出宝贵意见，以便我们不断改进和完善。

期待本教材能够成为学前教育专业师生及广大学前教育从业者的"良师益友"，以助力学前儿童语言教育高质量发展。

2024年6月

目 录

项目一　学前儿童语言概述　　1

任务一　学前儿童语言教育的概念和特点　　1
　　一、学前儿童语言教育的概念　　2
　　二、学前儿童语言教育的特点　　3

任务二　学前儿童语言教育的意义和观念　　6
　　一、研究和学习学前儿童语言教育的意义　　6
　　二、学前儿童语言教育的基本观念　　9

任务三　影响学前儿童语言发展的因素　　11
　　一、遗传　　11
　　二、环境　　12
　　三、幼儿园教育　　14
　　四、个人主观能动性　　14

项目二　学前儿童语言发展的基本理论　　17

任务一　先天决定论　　17
　　一、先天语言能力说　　17
　　二、自然成熟说　　21

任务二　后天作用论　　23
　　一、模仿说　　24
　　二、强化说　　27
　　三、中介说　　28

任务三　先后天相互作用论　　29

一、认知相互作用论　30
二、社会交互作用论　31
三、规则学习说　31

项目三　0~6岁学前儿童的言语发展　34

任务一　前言语的发展　34
一、婴儿语音发展阶段　35
二、婴儿语音的听觉偏好　36

任务二　言语的发展　36
一、幼儿语音的发展　36
二、幼儿语法的发展　37
三、幼儿语义的发展　38
四、幼儿语用的发展　40

项目四　幼儿园语言教育活动设计概述　43

任务一　幼儿园语言教育活动目标的制定　43
一、幼儿园语言教育活动目标体系　44
二、幼儿园语言教育活动目标制定的依据　45
三、幼儿园语言教育活动目标制定的维度　46
四、制定幼儿园语言教育活动目标的注意事项　47

任务二　幼儿园语言教育活动内容的组织　49
一、幼儿园语言教育活动内容的种类　49
二、幼儿园语言教育活动内容的价值取向　52
三、组织幼儿园语言教育活动内容的注意事项　53

任务三　幼儿园语言教育活动方法的选择　54
一、示范法　54
二、多感官参与法　55
三、游戏法　55
四、表演法　56
五、练习法　56

任务四　幼儿园语言教育活动的基本途径　57
一、直接途径的语言教育活动　57
二、间接途径的语言教育活动　58

项目五　幼儿园谈话活动设计　62

任务一　幼儿园谈话活动的目标设计　63
一、幼儿园谈话活动的含义　63
二、幼儿园谈话活动的类型　63
三、幼儿园谈话活动的总目标　64
四、谈话活动的各年龄班目标　66

任务二　幼儿园谈话活动的结构设计　66

　　　　一、幼儿园谈话活动话题的选择　66
　　　　二、幼儿园谈话活动设计的基本结构　67

项目六　幼儿园讲述活动设计　75

任务一　幼儿园讲述活动的目标设计　76
　　　　一、幼儿园讲述活动的含义　76
　　　　二、幼儿园讲述活动的特点　76
　　　　三、幼儿园讲述活动的类型　78
　　　　四、幼儿园讲述活动的目标　80

任务二　幼儿园讲述活动的结构设计　81
　　　　一、幼儿园讲述活动内容的选择　81
　　　　二、幼儿园讲述活动的基本结构　83

项目七　幼儿园绘本与集体阅读　91

任务一　绘本的内涵、特点和教育价值　91
　　　　一、绘本的内涵　91
　　　　二、绘本的特点　92
　　　　三、绘本的教育价值　94

任务二　绘本集体阅读的概念、目标和步骤　95
　　　　一、绘本集体阅读的概念　95
　　　　二、绘本集体阅读的目标　96
　　　　三、绘本集体阅读的步骤　97

任务三　绘本集体阅读活动设计与实施　103
　　　　一、绘本集体阅读活动设计　103
　　　　二、绘本集体阅读活动实施　108

项目八　幼儿园文学作品活动设计　115

任务一　幼儿园文学作品活动的理论要点　116
　　　　一、幼儿园文学作品活动的内涵　116
　　　　二、幼儿园文学作品活动的特点　116
　　　　三、幼儿园文学作品活动的类型　117
　　　　四、幼儿园文学作品活动的总目标　119
　　　　五、幼儿园文学作品活动的各年龄班目标　120

任务二　幼儿园文学作品活动的结构设计　122
　　　　一、幼儿园文学作品活动目标的设计　122
　　　　二、幼儿园文学作品活动内容的选择　124
　　　　三、幼儿园文学作品活动设计的基本结构　126

任务三　幼儿园文学作品活动中的几种特殊活动形式　129
　　　　一、学前儿童诗歌和散文仿编活动　129
　　　　二、学前儿童编构故事活动　131
　　　　三、故事表演游戏　132

项目九　幼儿园语言区活动设计　　136

任务一　幼儿园语言区活动概述　　136
一、幼儿园语言区与语言区活动的定义　　137
二、幼儿园语言区活动的分类　　137
三、幼儿园语言区活动的特征　　138
四、幼儿园语言区活动中的教师角色　　139

任务二　幼儿园语言区环境创设　　140
一、幼儿园语言区环境创设要求　　140
二、幼儿园语言区环境创设方法　　143

任务三　幼儿园语言区的评价　　151
一、对语言区环境创设的评价　　151
二、对语言区活动过程的评价　　153

项目十　学前儿童第二语言的发展与教育　　156

任务一　学前儿童第二语言发展　　156
一、第二语言及其相关概念　　156
二、学前儿童第二语言习得　　157
三、第二语言习得的关键期　　159

任务二　学前儿童第二语言教育　　160
一、学前儿童第二语言教育目标　　160
二、学前儿童第二语言教学内容　　161
三、学前儿童第二语言教学手段　　161
四、学前儿童第二语言教学法　　162
五、学前儿童第二语言（英语）教学设计范例　　164

项目十一　教育者的语言修养和教育引导　　170

任务一　教师语言修养和教育引导艺术　　170
一、教师语言的定义　　171
二、教师语言的基本要求　　171
三、教师语言修养的提升策略　　173
四、教师的语言引导艺术　　175

任务二　家长语言修养和教育引导艺术　　177
一、家长语言对学前儿童发展的影响　　178
二、家长语言修养的提升策略　　179
三、家长的语言引导艺术　　181

参考文献　　185

数字资源目录

拓展资源 "多种角度看语言的特点"	5
微课视频 《可爱的方言奶音》	8
微课视频 《4岁女孩会说7种语言》	13
微课视频 《家庭里的教学游戏》	15
精讲音频 《神童出道的中国人——骆宾王》	20
精讲音频 《9岁上大学的欧洲神童——卡尔·威特》	21
精讲音频 《印度狼孩》	23
精讲音频 《漂亮妈妈》	24
拓展资源 "怀特赫斯特的两次语言实验"	26
拓展资源 "助力学前儿童挥动语言的翅膀"	29
拓展资源 "婴儿期的交流发展"	36
拓展资源 "皮亚杰有关幼儿言语的研究"	40
政策法规链接 《幼儿园教育指导纲要(试行)》	44
政策法规链接 《3—6岁儿童学习与发展指南》	45
微课视频 《中国各地的方言》	46
活动案例 "汽车比赛"	57
活动案例 "小铃铛"	59
微课视频 《鸭子骑车记》	94
微课视频 《爷爷一定有办法》	101
微课视频 《鳄鱼爱上长颈鹿》	103
微课视频 《猜猜我有多爱你》	106
微课视频 《传声筒》	149
微课视频 《日常生活所需》	149
微课视频 《谁先谁后》	149
微课视频 《手偶表演》	151
拓展资源 "孔子的育人故事"	172
政策法规链接 《幼儿园教师专业标准(试行)》	173
微课视频 《皮格马利翁效应》	179
拓展资源 "铃木镇一的教育观"	181

项目一 学前儿童语言概述

◇ **学习目标**

1. 掌握语言、学前儿童语言教育的概念，理解学前儿童语言教育的特点。
2. 了解学前儿童语言教育的多重意义，领悟学前儿童语言教育的基本观念。
3. 掌握影响学前儿童语言发展的若干因素，并运用于分析实际案例中。

◇ **情境导入**

在生活中，我们会接触到不同的语言，不仅国与国之间语言的发音和字形迥异，即使在同一个国家中，也存在多种方言，为什么会这样呢？学前儿童语言发展水平也千差万别，有哪些因素影响学前儿童语言发展呢？学前教育专业的学生为什么要学习学前儿童语言教育的相关理论和实务操作呢？本项目将带领大家一起探索诸如此类的问题。

任务一 学前儿童语言教育的概念和特点

语言与学前儿童的生活、发展息息相关。学前期是语言发展，尤其是口语发展的关键期，学前儿童学会了语言，便有了良好的发展条件。学前儿童语言教育是研究学前儿童语言发生和发展的现象、规律及对学前儿童进行语言训练和教育的一门学科。它与学前儿童健康教育、学前儿童社会教育、学前儿童科学教育和学前儿童艺术教育一起，共同构成了学前教育的五大领域，形成了相应的教学法课程。

一、学前儿童语言教育的概念

（一）语言

1. 语言的含义

语言是随人类社会的发展而产生和发展的音义结合的符号系统，它承载着物质、思想和经验等，并以能听到的声音和能看见的符号形式而客观存在着。语言是以语音和字形为物质外壳，以词语为建筑材料，以语法为结构规律而构成的符号体系，是用来表达意思、交流思想和感情的交际工具。语言主要分为口头语言和书面语言两种形式，其中操作口头语言的具体方式为听和说，操作书面语言的具体方式则为读和写。

2. 语言的本质

语言究竟是什么？人类的语言经过漫长的发展过程，对其本质属性的理解也达成了一定的共识，一般来说，有以下四个基本属性。

（1）符号性。符号是有实际意义的一种标记或者代码，起表征作用。语言的符号性是指生活在一定地域的人们，因劳动和生活之需，日积月累，逐渐形成一套适合人际沟通的符号系统，具有鲜明的约定俗成性。不同民族的语言呈现不同的发音方式、字形和句法，每一种文化的语言都有各自的特征。

（2）社会性。语言是一种特殊的社会现象，语言与人类社会是相互依存的关系。例如，中国共产党领导的中国工农红军在土地革命战争时期提出的"打土豪、分田地"等口号，当代社会的"天眼""5G"等词语，都反映了当时的政治、经济和社会的变化。随着社会的发展，新事物、新概念不断涌现，推动着语言不断地丰富和发展。

（3）系统性。语言是由语音、语义、语法等子系统构成的用来交际的复杂系统，各子系统又由诸多要素构成，各要素之间互相联系、互相制约，构成了一个有机整体，以充分发挥语言的交际功能。语言符号系统按照组合关系和聚合关系两大基本结构，制约整个系统的运转。

（4）工具性。语言是人们思维的工具，是人们交际的工具，也是文化传承的工具。语言作为人们在一定社会中进行交际活动的一种工具，是个体在不断地交际中逐步抽象出来，并不断加以规范化、系统化的产物。对学前儿童来说，只有在具体的语言环境中，通过对个别的、具体的词和句子的学习，才能具备一定的语言能力，学会与人交流，逐步掌握语言的普遍规则。

（二）学前儿童语言教育

学前儿童语言教育是研究学前儿童语言发生和发展的现象、规律，以及对学前儿童进行语言训练和教育的一门学科。对于学前儿童语言教育概念的界定，理论界经历了一个从狭义理解到广义理解的逐步完善的认知过程。

1. 狭义的学前儿童语言教育

狭义的学前儿童语言教育仅关注3~6岁学前儿童掌握母语口语的过程，特别是将3~6岁学前儿童早期掌握母语的听说训练和教育引导当作研究对象，着重于加强3~6岁学前儿童的口语听说训练。

狭义的学前儿童语言教育，无论是从研究对象、研究内容上看，还是在对学前儿童语言获得的理解上都不够全面。一方面，从研究对象上看，把3~6岁学前儿童作为研究对象，而忽视了3岁前学前儿童的语言获得；从研究内容上看，注重对学前儿童的听说训练，而忽视了对学前儿童的早期阅读和早期书写的训练。另一方面，在对学前儿童语言获得的理解上，认为母语的学习更多的是自然获得，后期教育的作用并不大。因此，狭义的学前儿童语言教育既不利于0~6岁学前儿童语言一体化的研究与教育，也不利于学前儿童语言的健康发展，更不利于实际工作中对学前儿童语言的具体指导。

2. 广义的学前儿童语言教育

广义的学前儿童语言教育把0~6岁学前儿童的所有语言获得和学习现象、规律以及训练与教育作为主要研究对象，并对0~6岁学前儿童加强听、说、读、写的训练。

广义的学前儿童语言教育相对于狭义的学前儿童语言教育有以下三点不同。

一是在研究对象上，在年龄层面进行扩展，引进"学前教育是指从出生到6周岁儿童的教育"这一新的界定，把研究对象扩展到0~6岁，正视3岁前学前儿童语言发生和发展的事实。

二是在研究内容上，强调所有语言获得和学习，包括学前儿童对母语的学习和训练、第一语言和第二语言的学习和训练、语言治疗与康复等内容。

三是在对学前儿童语言获得的理解上，注重学前儿童语言运用能力的培养，主张学前儿童语言教育应当在认知世界和社会交往的过程中展开。因此，学前儿童语言教育的内容和任务不再局限于对学前儿童进行简单的听、说、读、写训练，更加强调给学前儿童提供真实的语言交往环境和认知活动，让学前儿童在运用语言认知世界、形成自己思想的同时，接受文化的熏陶，全方位地发展学前儿童的语言能力。

由此可见，广义的学前儿童语言教育对学前儿童语言教育研究对象和研究内容的认知更加全面和科学，对学前儿童语言获得的理解也更加深入。

二 学前儿童语言教育的特点

语言学科的性质、社会功能和学前儿童语言学习的特点，决定了学前儿童语言教育的特殊性。概括地讲，学前儿童语言教育具有渗透性、易行性和积累性三大特点。

（一）学前儿童语言教育的渗透性

学前儿童语言教育的渗透性是指学前儿童的语言学习是随时随地进行的，学前儿童可以在不知不觉中掌握词汇量和理解表达的经验。学前儿童的语言学习渗透在一日生活中，渗透在学前儿童所参与的各类活动中。

1. 日常生活中的语言教育

日常生活是学前儿童学习语言的重要途径，无论在家还是在幼儿园，学前儿童在日常生活中总是有意无意地与教师、同伴及家长进行语言交往。这些发生在生活中的自然交往情境，为教师和家长对学前儿童进行语言教育提供了很好的机会。成人可以了解学前儿童语言发展的现状，在交往中为学前儿童提供语言范例、扩充学前儿童的词汇量；教师还可以在帮助学前儿童建立生活常规的过程中，提高他们理解语言并按语言指令行动的能力。

2. 游戏活动中的语言教育

游戏活动是学前儿童的主导活动，同时也是对学前儿童进行语言教育的重要途径。在游戏活动中，学前儿童很少有长时间静默不语的时候，即使不与同伴发生联系，也可能自言自语、自我取乐；同时学前儿童需要与教师和其他小朋友进行交流，构思游戏情节、分配游戏角色、开展游戏活动、评价游戏过程等一系列环节中都需要语言教育活动的参与。因此，学前儿童在游戏中有大量的时间加工语言信息，教师可以充分利用这种机会，在游戏活动中规范学前儿童的语言形式，扩充其词汇量，渗透语言教育。

3. 其他领域中的语言教育

在学前儿童教育尤其是幼儿园教育中，专门的语言教育活动是实现语言教育目标的主要途径，同时学前教育的其他领域的学习（如健康、社会、科学、艺术）也与语言有着千丝万缕的联系，也是对学前儿童进行语言教育的重要途径。例如，在健康领域中，学前儿童需要听懂并理解教师所讲解的动作要领，并按指令完成动作；在社会领域中，学前儿童要积极与他人交往，学习交往的规则和方法，这本身就要求学前儿童对语言的理解和运用；在科学领域中，教师引导学前儿童观察动植物、自然现象等，需要学前儿童用语言清楚地表述自己的观察所得；在艺术领域中，教师可以组织学前儿童介绍自己的作品或者根据美术作品内容创编故事等。

语言的渗透性要求我们不仅要关注专门的语言教育活动，还要重视语言教育以外的活动中所蕴含的丰富的语言学习因素，重视更为广泛意义上的语言环境对学前儿童语言发展的熏陶作用。

（二）学前儿童语言教育的易行性

0~6岁是学前儿童语言发展最为迅速的时期，也是语言教育最为适宜的时期，这一时期的语言教育具有以下特点。

1. 教育对象的主动性

0~6岁的学前儿童是学前儿童语言教育的对象，他们对整个世界充满了好奇，用自己独特的方式探索所接触到的事物。他们对于语言学习同样有着浓厚的兴趣和较强的主动性，在日常生活中他们经常处于一种积极学习的状态。

2. 教育主体的全员性

语言是在相互交流的过程中获得的，很大程度上受生活环境的影响。所有与学前儿童进行交往的人都可以成为学前儿童语言教育的主体，如教师、家长、同伴、邻居等，这就意味着学前儿童语言教育并不局限于某个专门的时间和地点，可以随时随地进行。

3. 教育内容的广泛性

学前儿童语言教育的内容具有广泛性，其广泛地存在于学前儿童的各种活动中。从题材上看，由学前儿童生活到科学知识，由环境问题到生命教育，各种题材的内容都可以让学前儿童接触；从文体上看，故事、儿童诗歌、寓言、谜语等都可以是学前儿童语言教育的内容；从材料上看，纸质书、塑料书、布袋书和电子书都可以让学前儿童阅读。丰富的内容可以为学前儿童提供多元的知识，培养学前儿童运用语言的能力。

4. 教育形式的多样性

学前儿童语言教育的形式是多种多样的，既有专门的语言教育活动，如谈话活动、讲述活动、听说游戏、文学作品活动和早期阅读活动等，又有渗透的语言教育活动，在学前儿童的日常生活活动、游戏活动以及其他领域的教学活动中随时都可以渗透语言教育的内容。

学前儿童语言教育的渗透性和易行性要求教育者善于调动学前儿童的积极性，因势利导地进行教育，为学前儿童语言发展赢得时间和速度。同时也告诉我们成人要不断提高自身的语言修养，给学前儿童树立良好的榜样，为学前儿童创造更多与周围的语言环境接触的机会，全方位、多角度地对学前儿童进行语言教育。

（三）学前儿童语言教育的积累性

学前儿童语言教育，主要是帮助学前儿童积累日常语言经验的教育，即在语言运用中帮助学前儿童逐渐获得听得懂、记得住、想得出、说得好的经验和习惯。教育者利用和创设有助于学前儿童学习语言的环境，将长期的语言熏陶和有限的专业语言训练相结合，以激发学前儿童学习和应用语言的兴趣、强化学习语言的意识、发展语言潜能、养成运用语言的良好习惯，使他们在各种场合中不断积累听得懂、说得好的经验，为终身的语言学习和语言运用打下坚实的基础。随着学前儿童识字兴趣的发展，学前儿童语言教育也要为学前儿童创设认读的环境，进一步激发学前儿童认读的兴趣，培养学前儿童良好的认读习惯，帮助他们积累认读和理解文字的经验。

学前期是学前儿童语言发展最为迅速的时期，是口语发展的最佳时期，此时，学前儿童对环境中的语言刺激表现出了特有的敏感性和主动性。例如，有的两岁大的学前儿童能自发模仿电视广告的广告语，能整段地背诵儿童诗歌和故事；有的四五岁大的学前儿童偶然"蹦"出的"妙语"足以震惊在场的成年人。一般在四岁前，学前儿童学说普通话费时少、效果好，而一旦发音器官定型，习惯了方言，到成年以后即使花费更大的精力和更多时间，也很难学到标准的普通话。口语发展的敏感期为教师和家长提供了塑造学前儿童口语的最好时机，在这个时期成人只要花较少的努力，就能收到较好的培养效果。

学前儿童学习和掌握语言，要掌握语音、语义、语法，并能恰当地运用，会经历从无到有、从不理解到部分理解再到完全理解、积少成多、逐步完善的过程。学前儿童的语言学习在很大程度上要靠日积月累，这就要求我们在平时的教育和生活过程中，要多给学前儿童提供语言范例，多向学前儿童介绍各种各样的文学作品，不断帮助其积累语言经验。

拓展资源
"多种角度看语言的特点"

任务二　学前儿童语言教育的意义和观念

语言是人类最重要的交际工具。心理学家和语言学家经过大量研究证明，学前期是语言发展的关键期，或称最佳时期，如能在这一时期提供良好的语言教育条件，不仅能促进其语言的发展，而且能促进其认知、社会性的发展，同时口头语言的学习还能为以后书面语言的学习打下良好的基础；反之，错过了语言发展的最佳时期，或忽视了学前阶段的语言教育，就会延缓、阻碍学前儿童语言发展，有的甚至终身难以补偿。

研究和学习学前儿童语言教育的意义

（一）探讨学前儿童语言教育的作用

1. 促进学前儿童语言和行为的社会化进程

语言教育的基本任务在于促进学前儿童语言能力的发展。因此，语言教育的首要任务是使学前儿童的发音清晰、词汇量丰富、口语表达完善、语言交往技能提高。在语言教育中，成人会为学前儿童提供各种各样的语言范例，包括日常对话、故事、诗歌等，让学前儿童自己去感知、体会、理解和记忆。在此过程中，学前儿童不断积累新的语音和词汇量，不断吸收新的句式和表达方法，然后逐渐把他人的语言转化为自己的语言，用来表达自己的思想和情感，对他人的行为施加影响，实现各种交往目的。

学前儿童获得语言，在心理学上被称为学前儿童社会化发展历程中的一个里程碑，对学前儿童身心健康、全面发展具有积极的影响。学前儿童获得语言之后，就能用语言与周围人进行交流。这种交流有助于学前儿童克服以自我为中心的思想，使他们能够主动地适应周围的环境，并在此基础上逐渐获得语言的自我调节能力，使自己的情感、态度、习惯、行为等与社会规范逐渐接近并相吻合。例如，"未经允许不能随便拿别人的东西""自己能做的事情自己做""得到别人的帮助要说声'谢谢'"等，都是社会对学前儿童的行为要求，它们先是由成人用语言对学前儿童进行他律，之后学前儿童就可以用语言进行自律，形成一定的、较稳固的行为习惯。

2. 促进学前儿童认知能力和学习能力的发展

语言具有高度的概括性，语义内容也相当丰富。学前儿童语言的加工，与其他认知的加工有许多相似之处。语义需要理解，语法规则需要抽象和概括。学前儿童加工语言使认知能力得到训练与提高，但是语言的加工又不等同于其他认知的加工。语言通过话语、概念向学前儿童传递间接经验，有助于开阔学前儿童的眼界，提高其思维和想象能力，也有助于学前儿童学习能力的发展。

在语言输出的加工中，学前儿童要把话语表达得正确、清楚、完整和连贯，也需要有感知、记忆、思维、想象过程的积极参与。随着学前儿童语言水平的提高，语言和认知能力的结合也渐趋密切。我国心理学家朱智贤教授认为，学前儿童语言连贯性的发展是学前儿童语言能力和逻辑思维能力发展的重要环节。心理学界普遍认为，学前儿童早期语言能力的发展是他们认知能力发展的重要标志。

3.促进学前儿童语言兴趣的提高

随着语言的不断丰富、语言交往技能的不断提高，学前儿童学习和运用语言的兴趣也越来越大。而学前儿童一旦产生学习语言的兴趣，就会主动寻找学习语言的机会，学习更多的语言符号，尝试更新的语言技巧，语言的潜能就能得到充分发挥。这种兴趣不仅对学前儿童当前的语言学习活动产生积极的影响，而且可能影响他们入学乃至成年后学习和运用语言的兴趣。国内外许多作家小时候经常听成人讲故事、读书，正是这些经验才使他们对文学作品和写作活动产生了浓厚的兴趣，并最终走上文学创作的道路。

（二）揭示学前儿童语言发展与教育的规律

充分描述学前儿童语言发展的过程是本学科研究的基础，但不是目的。本学科研究的重要目的之一是要揭示规律；也只有在描述的基础上总结出规律，研究才具有科学的意义。如果说学前儿童语言发展的过程是"自然意义上的'是什么'"的问题，那么，揭示学前儿童语言发展与教育的规律才是"科学意义上的'是什么'"的问题。

当前学术界已经揭示了一些学前儿童语言发展与教育的规律，如：前置的语法形式比后置的语法形式先掌握；无标记成分比有标记成分先掌握；肯定句比否定句先掌握；学前儿童先理解"感觉比喻"后才能理解"关系比喻"等。因此，学前儿童语言教育中要根据这些规律开展教学与训练。许多教育者在实际教学中也摸索出了丰富的经验，揭示了学前儿童语言发展与教育的一般规律，而且在实际应用中取得了一定的成效。但是，上述探索所揭示的规律还很有限，而且许多规律是在有限材料的基础上概括出来的，是否具有普遍性还有待于实践的检验。

（三）解释学前儿童语言发展的过程及各种现象

研究和学习学前儿童语言教育，能够深刻而全面地解释学前儿童语言发展的复杂过程及其伴随的多样现象。这一过程不仅是对学前儿童心理语言学、发展心理学以及教育学等多学科知识的综合运用，更是对学前儿童成长奥秘的一次深入探索。

1.深入剖析个体语言发展的多维度特征

学前儿童语言发展是一个多维度、多层次的过程，涉及语音、词语、语法、语用等多个方面。通过细致观察、实验验证和理论构建，能够揭示学前儿童语言发展的多维度特征，从而了解学前儿童语音、词语、语法、语用等各个层面的发展轨迹，以及这些层面之间是如何相互影响、相互促进的。

2.揭示学前儿童语言发展的个体差异与共性

每名学前儿童都是独一无二的个体，他们的语言发展速度、路径和形态都可能存在差异。

在个体差异方面，不同学前儿童语言发展的速度、发音、词汇量、语法结构和使用等情况可能存在差异。这些差异受到多种因素的影响，如家庭环境（如父母的语言榜样）、文化背景（如各地区的方言、通用语言的使用情况、社会生活内容对语言的影响等）、遗传因素（如语言习得能力的遗传基础）等。通过深入了解这些影响因素及其作用机制，研究者可以为不同学前儿童提供个性化的语言教育支持。

在共性方面，学前儿童语言发展也呈现出一些普遍规律和特征。例如，学前儿童在掌握语言时通常遵循一定的顺序和规律，即：先掌握名词和动词等基本词语类型，再逐渐扩展到形容词、副词等复杂词语类型；在语法方面，则先掌握简单句结构再逐步过渡到复合句等复杂结构。这些共性规律为制定普遍适用的语言教育策略提供了重要依据。

3. 探索语言发展与社会环境的互动

学前儿童语言发展不是孤立进行的，而是受到多种社会环境，尤其是文化环境的影响。

家庭是学前儿童最早接触和习得语言的环境。家庭环境中的语言输入量、质量以及父母与学前儿童的交流方式等因素都对学前儿童语言发展产生重要影响。例如，父母与学前儿童之间的频繁互动和积极反馈可以促进学前儿童的语言习得和语用能力的发展，而缺乏语言刺激和互动则可能会阻碍学前儿童语言发展。

幼儿园是学前儿童接触更广泛社会文化和语言环境的重要场所。在幼儿园中，学前儿童与同龄伙伴和教师的互动为他们提供了丰富的语言学习机会；师生互动、同伴交流以及语言教学活动等都能对学前儿童语言发展产生积极的影响。

此外，社会文化环境也通过影响学前儿童的价值观念、社会认知和行为规范等来间接影响他们的语言发展。例如，不同文化背景下的语言习惯和交际规范会影响学前儿童语言的表达方式和交际策略；而社会期望和评价标准则可能影响学前儿童对语言能力的自我认知和发展水平。

4. 为教育实践提供科学指导

研究和学习学前儿童语言教育的最终目的是为教育实践提供科学、有效的指导。通过深入理解学前儿童语言发展的过程、现象及其背后的机制和社会文化影响因素，教育者可以更加精准地把握学前儿童语言发展的需求和特点，制订更加符合学前儿童发展规律的教学计划和方法。

在教育实践中，教育者可以根据学前儿童的年龄特点和语言发展水平来选择合适的教学内容和活动形式，本着因材施教的原则，为不同学前儿童提供个性化的语言教育支持。这不仅能够提升语言教育的效果和质量，还能够激发学前儿童对语言学习的兴趣和热情，为他们未来的学习和生活奠定坚实的基础。

微课视频
《可爱的方言奶音》

（四）研究学前儿童语言教育实践应用的理论和方法

应用体现着科研的价值，也是验证科研成果真伪的有效方法，甚至是不可或缺的方法。因此，把科研成果付诸应用,是任何一门成熟的学科都责无旁贷的社会使命。当然,作为应用学科的学前儿童语言教育,既要解决应用的具体实践问题,又要进行理论和方法的相互对应及转换的探讨,这是一个不容忽视的重要领域。在实际的教育教学工作中,学前教育理论工作者的研究往往和一线教师的实践脱节,致使学前儿童语言领域的教研和科研的总体水平不高,其应用潜力尚未充分发挥。其中一个重要的原因就是,目前人们对于学前儿童语言教育研究成果的应用基本上还是持"拿来主义"的态度,看样学样,生搬硬套,根本不认真考虑本幼儿园、托儿所学前儿童语言发展的现状和具体特点,对应用理论和应用方法缺乏冷静的思考和研究。因此,出现"刚学人家三分像,人家又有新花样"这种"被别人牵着鼻子走"的现象也就不足为奇了。

研究学前儿童语言教育实践应用的理论和方法,从一般意义上说,就是探讨学前儿童语言教育"有什么价值"和"怎样实现它的价值"的问题。当然,这也是学前教育相关应用学科领域所关心的问题。

二、学前儿童语言教育的基本观念

(一)完整语言教育观

在学前儿童语言教育中树立完整语言教育观念,就是强调学前儿童语言教育的目标应该是完整的;学前儿童语言教育的内容应该是全面的、完整的;学前儿童语言教育活动应该是真实的、形式多样的。

1. 学前儿童语言教育的目标应该是完整的

把听、说、读、写等方面的认知、能力和情感的发展,作为学前儿童语言教育的完整目标,即培养学前儿童的听、说能力,形成良好的听、说行为习惯,以及早期阅读和书写的技能,为他们进入小学提前做好准备。

2. 学前儿童语言教育的内容应该是全面的、完整的

完整的语言教育内容是指在学前儿童语言教育中,既要引导学前儿童学习口头语言,又要引导学前儿童学习书面语言;既要引导学前儿童理解和运用日常生活用语,又要引导学前儿童学习文学语言。在选择和编排语言教育内容时,把"语"和"文"融为一个整体,而不是分为割裂的两个部分。

3. 学前儿童语言教育活动应该是真实的、形式多样的

学前儿童语言教育活动的真实性是指教师在组织活动时应着眼于创设真实的双向交流情境,使语言教育活动的过程成为教师与学前儿童共同建设的、积极互动的过程。教育活动的形式多样性是指语言教育应当有多种活动形式。

(二)整合语言教育观

整合语言教育观是指把学前儿童语言学习看成一个整合的系统,充分意识到学前儿童语言发展与其他智能、情感等方面发展是整合一体的关系。整合语言教育观就是要对学前儿童语言教育的各要素进行多样化、多层次的整合,既包括语言教育自身的整合,又包括语言教育领域与其他教育领域的整合。在实际教学中，这表现为语言教育目标、语言教育内容以及语言教育方式的整合。

1. 语言教育目标的整合

整合的语言教育目标是指既要促进学前儿童的情感、能力和知识的发展，还要促进语言在相关的其他领域的发展。把学前儿童语言教育目标放入学前儿童整体发展之中去考虑，使语言教育目标成为以促进学前儿童语言发展为主线，同时促进学前儿童其他方面发展的整合的目标体系。

2. 语言教育内容的整合

学前儿童语言发展是学前儿童个体发展中的一个有机组成部分，具有举足轻重的地位。在选择语言教育内容时，应立足于学前儿童的发展，考虑学习内容与学前儿童发展之间的整体适应性，满足学前儿童发展的多元化，使语言教育立体化。因此，学前儿童语言教育内容应该体现社会知识、认知知识和语言知识的整合。

3. 语言教育方式的整合

学前儿童语言教育应抓住有利时机，随时随地进行。以各种方式的活动来组织语言教育内容，通过专门的语言教育活动以及与其他活动结合的语言教育活动，家庭、幼儿园、社会协同起来，共同配合，捕捉教育时机，促进学前儿童与外界环境和刺激的相互作用，在主动探索中满足学前儿童运用语言与人、事、物交往的需要，在整合的语言教育环境中获得语言和其他方面的共同发展。

（三）活动语言教育观

活动语言教育观是指以活动的形式来组织学前儿童语言教育的过程，帮助学前儿童习得语言。该观念强调教师和学前儿童共同参与的活动作为语言教育的基本形式，强调引导学前儿童在生动活泼的操作实践中动脑、动口、动手，从而使其成为主动的语言学习者。

1. 提供学前儿童充分操作语言的机会

学前儿童语言发展也是通过学前儿童个体与外界环境中与各种语言和非语言材料交互作用而得以逐步获得的。学前儿童发展需要外界环境中的人、事、物的各种信息，但这些信息不是由成人灌输去强迫学前儿童接受的，而是在没有压力、非强迫的状态下，学前儿童通过自身积极与之相互作用而主动获得的。学前儿童语言教育便是引导学前儿童积极地与语言及其相关信息进行相互作用的过程。

2. 通过多种形式的操作，促进学前儿童语言发展

学前儿童语言发展有赖于认知的发展，而认知的发展主要依靠学前儿童自身的动作。学前儿童正处在动作思维向具体形象思维发展的阶段，对客观事物的认知主要依赖于自身的各种操作活动，通过动手、动脑和手脑并用的操作以进行与环境的交互作用。在亲身体验中增强学前儿童语言操作的积极性，获得愉快的体验。在对操作材料的探索中激发学习的内在兴趣和动机，变被动学习为主动学习，真正实现以活动的形式促进学前儿童语言发展。

3. 要注意发挥学前儿童在活动中的主体作用和教师在活动中的主导作用

在学前儿童语言教育活动中要充分发挥学前儿童的主体作用和教师的主导作用，使二者统一于学前儿童语言教育活动中。

一方面，教师在设计和组织语言教育活动时，要充分考虑活动目标、内容和形式的适应性，为

每名学前儿童提供适合他们语言发展需要的环境条件，使学前儿童有着积极的动机、浓厚的兴趣和积极主动的态度。即使是在语言发展的生理、心理方面条件较差的特殊儿童，也可以在有效的教育引导下，获得手语、盲文等形式的人际交流能力。

另一方面，教师作为活动的设计者、组织者和引导者，应注意发挥主导作用，自始至终引导活动的进行。在活动开始之前，教师要积极创设活动的环境、准备充足的活动材料，调动学前儿童参与活动的积极性；在活动进行过程中，要灵活运用多种教学方法，因材施教，根据学前儿童语言发展的需要恰当把握参与活动的时机和方式；在活动结束时，教师应及时总结学习成果，增强学习效果，同时提出更新、更高的要求，为后面的学习打下坚实的基础。

任务三　影响学前儿童语言发展的因素

健全的生理机制是影响学前儿童语言发展的首要条件，除此之外，学前儿童语言发展还受到个性、后天环境和教育等多方面因素的影响。因此，学前儿童语言发展是多种因素相互作用的结果。这些因素在语言发展的不同时期，对学前儿童有不同的影响，下面我们将从不同的角度对其进行分析和阐述。

一、遗传

遗传又称遗传素质，是指人从上代继承下来的生理解剖上的特点。它在学前儿童语言发展的过程中不能起决定性作用，正常的遗传素质为学前儿童语言发展提供了可能性条件。

（一）发音系统的完善

发音器官的完善与成熟，是学前儿童语言发生和发展的重要生理前提。人的发音器官主要分为三大部分，即呼吸器官，喉和声带，口腔、鼻腔和咽腔。

1. 呼吸器官

呼吸器官包括从口腔、鼻腔，通过咽喉和气管到达肺脏的一连串管道，主要部分是肺和气管。人类是靠呼吸时所产生的气流来发音的，肺是呼出、吸入气流的"总机关"。语言一般是在气流呼出时发生的。

2. 喉和声带

喉是由四块软骨组成的一个圆筒形的筋肉小室，小室的中央是声带。声带是主要发声体，它是由两片附着在喉上的黏膜构成的，两片声带之间有狭缝，叫声门。构成喉的几块软骨，由于肌肉的运动，可以互相移动，从而调节声带，使它变成开闭或松紧的状态。人在说话时，喉和声带要协调活动。学前儿童的喉和声带正处在不断成熟、发育的状态中。此外，学前儿童的声带比成人的短，所以声调比成人的高。

3. 口腔、鼻腔和咽腔

人的口腔、鼻腔和咽腔是影响音色的三个"共鸣器"。鼻腔是固定的，口腔中的舌、软腭等部位可以自由活动，使"共鸣器"的容积和形状发生变化，使声音产生各种不同的高度、强度的音色。在语言中，口腔共鸣的音占大多数，鼻腔共鸣的音则较少。口腔、鼻腔和咽腔不仅是人类发音的"共鸣器"，也是不同声音的"制造厂"。

声音的高低由声带的长短和松紧程度决定，语音的强度受到空气压力的制约，声音节奏的快慢和清晰程度受到口腔中的舌、软腭等部位活动程度的制约。当学前儿童的发音器官发育不健全时，会影响其发音质量。

（二）大脑神经中枢的成熟

研究表明，新生儿脑重为350～380克，1岁时脑重为950克，3岁时脑重约为1100克，6岁时脑重已达1250克，接近成人脑重的90%。大脑的生长表现为脑细胞体积的增加，神经纤维迅速髓鞘化，使神经传导的数量增多，速度加快，内在联系逐渐复杂化。这是学前儿童对词作出全面理解、对词进行加工以形成概念的物质基础。因为词概念的形成依赖于大脑能吸收和整合词所代表的事物或现象的全部信息，只有神经网络才能将这些信息相互联结，进行同时加工，对词作出全面理解。如果大脑发育迟缓或不正常，必然影响学前儿童语言发展的水平。

（三）感知觉系统的完善

耳是人的听觉器官，其主要包括外耳、中耳和内耳。学前儿童耳的构造与成人有许多不同之处，如外耳道比较狭窄等。

在5岁前，学前儿童的外耳道壁还未完全骨化和愈合，直到10岁，外耳道壁才骨化完成。学前儿童的咽鼓管较成人的短而粗，接近水平位。当鼻、咽腔受到感染时，容易引起中耳炎，鼓室内的脓液也容易流到鼻、咽腔。内耳的耳蜗是听觉的重要部分。学前儿童基膜纤维的感受能力较成人强，所以他们的听觉较成人敏锐。学前儿童听觉器官发育的完善，是其语言能力获得良好发展的重要条件。

此外，感觉器官还包括眼（视觉）、皮肤（触觉）、口（味觉）、鼻（嗅觉）等，它们对语言的学习也会产生重要影响。这些感觉器官把环境中的信息传输给大脑，大脑对信息进行记录、储存、分析，再运用到口头语言以及书面语言上。

二 环境

随着学前儿童年龄的不断增长，生理因素对学前儿童语言发展的影响逐渐减弱，其他因素的影响逐渐增强，尤其是环境对学前儿童语言发展所起的作用越来越大，这些环境主要包括家庭环境、幼儿园环境和社区环境。

（一）家庭环境

家庭环境是学前儿童最早接触的环境，学前儿童身在其中会受到不同程度的影响，而这种影响是在潜移默化中获得的。许多研究表明，不同形态的家庭环境和学前儿童语言发展的水平相关。这些研究关注家庭环境参数和学前儿童语言发展的相关性，一方面为家庭的生活质量，如活动的多样性、社会性沟通和互动、在学前儿童活动中成人的介入程度等；另一方面为家庭的素材条件，如家庭的书本和玩具的数量及其多样性、学前儿童参加文化活动的次数等。研究表明，多样化的家庭环境（包括游戏、日常活动、同学前儿童一起读书和看电视节目等）对发展学前儿童的听力技能，促进他们使用语言转换、叙事、解释，以及联结口头语言和书面语言等有直接的影响。除此之外，家庭中父母的受教育程度、教养方式、沟通策略、与学前儿童交谈过程中的情绪状态、父母的语言输入特点以及家庭的经济状况，都会对学前儿童语言发展产生影响。

（二）幼儿园环境

学前儿童在3岁左右就可以进入幼儿园接受正规的学前教育。幼儿园中有教师；有成熟、完整的教学计划；有很多同年龄段的学前儿童做伴，一起学习、生活、做游戏。幼儿园给学前儿童提供了一个全新的语言学习场所，并且在这一场所中可以得到教师耐心、细致的指导。在幼儿园，教师为学前儿童提供真实、丰富的语言情境，创设可以帮助他们运用多种语言交流方式的交往情境。在专门的语言教育活动中，学前儿童可以学习如何在不同的语言情境里，运用相应的语言交流方式来与他人交往。

（三）社区环境

社区是城市建设发展的产物。在这个相对广阔的环境里，学前儿童可以感受到更多的人文环境所带来的信息，与更多的人进行语言交流，形成最初的个体与群体的概念。与人们广泛接触促进了学前儿童亲社会行为的发展。所谓亲社会行为，通常指对他人有益或对社会有积极影响的行为，包括分享、合作、助人、安慰、馈赠等。在这个较大的社会群体中，学前儿童开始逐渐感受到集体的力量，出现了较为丰富的情绪情感，形成了最初的道德判断标准。这一系列的变化都成为学前儿童语言发展的强大基础。

有研究发现，生活在城市和农村这两种不同环境中的学前儿童，语言发展尤其是语音发展方面存在明显的差异。语言测试结果表明城市学前儿童受方言的影响较大，发音测试成绩下降较快，而农村儿童较慢。究其原因，这与学前儿童生活的社会语言环境有关。农村学前儿童早期语言环境较差，进入幼儿园后，语言环境有了较大的改善，成绩上升较快。而城市学前儿童本身语言环境就较好，一旦接触到方言，难以适应较差的语言环境，成绩会有所下降。总之，城市和农村学前儿童语音发展存在的差异，是与学前儿童所处的社会语言环境密切相关的。

微课视频
《4岁女孩会说7种语言》

三 幼儿园教育

学前期是人的一生中语言发展与运用的关键时期。学前儿童只有具备了一定的语言素质，才能表达思想、获取知识，才谈得上今后的全面发展。因此，对学前儿童进行语言教育显得尤为关键。

在教育的各个环节中，首先影响语言教育的就是教育观念，即如何看待学前儿童语言教育，明确语言教育的指导思想是什么。在社会大环境的影响下，父母望子成龙心切，而幼儿园又迫于社会和家庭的压力，在教育上出现了功利化的思想倾向。在这种偏颇思想的影响下，学前儿童语言教育很难与学前儿童全面发展的目标保持一致。所以，明确学前儿童语言教育的定位，切实把握语言教育的指导思想，把语言教育与学前儿童发展紧密联系起来，只有这样才能保证教育活动科学、稳步地开展。

教育方式是落实教育指导思想的关键。现阶段学前儿童语言教育出现了成人化、小学化、无序化的现象，给语言教育带来了很大的弊端。在家长殷切的期望之下，家长在学前儿童进入幼儿园之前就教学前儿童识字、吟诗，使学前儿童机械识记，以成人的标准去要求学前儿童。在幼儿园，有些教师为了迎合家长望子成龙的心理，将小学的部分教学内容提前到幼儿园大班学习，把教学重心放在教学前儿童识字方面，忽视学前儿童的口语表达，或者在语言教育中体现不出教学内容的有序性，无明确的计划与目标，有的是即兴发挥，有的是年年照搬，不去注入新的内容、新的方法，不能有效利用学前教育研究的新成果。有些教师在语言教育中缺乏创造性，不能在课堂上灵活机动地处理突发问题，一切按部就班，不能因势利导。以上这些在语言教育活动中出现的、处理不当的问题都会影响学前儿童语言教育活动的开展。

由此可见，要想有高质量的学前儿童语言教育，既要有先进的理论为指导，又要有实事求是的态度，不断探索、勇于创新的精神，严格贯彻落实的恒心。通过理论指导实践，利用实践反思，完善理论的循环过程，达到学前儿童语言教育的最佳效果。

四 个人主观能动性

（一）认知能力

听、说、读、写等语言能力都是建立在对语言内容理解的基础上的。也就是说，语言能力和认知能力有密切关系，语言能力受认知能力制约但又有自己特殊的认知作用。学前儿童通过感觉器官能够分辨物体的外形，能够理解空间概念，能够区分各种不同的声音，能够感知不同物体的性质，能够品尝不同味道，能够嗅出不同的气味，能够发现不同的动作。如果学前儿童通过感觉器官对环境中事物的属性有了基本的概念，当他掌握了相应的词语时，便可以用语言进行交流了。另外，要获得语言能力，学会使用语言，就必须对语言所表达的客观世界和社会生活有一定的了解，必须掌握一定的文化因素。然而，要掌握这些因素，就必然需要一定的认知能力。

（二）个性品质

个性品质的差异也会影响学前儿童语言学习和发展。一般来说，性格外向、自信、喜欢与他人交往的学前儿童对周围人的言行比较注意，常常会自觉或不自觉地对他人加以观察和模仿，敢于在各种场合表现自己，因此他们能争取到更多语言学习和表现的机会，语言发展的速度也可能较快；而性格内向的学前儿童往往缺乏自信、胆小害羞，因而也就失去了许多语言学习和表现的机会，相对缺少成功和失败的体验，缺乏获取语言信息的主动性和有效性。

微课视频
《家庭里的教学游戏》

◇ 项目小结

思考与练习

一、单项选择题

1.导致"狼孩"心理发展滞后的主要因素是（　　）。（2022年上半年教师资格证考试《保教知识与能力》真题）

A.遗传有缺陷　　B.生理成熟迟滞　　C.自然环境恶劣　　D.社会环境缺乏

2.学前儿童语言教育是专门研究（　　）儿童语言发展及教育的学科。

A.0～3岁　　B.1～3岁　　C.3～6岁　　D.0～6岁

二、论述题

1.什么是语言？语言具有哪些特点？

2.论述研究和学习学前儿童语言教育的意义。

实践与实训

1.寻找一名刚会说话的学前儿童,以其作为观察对象,观察并记录其口头语言的发展情况,分析影响其语言发展的因素。

2.结合见习或实习,访谈幼儿园教师,询问其对学前儿童语言发展重要性的看法,结合对学前儿童的观察,进一步分析语言对学前儿童全面发展的作用。

项目二　学前儿童语言发展的基本理论

◇**学习目标**

1. 了解学前儿童语言发展的基本理论的分类，理解学前儿童语言发展的基本理论的主要内容。

2. 理解学前儿童语言发展相关理论与学前儿童语言发展之间的关系，领会学前儿童语言发展的基本理论之间的差异，树立正确的学前儿童语言教育的理论观。

3. 根据学前儿童语言教育的实际情境，能选择适当的理论进行解释和指导，有效提高学前儿童的语言能力。

◇**情境导入**

学前儿童语言发展的基本理论具有较强的指导性，能够帮助教师明确学前儿童语言学习和发展的相关因素。学前儿童语言教育的基本理论的分类非常明确，根据遗传、环境、学习等因素对学前儿童语言获得的影响，可以分为先天决定论、后天作用论和先后天相互作用论。那么，什么是先天决定论？什么是后天作用论？什么是先后天相互作用论？每一个作用论下面有哪些学说？哪一个作用论是最重要的？每一个作用论具有什么样的地位和作用？

相信学习完本项目后，你就会找到上述问题的答案。

任务一　先天决定论

一、先天语言能力说

（一）先天语言能力说的基础

20世纪下半叶，美国著名的语言学家乔姆斯基提出先天语言能力说，先天语言能力说两个主要的基础分别为哲学基础和生物学基础。①

一是哲学基础。哲学基础经历了三个阶段。第一个阶段是把语言作为探究世界的中介。古代哲学探讨了语言的相关研究结果。从古希腊时期开始，智者学派就开始讨论语言的相关问题，如亚里士多德认为语言是一种约定俗成的体系，词不是天然就存在的；柏拉图将事件与事件之间产生的关系或者含义的界定，称为词，同时讨论了语言对人的认知发展的促进作用。第二个阶段是探究语言和思维的关系。这一阶段的学者极其重视语言的价值，对语言的认识是从知识论层面出发的，众多学者对语言和其他逻辑定义之间的组成关系进行了推敲，认为语言是由知识"进化"而来的。第三个阶段是语言分析为主的阶段。学者们认为语言是一个非常复杂的系统，不仅具有随意性，还具有动态性，需要不断地更新和运用。基于此，哲学认为语言的本质是语言从"工具"向人类认知世界跨越的根基。

二是生物学基础。生物学基础具有三个属性。第一个属性是人具有生理器官，从生物学这一角度来说叫作语言的器官性。第二个属性叫作语言的模块性，这是从大脑的认知层面进行的分析，低阶系统和高阶系统都从属于模块系统，前者负责被动接收外部信息的刺激，后者负责判断、推理、做决定等。这两个系统的形成皆由生物体的神经功能所决定。第三个属性叫作语言的基因遗传性。在语言学习方面，基因是最持久，也是最有影响力的因素。基因对个体的大脑活动（如认知）会产生相当大的影响，人类的语言学习能力主要与先天的基因因素有关。

（二）先天语言能力说的主要内容

先天语言能力说又称为言语获得的转换生成学说。乔姆斯基认为，学前儿童能非常迅速地掌握第一语言，虽然每名学前儿童有不同的出生地域及民族属性，但其语法结构等语言要素的习得顺序性、习得的时间段是具有统一规律的。影响学前儿童掌握语言的决定性因素是先天的，并且人天生就会句法结构，这种句法结构具有普遍性和共同性。从乔姆斯基的观点中，可以总结出乔姆斯基的语言理论，分为以下五点内容。

第一，学前儿童的遗传素质中有先天的语言获得装置（language acquisition device，以下简称LAD），这种装置存在着共有的先天性质和图式倾向。LAD有两个组成部分：一是对所有语言来说都有适用的一整套规则，具有普遍性特征；二是每一个句型结构都分为深层结构和表层结构两种，学前儿童具有先天的语言评价能力，这种能力表现为可以为适用的规则来打分和赋值。

第二，学前儿童的语言获得依赖于LAD，且LAD具有一定的工作程序。LAD这一装置触发启动后，会呈现出一定的规则和原则，规则的有限性可以创造语法的无限性，绝大多数的语言获得来自语言输出。学前儿童的语言获得分为两个途径，一个是语言输入，另一个是语言输出。语言输出中有的，语言输入不一定有，因此语言输出一定来自LAD。

第三，学前儿童语言的运用是以LAD为中介的。学前儿童的语言能力是与生俱来的，大脑中天生带有符合条件范畴的语法结构，这是一种普遍语法；但普遍语法和参数是与生俱来的，在激活的过程中会赋予不同的参数价值，且不同语言中存在核心的语法差异，从而产生具有差异性的个别语法。当学前儿童的语言输入激活了个别语法结构，参数的价值最终决定学前儿童所获得的和所输

---

① 赵美娟. 乔姆斯基的语言观[M].上海：上海外语教育出版社，2013.

出是哪种语言。

第四，LAD的获得和赋值有一个顶点，这个顶点出现在学前期。由于随着时间的推移，顶点会开始下降，因此，学前儿童能够在短短几年甚至几个月的时间掌握基本的语音、词汇和语法结构，都依赖于LAD，而成年之后再学习一门新的语言会花费更长的时间，获得语言的速度不像学前期那样快了。

第五，乔姆斯基肯定学前儿童的创造性，并认为语言规则的掌握才是学前儿童不断更新语言的主要途径。不同主体所表述的每一句话虽然有所差异，但其中的内在规则都具有一致性，这些内在规则帮助学前儿童顺利地通过语言输入转换为语言输出，这种能力就是学前儿童创造性的体现。

（三）先天语言能力说的价值

先天语言能力说的横空出世，为其他理论的发展和学前儿童的口语获得奠定了基础。先天语言能力说认为，学前儿童出生就具有LAD，学前儿童掌握语音、词汇和语法的顺序是一致的，时间也基本没有差异。一方面阐明了语言结构的主要内容，对翻译理论及其他理论的发展起到了重要作用；另一方面肯定了学前儿童的口语发展和语言期产生的生物学因素，指导了后期学前儿童语言的学习，具体来说分为以下几个方面。

第一，促进其他理论的发展。学术界在研究学前儿童语言发展的过程中开辟了一个新的研究领域，即发展心理语言学，它从句法、语音和语义三个方面展开研究，揭示了学前儿童理解和使用语言结构的发展过程。[1]乔姆斯基试图以不同地区、不同国家学前儿童的语言获得具有一致性为出发点，从LAD的论证这个方面来解释人类的语言能力。这种语言结构的相似和双语语义的迁移无疑对翻译理论发展起到至关重要的作用。

第二，丰富语言学及发展心理语言学的学说内容。一方面，乔姆斯基作为语言学的代表人物，将先天语言能力说从遗传的视角出发，系统研究了学前儿童的语言规则和语言运用的两者关系，丰富了语言学体系；另一方面，研究学前儿童心理不可或缺的一点就是对学前儿童的语言进行研究，乔姆斯基提出学前儿童语言获得的顶点出现在学前期，使得心理学家们将研究转向划分学前儿童掌握语言必要的几个发展阶段，也就是总结学前儿童语言的产生和发展具有什么样的规律。

第三，厘清学前儿童对语法体系的掌握规律。尽管每名学前儿童的生活环境有所差异，但学前儿童的句法、语音和语义的发展时间和习得顺序是大致相同的。例如，一个大班的学前儿童能够对他从未听过的句子表示理解，并且也能够进行表达。这是因为该学前儿童已经掌握了语言的规则和本质，从而能够无限地创造使用，不管是听还是说。

（四）先天语言能力说的局限性

第一，先天语言能力说中的LAD的真实性存疑。奥来隆和弗思等对聋哑儿童、盲童与正常儿童进行了比较研究，研究证明，聋哑儿童没有语言，但有思维。[2]按照乔姆斯基的逻辑，聋哑儿童

---

[1] 王振宇. 学前儿童发展心理学[M]. 北京：人民教育出版社，2004.
[2] 朱曼殊，武进之. 对正常儿童、聋哑儿童和盲童的一项比较研究——语言和思维发展的关系[J]. 心理科学通讯，1982（1）：17-23，66.

也拥有LAD，应当能够通过手势来表达语言，而不是聋哑人使用的专用语言。

第二，学前儿童头脑中的LAD并不能帮助学前儿童创造性地无限运用多种语言。加拿大语言学家麦基在有"语言教学研究的圣经"之称的著作《语言教学分析》中指出，时间是人们同时掌握第一语言和第二语言极其重要的因素之一。他利用两位语言学家的统计研究进行了举例。一位是马蒂，马蒂估计，学校用于教第二语言的课时数，平均每年为250个小时；而在家里学习第一语言，每个人一年大约能花5000个小时。另一位是古安，古安提出，每个人学习第二语言平均每年需要花费900个小时。这些数字虽因人而异，但这些数字也充分证明，学前儿童习得一种语言并不是一件易事，更何况同时掌握几种语言。加之，学前儿童同时掌握两门语言的速度缓慢，所花的时间也与使用的频率、语境等因素相关。①

第三，先天语言能力说否定了后天语言环境给学前儿童带来的重要影响。先天语言能力说只注重先天遗传素质，但许多研究表明，学校的语言教育、家庭的语言环境、成人提供的阅读材料、社会上的传播工具等因素都会对学前儿童的语言形成产生重要的正向作用。越来越多的现实案例表明，成人对早期语言教育的重视，可以在较大程度上改善学前儿童出生后对语言运用较为迟钝和缓慢的状况。

案例导入

神童出道的中国人——骆宾王

骆宾王，字观光，"初唐四杰"之一，天资聪颖，其7岁时所写的《咏鹅》一诗流传至今。

骆宾王出生在"商品集散之地"的义乌，出生后聪明过人，他的一生非常神秘且传奇。骆宾王7岁的时候，家里有宾客上门，看见虎头虎脑的骆宾王，宾客的逗弄之心油然而生，便和他聊了起来。当时的人们喜欢养鹅，骆宾王家里也不例外。于是其中一位宾客手指白鹅，让骆宾王即兴作一首小诗。白鹅憨态可掬的形象、羽毛与碧水结合而成的鲜明色彩，落在年幼的骆宾王眼中，就如同一幅浑然天成的画卷，成为他头脑中诗意的启蒙。他开口吟道："鹅鹅鹅，曲项向天歌。白毛浮绿水，红掌拨清波。"这简单的18个字，将大白鹅的形态、动作、声音活灵活现地描绘了出来，充满着童真的趣味，而骆宾王"7岁咏鹅"的事迹，也迅速在当地流传开来，人们亲切地称呼他为"神童"。

精讲音频
《神童出道的中国人——骆宾王》

---

① W.F.麦基.语言教学分析[M].北京：北京语言学院出版社,1990.

项目二 学前儿童语言发展的基本理论

案例导入

9岁上大学的欧洲神童——卡尔·威特

19世纪初,轰动欧洲的神童卡尔·威特出生在德国洛赫村,他的父亲是一名牧师。小威特3岁半认字,6岁学外语。此后,他就能自由地运用英、德、法、意、拉丁和希腊语,通晓动物学、植物学、物理学、化学,尤其擅长数学;9岁时考入大学;14岁时被授予哲学博士学位;16岁获得法学博士学位,并被任命为柏林大学的法学教授。

卡尔·威特出生后,为了尽早让小威特掌握语言工具,他的父亲便坚定不移地着手开发他的智力。在小威特开始会辨别事物时,他的父亲就教他说话。从手指到桌上的餐具、食物,从身体的部位到衣服、家具、房屋、院落,从草木虫鱼到飞禽走兽,他的父亲总是耐心地、日复一日地教他。从简单到复杂,坚持练习不间断。当小威特刚能听懂成人说的话时,他的父亲就天天给他讲故事,让小威特通过故事了解世界,积累词汇量。他的父亲不仅要让他听懂,而且还要让他能够复述。在父亲的耐心教导下,小威特6岁时就记住了3万多个单词,比一名普通的中学生所掌握的词汇量还要多10倍。

他的父亲还尽早让他掌握文字和外语。小威特3岁时就开始识字。为了激发小威特识字的兴趣,他的父亲先买来小人书和画册,用生动的语言讲给他听,还同时用几种语言朗读,这使小威特的外语水平突飞猛进。

小威特不到6岁就可以用德语自由地阅读了,又用一年时间学会了法语,7岁时又用9个月的时间学会拉丁语,然后又学会了英语、希腊语。就这样,8岁的小威特已能朗读英、德、法、意、拉丁和希腊语等各种语言的文字著作了。

精讲音频
《9岁上大学的欧洲神童——卡尔·威特》

二 自然成熟说

(一)语言能力的先天性

美国语言学家、心理学家埃里克·勒纳伯格,在研究学前儿童神经心理学的基础上,提出了语言的自然成熟说理论,与乔姆斯基的先天语言能力说共同构成学前儿童语言先天决定论。语言能力属于先天遗传还是后天影响,需要有几条标准来判断。第一,语言行为是在语言需要之前还是之后产生的,如果是在之前产生的,就是先天拥有的。第二,语言能力到底是个人主观能动性获得的结果,还是外部环境促进的结果,抑或是遗传所带来的结果,若是前两者,就不是自然成熟的作用。第三,语言行为是否有发展的黄金期,到底是学前儿童的年龄对语言行为产生作用,还是后天环境和教育对语言行为产生作用。如果是前者,就证明先天遗传起到了重要作用。

(二)语言的自然成熟

全世界每名健康的学前儿童的语言能力都是在大约相同的年龄出现的,这有力地支持了一个概念,即由基因决定的自然成熟过程。语言不仅在个人成长中的固定时间出现,而且对年龄和成熟因素极其敏感。自然成熟说认为,语言受环境因素影响的作用较小。例如,对生活在孤儿院的三岁学前儿童进行测试,发现他们在语言发展方面普遍远低于平均水平,语言缺陷往往会在随后的成长过程中出现,但后续测试表明,他们中的大多数人在六七岁时就可以赶上平均水平了。

(三)语言发展的爆发期

在语言发展的特定阶段,学前儿童用语言命名事物的能力会出现惊人的飞跃,它代表了一个极缓慢发展过程的高潮。学前儿童长到18个月大的时候,能学会说3~50个单词。随着年龄的增长,词汇量的掌握有一个爆发期,在24~30个月大的时候,学前儿童已经可以掌握超过1000个单词的口语词汇量,并且可能理解其他的2000~3000个、他还没有学会使用的单词。这种"命名爆炸"标志着语言成为我们最快速发展的一种行动形式。需要说明的是,语言的获得有一个关键阶段,约从两岁开始到青春期为止。过了掌握语言的关键年龄段,即使后天再怎么加以训练,也难以获得语言。

由此,埃里克·勒纳伯格认为,语言的获得有一个非常关键的时期,学前儿童语言发展是大脑自然成熟的产物。

案例导入

印 度 狼 孩

1920年,在印度一个名叫米德纳波尔的小城,人们常见到有一种"神秘的生物"出没于附近森林,一到晚上,就有两个用四肢走路的"像人的怪物"尾随在三只大狼后面。后来人们打死了大狼,在狼窝里终于发现了这两个"怪物",原来是两个没穿衣服的女孩。其中大的约八岁,小的约两岁。这两个小女孩被送到米德纳波尔的孤儿院抚养,大的取名为卡玛拉,小的取名为阿玛拉。到了第二年,阿玛拉死了,而卡玛拉一直活到了1929年。这就是曾经轰动一时的"狼孩"故事。

人们发现狼孩虽然长得与普通人一样,但生活习惯却同野兽一样,不会用双脚站立,只能用四肢走路。她们害怕日光,习惯在黑夜里看东西。她们经常在白天睡觉,一到晚上就活跃起来。狼孩不懂语言，也无法发出人类的音节。她们被送去孤儿院后，辛格博士十分爱护她们，耐心抚养和教育她们。总的说来，小的狼孩阿玛拉的发展比大的狼孩卡玛拉的发展快些。进了孤儿院两个月后，当阿玛拉口渴时，她开始会说"bhoo"（水，孟加拉语），并且较早地对其他学前儿童的活动表现出兴趣。遗憾的是，阿玛拉进入孤儿院不到一年，便死了。卡玛拉伤心地哭了，而且两天两夜不吃不喝。

辛格博士花费很大精力才使卡玛拉"恢复人性"，但进展非常缓慢。卡玛拉用了25个月才开始说出第一个词"ma"，4年后一共只学会了6个单词，7年后增加到45个单词，并曾说出用3个单词组成的句子。但她直到死还没真正学会说话。在她生命的最后三年，卡玛拉喜欢并开始适应人类社会了，她能照料孤儿院婴幼儿了。她会因帮助他人受到赞扬而高兴，为自己想做的事情（如解纽扣）做不好而哭泣。这些行为表明，卡玛拉正在改变狼孩的习性，逐渐获得了人的感情，并期望不断进步。但在智力上，在刚被发现时候，她的智力只相当于6个月大的学前儿童；快到15岁的时候，她的智力也只相当于2岁大的学前儿童；卡玛拉大约在17岁那年死于伤寒热病，当时的智力只相当于3~4岁学前儿童的水平。在大脑结构上，卡玛拉和同龄人没多大差别。一名10岁学前儿童的大脑在重量和容量上接近于成人的大脑，脑细胞间的神经纤维发育也接近完成。只是因为狼孩长期脱离于人类社会，大脑的功能得不到开发，智力也就低下。

（资料来源：网络）

精讲音频
《印度狼孩》

任务二　后天作用论

后天作用论和先天决定论正好相反，强调后天环境、后天的学习对学前儿童成长的重要作用。不同学派在学前儿童成长的问题上，有着先天因素与后天因素谁起决定作用之争，这些争论延伸到了学前儿童语言发展方面。华生等旧行为主义理论的代表性人物和斯金纳等新行为主义理论的代表性人物，都非常强调后天环境对学前儿童语言发展的重要性。以行为主义为理论基础的后天作用论者，对语言的获得进行了侧重点的分类，分别形成模仿说、强化说和中介说。

案例导入

你和别人不一样

2000年出品的国产电影《漂亮妈妈》，讲述了单亲妈妈和听障儿子之间发生的感人故事。女主人公是一位城市普通妇女，名叫孙丽英。因为生育了一个先天失聪的儿子郑大，三口之家随之支离破碎，孙丽英不得不独自承担起支撑家庭、教育儿子的责任。

为了让儿子能够正常成长，和普通人一样感受现实世界，孙丽英辞去了外企一份不错的工作，找了一个可以带着儿子上班的工作——送报纸，为的是能够时刻与儿子相处，教会他说话和识字。除此之外，孙丽英想方设法将儿子送进学校读书，为了能让郑大顺利通过入学考试，孙丽英每天都会陪郑大练习，反复朗读故事《乌鸦喝水》，同时给他戴上助听器。尽管如此，在第一次入学考试中，郑大没能顺利通过考试。祸不单行，失落的郑大在公园与人打架，摔碎了昂贵的助听器。为了给儿子再买一个助听器，孙丽英除了送报纸，还兼职了好几份钟点工。顽强的母子俩，决定备战第二年的入学考试。

孙丽英拿着辛苦攒下来的积蓄给郑大买了第二副助听器，而常受他人欺负的郑大却拼命地捂住耳朵，一字一句地质问："为什么只有我戴着助听器？"孙丽英看着儿子并告诉他，"因为你是聋人，你和别人不一样"。

电影放到这里，似乎才真正打通妈妈与儿子之间的一堵墙。儿子的使命是好好读书，去上学，力争和正常人一样；妈妈的使命则是积攒足够的钱，让儿子好好地读书上学。妈妈和儿子为各自的使命努力着，这是他们生活的信仰，周遭一片黑暗，唯有此条道路光芒若现。第二次入学考试，郑大在进校门前问妈妈，如果考不过怎么办？孙丽英笑着说："今年考不过明年再考，明年考不过后年再考。"故事的最后，太阳东升西落，郑大不仅将故事《乌鸦喝水》背得越来越好，而且顺利通过了入学考试，和其他学生一道走进了校门。

（资料来源：电影《漂亮妈妈》）

精讲音频
《漂亮妈妈》

一、模仿说

模仿说起源于古希腊时期的爱利亚学派、爱菲斯学派、多元论学派以及后来的智者学派，它们不同程度地对模仿说进行了概念界定，其共同观念有以下两点：一是人通过对自然界和其他一切个体的模仿习得相应技能；二是模仿以无限接近模仿对象的本源为目的，将事实进行还原，现实地进行重现。[1]

模仿说也称社会学习理论，这一理论提出：学前儿童习得的语言，大多是产生于非强化条件下的观察和模仿，学前儿童语言的学习主要依靠社会语言的范型。一旦缺少社会语言的范型，学前儿

---
[1] 亚里士多德,贺拉斯.诗学·诗艺[M].郝久新,译.北京：中国社会科学出版社,2009.

童自身就无法获得词汇量和掌握语法结构。虽然学前儿童模仿成人的语言不是即刻产生的，但学前儿童会从这一过程中获得相应的语言信息。模仿说认为，社会语言的范型是必要条件，学前儿童语言发展离不开这个必要条件。这一理论重视模仿的情境；学前儿童模仿语言的原因，仅仅是在对模仿的情境作出响应或者表示向往。模仿说分为两种，一种是机械模仿说，另一种是选择性模仿说。

（一）机械模仿说

机械模仿说是美国心理学家奥尔波特提出的，他认为，学前儿童的语言和父母的语言是复刻关系，学前儿童的语言只是父母语言的翻版。父母说了什么，学前儿童会重复同样的话语。这一观点在语言发展初期起着非常重要的作用，它突破先天的遗传因素对学前儿童语言发展的决定作用，开始将外界因素纳入学前儿童语言习得的考虑范围。

但是机械模仿说的不足也是显而易见的，机械模仿说仅仅承认父母的语言对学前儿童语言的决定性作用，忽视了学前儿童自身在习得语言的过程中具有主观能动性，忽视了学前儿童对语言结构的习得具有一定的变通性。因此，学前儿童在现实中发生的一些语言现象和语言问题，用机械模仿说是无法完全予以解释的。

案例导入

小凯的造句

小凯一天早晨来到了学校，教师上课的时候教大家用"你们、我们"造句。教师自己首先举了一个例子进行了示范："你们是我的学生，我们是合作共赢的关系。"小凯放学回家后，开心地和他的父亲汇报今天的学习成果，他对父亲说，自己今天学会了造句，并对他的父母说："你们是我的学生，我们是合作共赢的关系。"他的父亲听了，哭笑不得："我们怎么会是你的学生呢？我们是你的父母。你说错了，准确的表达应该是，'你们是我的父母，我们是一家人，是和谐共处的关系'。"小凯若有所思，通过他父亲的教导，他学会了用"你们、我们"造句。第二天早晨，小凯来到学校，对教师说："老师，你们是我的学习榜样，我们是师生关系。"

从以上案例可以看出，小凯通过变换语言的交流对象，在不同的对象身上能学到不同的语言造句，小凯自己学会造句并不来源于对教师和父亲的机械模仿。因此，语言的机械模仿说一定程度上无法令人信服。

（二）选择性模仿说

怀特赫斯特和瓦斯托在反对机械模仿说的基础上，对选择性模仿说进行了系统论述。选择性模仿说基于大量的语言教育实验（如绘本阅读的相关实验、学前儿童语言能力的干预实验）[1]，这些实

---

[1] 王乃正.怀特赫斯特对话阅读方案研究及对我国幼教的启示[J].内蒙古师范大学学报（教育科学版），2003(2)：61-62.

验采取了一问一答的刺激手段，试图获得促进学前儿童语言发展的方式和方法。

选择性模仿说的观点如下。第一，学前儿童的选择性模仿建立在学前儿童对语言现象有自我理解的基础上。第二，选择性模仿是学前儿童对模仿对象语言结构进行内化后产生语言输出，而非对语言内容有样学样。这一点正表明了选择性模仿说与机械模仿说是完全不同的。第三，选择性模仿是学前儿童在新情境中将习得的语言结构进行排列组合，从而通过自己的习惯进行表达，此谓语言现象的发生。

选择性模仿说的特点如下。第一，模仿者和模仿对象的语言行为表现，一个是刺激，另一个是反应，两者在语言功能上一定具有相似性，但在内容上不必雷同。第二，模仿者和模仿对象的语言行为关系没有时间要求，也没有固定方法，这种关系是在正常的自然情境中发生和获得的。

有研究表明，学前儿童在和成人交谈的过程中，会进行语言的相互模仿。学前儿童以成人为模仿对象时倾向于压缩自己的语言。比如母亲说"今天我们吃完饭去超市买一些东西"，学前儿童则会说"吃完饭去超市买东西"。而成人则相反，在模仿学前儿童的语言时，更偏向于对学前儿童的语言内容进行扩充。比如学前儿童说"丢垃圾"，母亲则会说"把垃圾丢到垃圾桶"。无论是哪一种形式，学前儿童在和成人交谈的过程中，都没有实现语言内容的完全一致，但学前儿童能学会语法和词汇，这就是选择性模仿说。

拓展资源
"怀特赫斯特的两次语言实验"

（三）模仿说存在的问题

模仿说认为后天环境对学前儿童语言发展起决定作用，强调学前儿童语言发展过程是先有语言印象，然后才有语言表达。模仿说将学前儿童的语言学习归纳为社会语言的范型，这是学前儿童习得语言的根本要义，因此，该说法存在以下问题。

第一，模仿说无法解释学前儿童语言发展的速度。假设学前儿童的语言完全是靠模仿成人而得来的，那学前儿童在表达之前应该已经听到了海量的语句并在大脑中储存起来了。当然，这是不太现实的，学前儿童的语言不是一字一句模仿而得来的。

第二，学前儿童在获得语法结构的年龄之前，模仿就已经大量减少了。据研究，学前儿童模仿成人的语言，在他们28~35个月时接近10%，到了3岁时下降到2%~3%，3岁以后模仿更少。4岁后，学前儿童开始大量掌握语法结构。[1]我们可以发现，以学前儿童获得语法结构为分界线，模仿行为大大减少。学前儿童表达的语句比学前儿童听到的语句要多，许多学前儿童表达的语句和成人表达的语句不一样，学前儿童表达的语句有成人语法结构中并没有的。那么，学前儿童表达的和成人不相同的语法结构来自哪里呢？也就是说，这些语句不是从成人那里模仿而来的，学前儿童在语言发展过程中开始系统性地创造自己的语言体系。

[1] 王振宇．学前儿童发展心理学[M]．北京：人民教育出版社，2004．

项目二 学前儿童语言发展的基本理论

第三，学前儿童经过一定的语言训练，会习得新的语法，但在语言情境中表达时又恢复陈旧的习惯。有研究指出，学前儿童只能模仿自己已经掌握了的语法结构，不能模仿新的、未掌握的语法结构。因此，模仿说还不能充分说明语言获得的过程。[①]

二 强化说

随着各种学派观点的丰富和发展，行为主义学派基于其他学派的观点对后天作用论提出了新的观点。行为主义学派认为，学前儿童习得语言是接受刺激、作出反应的结果，其中，环境中产生的语言是刺激（S），学前儿童发声是反应（R）。也就是说，学前儿童在日常生活中通过模仿成人语言从而日积月累学会了语言。

（一）强化说的基本观点

强化说主要是斯金纳等行为主义学派学者将"强化"运用到学前儿童语言发展中的一个学说，盛行于20世纪中期。斯金纳的新行为主义理论基于华生的旧行为主义理论所进行的论述，促进了新行为主义理论的丰富和发展，斯金纳的著作《言语行为》是两个行为主义相互交织的结果。[②]斯金纳的基本观点有以下四点。

第一，斯金纳继承了华生针对行为主义理论所提出的一些观点，新行为主义理论的实验方法是观察法，实验对象是动物。这一基本理论侧重于外部环境对行为产生的重要作用，观察的是动物的外显行为，动物的行为反应频率是提高、保持，抑或下降，依赖于实验者给出的强化手段或者强化物。

第二，新行为主义理论提出了几个概念并迁移到学前儿童语言发展中去，如"操作行为（自发行为）""强化"等。斯金纳认为，操作行为是动物自发地产生行为及对环境作出反应，无须任何已知的刺激。如果我们需要动物的操作行为频率增加，这时就需要对动物的行为给予条件刺激，以强化动物对操作行为的反应频率，如在动物发生操作行为后给予其食物。在条件刺激不断提供后，动物就会因刺激而改变自己的行为，形成操作性条件反射（或称工具性条件反射）。

第三，斯金纳认为，对动物的强化实验可以解释人的语言获得。人的语言获得和身体的其他行为功能一样，是通过操作性条件反射获得的，语言的操作性条件反射建立在环境中产生的声音和这些声音进行连接的选择性强化的基础上。例如，学前儿童的咿呀学语阶段，语言产生的途径来自环境中物体发出的声音、成人说话的声音等，一旦成人不断对学前儿童说某一句话，强化某一个类别的声音，这时学前儿童便会建立起此类发声优势。

第四，新行为主义理论强调"选择性强化"这一概念，将这一概念运用在语言之中，即成人在和学前儿童交流时，便采用奖励、忽略或者惩罚等手段，这些手段就会对学前儿童语言的数量和质量产生较大的影响。通常来说，成人只对正确的反应给予强化。新行为主义理论还认为，学前儿童的说话行为受到环境的影响，应当了解学前儿童在学习语言的过程中每一种语言反应的情境，环境

[①] 王振宇. 学前儿童发展心理学[M]. 北京：人民教育出版社，2004.
[②] 吴白音那. 探析斯金纳《言语行为》理论及对外语教学的启示[J]. 内蒙古农业大学学报（社会科学版），2012（1）：191-193.

给予学前儿童的反馈就是强化。通过环境的不断强化，学前儿童掌握语言的速度会逐渐变快。①

（二）强化说存在的问题

刺激-反应论和强化说在20世纪中期对心理学界和语言学界产生了非常大的影响，但从中后期开始，越来越多的学者开始批评强化说，如乔姆斯基等人提出了完全相反的观点。

第一，行为主义学派的实验对象无法解释人类的语言行为现象。行为主义学派的实验对象是动物，但乔姆斯基等人认为，对动物的实验并不能解释人身上产生的语言现象，无论是旧行为主义还是新行为主义，用动物的"行为"实验获得的概念来解释人的语言行为和学前儿童语言发展，是不太合理的。

第二，行为主义学派的强化说无法解释学前儿童语言发展的速度。乔姆斯基不认可行为主义学派利用"强化"这一概念解释学前儿童语言发展的无限性和语言发展的快速性。无论是哪一种语言，都有其可以分析的单元结构和规则，也就是句法结构。从语言的单元结构和规则中可以衍生出无限的句子内容。用强化说来解释学前儿童语言发展，成人需要把无限的语句内容都通过环境教给学前儿童，成人再对学前儿童的语言表达给出强化反应，在短短几年内掌握如此多的词汇和语句，这是不可能的。

第三，学前儿童语法结构的掌握无法用强化说来解释。在学前儿童语言发展的情境中，成人较为关心、关注的是学前儿童语言内容的正确性，而不是语法结构的正确性。成人在示范的过程中，更多的是在教词汇，而很少教授学前儿童语法结构。就算成人教授的语法结构是错误的，成人也不会特意加以纠正。那么，学前儿童是如何掌握正确的语法结构的这一点，用强化说无法解释。

第四，用强化说来解释或者包含学前儿童所有的语言现象，是比较片面的。行为主义学派认为，语言表达先出现后，环境才会给予强化。语言是一系列刺激和反应的连锁现象，强化等外部手段通过制约语言发生的所有变量，就可以对学前儿童的各种语言行为加以解释。但是这种观点过于片面，影响学前儿童学习的因素不只有强化这一种手段，语言的产生和发生较为复杂，不仅有外部环境因素，还有人学习语言的主观能动性、语言的复杂性等其他因素，这些综合因素难以通过测量简单得出，也难以通过观察外部发生的反应而发现。

三 中介说

（一）中介说的基本观点

中介说又称传递说，是为解决强化说的缺陷——简单的刺激与反应的结合，而提出的一种主张。美国加利福尼亚大学伯克利分校心理学教授、行为主义的代表人物之一的托尔曼，提出"中介变量"概念，指介于刺激与反应两个变项之间，因外在刺激而引起的内在变化历程。20世纪50年代后期，奥斯古德等创造性地改造了"中介变量"概念，提出了中介说。②

①王振宇.学前儿童发展心理学[M].北京：人民教育出版社，2004.
②祁文慧.国外儿童语言研究综述[J].南京邮电大学学报（社会科学版），2011（3）：65-72.

斯塔茨也是行为主义的代表人物之一。他提出，一个人的语言的形成过程，是某个词或者某句话可以作为一种条件刺激，诱发对方发生条件反应。例如，在听到某一个人说"他是一名教师"时，就会联想到"他站在讲台上""他给学生批改作业""他和学生谈话"，以及他作为一名教师和学生之间的关系等，这些隐含的联想又可以成为刺激，从而引起新的反应。这个案例可以表明，在刺激（S）和反应（R）之间，有新的反应是因为人的联想而产生的。[①]

在后来，这一概念使得一批在心理学领域研究语言学的心理学专家创造性地进行学前儿童语言的应用研究，从而形成中介说。行为主义学家将刺激和反应之间的传递性刺激和传递性反应命名为中介体系。这种中介体系说明了刺激和反应之间具有隐含内容。

（二）中介说存在的问题

中介说其中的中介概念，是传递性刺激和传递性反应。中介说以此来解释环境如何通过语言对人产生影响。但是，中介说仍然是基于刺激-反应论的基本模式，而传统的刺激-反应论无法解释语言如何表现当时所产生的内容，新的语言如何被创造，新的语言如何能被理解。中介说在其中加入链条来解释学前儿童语言如何发展，仍然存在无法解释之处。

美国当代著名的哲学家、心理语言学家福多曾对中介说无法解释的部分举例，传递性反应的前一个作用链条不一定是刺激，一部分人未见过小偷本人，但可以从间接经验中来得知小偷是什么角色。他认为，传递性反应也不一定能够成为隐含的刺激，引起新的反应。[②]

任务三　先后天相互作用论

随着各个学派的发展，以皮亚杰、维果茨基等人为代表的一派提出了先后天相互作用论。先后天相互作用论强调先天因素与后天因素之间的相互作用。先天决定论只强调遗传、生理因素对学前儿童语言发展的作用，完全否定后天因素对学前儿童语言发展产生的影响。后天作用论只强调后天环境因素对学前儿童语言发展的作用，完全否定先天因素对学前儿童语言发展产生的影响。无论是哪一种，都难以完全解释学前儿童在语言发展过程中出现的各种语言现象。

先后天相互作用论的代表理论有认知相互作用论、社会交互作用论、规则学习说。

拓展资源
"助力学前儿童挥动语言的翅膀"

[①] 张明红.学前儿童语言教育与活动指导[M].3版.上海：华东师范大学出版社，2014.
[②] 张明红.学前儿童语言教育与活动指导[M].3版.上海：华东师范大学出版社，2014.

一、认知相互作用论

（一）认知相互作用论的观点

瑞士著名的心理学家皮亚杰、美国心理学家斯洛宾等人是认知相互作用论的主要代表人物，该理论主要是基于认知与语言两者的关系来进行假设的。其基本观点可以总结为以下四点。①

第一，人的语言习得能力从属于认知能力，它们是部分和整体的关系。皮亚杰等人认为，人脑中的先天机制是一种认知潜能，认知潜能能够对外界的环境进行加工，这种加工能力对语言非常重要。因此，学前儿童要发展语言，就要以最初的认知潜能或者认知的发展为基础。皮亚杰提出图式、同化、顺应等概念来解释人的认知发展，语言的发展也是一样，人在应对语言情境时首先会产生认知结构，以此为基础，再逐渐通过同化和顺应两个过程，用自己熟悉的方式来尝试理解不太熟悉的语言，再用熟悉的结构去创造产生新的语言。

第二，语言是如何产生的。皮亚杰认为，学前儿童用许多符号功能来代表或象征事物。而语言也是一种符号功能，同其他的符号功能一般，出现在感知运动阶段的末尾时期。学前儿童在开始具有象征意义的表达之前，事物对学前儿童来说是具有客体永久性的，学前儿童经常根据眼前的事物来表达。随着年龄的增长，学前儿童能够说出不在眼前的事物名称，能够区分事物的部分和整体关系。从这时开始，语言就开始发展了。

第三，人的一切认知结构抑或是认知能力，都源自主体和客体之间会产生相互作用。皮亚杰将人的认知发展分为四个阶段，第一个阶段就是感知运动阶段，他认为，动作是一切知识经验的来源。学前儿童在感知运动阶段通过感知和运动活动获得对世界的最初认知，探索周围事物。学前儿童作为主体，其抓握物体、吮吸手指等动作都是在进行作用于客体的活动，学前儿童通过将这些本能的动作发展为对环境的探知，随后慢慢演变成用这些动作来改造世界。皮亚杰特别强调人的语言发展，也是因为主体和客体之间会产生相互作用，语言结构的发展是随着认知结构的发展而发展的，语言能力的进步也是随着认知能力的进步而进步的。

第四，学前儿童获得语言的过程是学前儿童自身主动从周围环境进行持续归纳、提炼语言的规律性过程，学前儿童的语言结构是具有创造性的。斯洛宾在谈论学前儿童语言发展的时候，认为学前儿童的语言获得是需要具备一些生理成熟的素质的，同时学前儿童在认知发展的过程中对语言的规则、语言的内容进行主动建构，具有遣词造句的创造性。因此语言发展是具有顺序性和阶段性的规律的。

（二）认知相互作用论存在的问题

部分学者认为皮亚杰等人未将认知发展和语言发展的关系进行合理解释，主要表现为以下三个方面。

第一，皮亚杰等为代表的学派更强调认知发展对语言发展的作用，但却忽视了语言学习对认知水平的提升有什么样的促进作用。

① 赵寄石，楼必生. 学前儿童语言教育[M]. 2版. 北京：人民教育出版社，2003.

第二，皮亚杰等为代表的学派过于重视或者过分强调学前儿童认知发展的重要性，忽略了相互作用论中影响语言发展的其他因素。

第三，这一理论提出后，未进行学前儿童语言的专门研究，只停留在理论高度，缺乏大量的实证研究。

二 社会交互作用论

（一）社会交互作用论的观点

社会交互作用论的代表人物是贝弗、布鲁纳等人，他们承认人的生理因素和认知因素对语言发展所起的作用，但他们特别强调语言环境和成人指导对学前儿童语言发展的重要性。

第一，贝弗认为，学前儿童的语言是先后天因素相互依赖和作用而得到发展的。他并不完全赞同认知相互作用论，认为学前儿童的语言获得不仅来自先天成熟和认知发展，还有社会环境和成人的指导，这些因素综合起来对学前儿童语言发展产生影响。社会交互作用论对其他学派的观点进行了合理吸收，例如，承认学前儿童的语言行为是受到语言规则所支配的，学前儿童的语言获得要以一定的生理成熟和认知发展为基础，肯定联想和模仿在获得语言结构中的作用，肯定语言获得的能动建构过程等。该理论指出了被其他理论所忽视的一面，也就是说，该理论特别强调语言环境和语言输出的作用。[①]

第二，布鲁纳等人非常重视学前儿童与成人在互动交流中运用语言的实际交往能力，并认为两者之间的语言交往实践活动，决定了学前儿童语言发展。学前儿童出生后就具有一定的社会交往天性，会在和成人双向互动的过程中能动地建构语言。所以布鲁纳等人认为，在学前儿童语言发展的过程中，要特别重视学前儿童与成人语言交往的实践，创设语言交际的环境。

（二）社会交互作用论存在的问题

社会交互作用论较为全面地论述了对学前儿童获得语言时进行能动建构的种种影响因素，例如，学前儿童的语言学习不仅产生于认知活动、实际交往活动，而且强调在实际交往活动中学前儿童对成人的模仿、对语言规律的掌握等。但社会交互作用论还存在以下两点问题。

第一，社会交互作用论的研究工作不够系统深入，对成人与学前儿童在实际的语言交际时应该采用什么样的方式、方法没有进行系统深入的研究。

第二，社会交互作用论特别强调语言输入，但语言输入不是越多越好，该理论对学前儿童语言输入的承载能力没有进行说明，输入的环境、提供的材料也没有把握。

三 规则学习说

提出规则学习说的学者主要有弗拉瑟、伯科等人。这一学说提出了和乔姆斯基同样的先天语言

[①] 常丽. 基于言语活动理论的中学俄语活动课程研究[D]. 长春：东北师范大学，2016.

机制。其区别在于，乔姆斯基的先天语言获得装置具有普遍性特征，乔姆斯基的先天语言能力说具有演绎性。但规则学习说的先天语言机制主要是语言学习能力和语言评价能力，规则学习说具有归纳性。主要表现为以下几点。①

第一，规则学习说认为，学前儿童对语言的学习是一个归纳的过程，他们用先天语言机制，对语言交际过程中产生的输入内容进行处理，从而归纳出这一种语言的规律。

第二，学前儿童对语言规则的掌握和归纳，是不断建立刺激-反应（S-R）的结果，是条件反射得来的结果，也是先后天因素相互作用产生的结果。规则学习说源于行为主义理论，但同行为主义理论的最大不同是，这一学说强调学前儿童的先天能力对语言发展也是具有重要影响的。

◇ **项目小结**

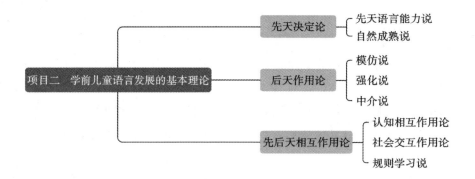

思考与练习

一、单项选择题

1.先天语言能力说是由（　　）提出的。

A.斯金纳　　　　B.阿尔伯特　　　　C.乔姆斯基　　　　D.勒纳伯格

2.在听到某一个人说"他是一个歌手"时，就会联想到"他在舞台上闪闪发光的样子"，这一概念主要是（　　）的理论来源。

A.模仿说　　　　B.中介说　　　　C.社会交互作用论　　　　D.强化说

二、论述题

1.试对学前儿童语言发展的不同学说进行归纳。

2.试采用先后天相互作用论对你身边的学前儿童语言获得的相关现象进行分析并写出启示。

---

① 张明红．学前儿童语言教育与活动指导[M].3版．上海：华东师范大学出版社，2014.

实践与实训

实训一： 结合自身或周围学前儿童的相关语言成长经历，运用所学学前儿童语言教育的基本理论，对学前儿童语言发展的情况进行分析。

目的： 掌握学前儿童语言教育基本理论的差异，并能结合在学前儿童语言教育实际过程中产生的语言行为进行分析。

要求： 根据自身或周围学前儿童的相关语言成长经历，分析学前儿童语言发展的学说来源，并举例说明。

形式： 小组合作。

实训二： 在幼儿园实习过程中，请观察不同学前儿童语言能力的发展水平和在园的语言现象，并运用相关理论进行评析。

目的： 运用相关理论评价学前儿童语言能力的发展水平、语言现象并分析背后的原因。

要求： 以小组为单位，每一个小组结合学前儿童在园的实际状况和生活背景，采用先天语言能力说、自然成熟说、模仿说、强化说、中介说、认知相互作用论、社会交互作用论进行分析，并谈谈启示。

形式： 实习或实地观察。

项目三 0~6岁学前儿童的言语发展

◇ **学习目标**

1. 了解0~6岁学前儿童前言语的发展阶段和言语的发展阶段在语音、语义等方面发展的特点。
2. 掌握言语阶段学前儿童在词类的范围、句法结构的发展等方面的要点。
3. 形成对学前儿童言语获得机制和影响因素的科学认识。
4. 用唯物辩证法的观点看待学前儿童言语发展过程中的量变和质变。

◇ **情境导入**

在某早教机构，1岁8个月的一一最近在学习新词时，出现了倒序现象，"对不起"说成"起不对"；同时刘老师发现：虽然有很多词一一知道意思并且能表达出来，但是有些词他理解却说不出来。例如，他看到小猫知道叫猫猫，并且会模仿猫叫的声音，但是对常见的家用电器，他只能做指认动作，说不出名称。

带着上述问题，我们将在本项目系统地学习0~1岁前言语的发展和1~6岁言语的发展的具体情况。

任务一 前言语的发展

语言是一种社会上约定俗成的符号系统，是人类在社会生活、劳动过程中逐渐形成和发展起来的交流的工具，是一种社会现象，是社会进步的产物；而言语是一种心理现象，是人类运用语言进行实际活动的过程。语言是工具，言语则是对这种工具的运用，两者是完全不同的概念，但又密切相关。

0~6岁学前儿童的言语发展可以分为两个阶段，第一个是0~1岁前言语的发展阶段，第二个是

1~6岁言语的发展阶段。在本任务中重点讲述了0~1岁婴儿的前言语的发展,之所以称为前言语阶段,是指婴儿到1岁左右才说出第一批能被理解的词,那么0~12个月这段时期称为语言发展的准备时期,婴儿语言在其阶段的发展主要是指语音的发展。

0~1岁婴儿的语音发展包括了婴儿语音的发展顺序、语音的听觉偏好,其中包括了三个阶段,分别是简单音节(0~3个月)、连续音节(4~8个月)、模仿音节(9~12个月)。

一、婴儿语音发展阶段

(一)简单音节(0~3个月)

婴儿是天生的语言家,他们不仅积极地接受语言,同时发声也相当地活跃,从出生那一刻的啼哭这种反射性发声开始,就开始有简单音节出现,如 ei、ou 等声音。在接下来的发展中,出现了 mama、a、ai、hai 等,根据我国学者的研究,这个阶段简单音节多是单音节音,元音先出现,其中既有单元音又有复合元音,辅音出现频率较低,多与元音一起出现,例如 hai-i。此阶段的简单音节多是喉部发声,气流在婴儿喉部的振动开始的,这与婴儿不发达的舌部、唇部等运动有关,并且所发出的音并不代表任何符号意义,天生聋哑的婴儿在此阶段也同样能发出元音,属于一种反射性行为。

(二)连续音节(4~8个月)

随着认知和活动范围的扩大,婴儿在此阶段发音表现出了活跃性,表现在两个方面,一是发音数量增多,元音数量不再仅仅局限在简单音节阶段;二是发音种类丰富,出现了声母,例如 b、p、d、f、n 等,还出现了韵母 ong、eng 等。此阶段发音虽然是一些简单的音节,但随着发音连续性的出现,发音逐渐变得复杂,例如 a-ba-ba-ba 等,称为呀呀语,约在9个月时达到顶峰。其中先是 b、d、m、n 与 a 的合成音节,然后是 h 和 ai、ei 的合成音节。虽然在此阶段发音与成人世界中某些词的发音很相似,例如 ba-ba、ma-ma、a-i,但这些发音与具体事物之间没有稳定的联系,例如此阶段婴儿根据成人的语音提示所发生的动作,主要是由成人的语调和面部表情以及整个情境引起的,并不能真正地区别词的意义。

(三)模仿音节(9~12个月)

模仿音节阶段相对于上一阶段的发音变化,一方面是不再简单地重读同一音节,例如 ma-mi-miu;另一方面是出现了多样化的音调,例如 en-en-en-en(四种音调)。以上的两种变化使婴儿听起来像是在说话,但是说的是什么,除了很难理解以外,确实也不代表事物的实际意义,格赛尔称其为"有表情的难懂话",成人戏称其为"婴语"。此阶段在成人的引导下,一定的音开始能与具体的事物建立联系,并表示一定的意义,但需要注意的是一个一定的音只能与一个具体的事物相联系,不具备概括性。本阶段的末期,婴儿能根据成人的提示作出一些复杂的动作或反应,例如听到成人说再见，作出摇手动作，声音对这一阶段的婴儿来说具有一定的交际作用。同时婴儿开始模仿发音，这标志着婴儿进入学说话萌芽阶段。聋哑婴儿虽然也出现模仿音节的行为，但与正常婴儿相比，他们的模仿音节行为出现的时间晚、结束的时间早，形式上变化较少。

二 婴儿语音的听觉偏好

婴儿不仅能够辨别各类语音，还会有选择地注意某些发音的特点。国外研究发现，刚出生的婴儿能辨别本地语言和其他语言的声音模式，并且更偏好他们本地语言的声音模式，不喜欢其他语言的声音模式。在各类声音偏好中，婴儿喜欢舒缓的音乐，不喜欢嘈杂的噪声；在人的声音偏好中，婴儿喜欢女性声音的程度高于男性声音；在女性声音偏好中，婴儿喜欢妈妈声音的程度高于其他女性声音。有研究显示，婴儿从很早便开始表现出对"妈妈语"的偏好，"妈妈语"也称为"儿语言"，是妈妈或其他家庭照料者与婴儿对话时，所表现出的一种特定言语形式，如词少、语速慢、发音清晰、语调高低起伏并配有丰富的表情或夸张的动作等。"儿语言"出现的语法错误较多，并且给人的感觉是不自然的、夸张的、起伏感强的，这些都是为了更好地吸引婴儿的注意，甚至对于聋哑婴儿来说，妈妈也会使用手势"儿语言"，与成人之间的手势语相比，具有速度较慢、动作和表情夸张等特点。由于成人对婴儿说话时的这种特殊的语言表达方式，减少了婴儿早期语言学习的焦虑和难度，有助于他们语言理解能力的快速发展。

拓展资源
"婴儿期的交流发展"

任务二　言语的发展

经过了前言语的准备期，婴儿进入幼儿阶段，也开启了正式学说话的阶段。在本任务中重点讲述了1~6岁幼儿言语的发展，主要是指语音、语法（句法）、语义、语用四个方面的发展。

一 幼儿语音的发展

在前言语阶段，婴儿的发音与其生理状态有关，无论是舒适或不舒适状态下发的音，都是对内部状态的一种总的反应。但进入言语的发展阶段后，连续音节增多、近似词音节也增多，随着近似词音节的增多并能说出一些单词，无意义的连续音节的就逐渐减少，这是一种从无意义音节向有意义词过渡的阶段。在1~1.5岁，一定词的语音对幼儿来说已经具有一定的概括性意义，这说明幼儿已经开始掌握词语了。在4岁左右幼儿才能掌握本民族语言的全部语音，汉语是一种有声调的语言，这是汉语相对于其他语言的显著特点之一，声调系统的习得对于学习汉语的幼儿来说是语音习得的一个重要部分。

幼儿在发音时，成人除了为幼儿建立一个发音标准的语言环境外，还应多鼓励幼儿大胆地表达，给予幼儿充足的时间和空间表达。成人要有目的地引导幼儿注意成人的发音口型和发音示范，特别是在一些方言影响力比较大的地方，成人更应该注意自身的"榜样"作用。与此同时，成人还应注意幼儿的发音器官，主要是幼儿的舌、声带、喉部、鼻腔等，这些听觉器官的功能正常与否，直接关系到幼儿是否能发音准确。幼儿掌握语音的阶段总的趋势是一致的，并且表现出了一定的个体差异，这些都是正常表现，但是如果幼儿到了大班还不能发全音，则成人应早发现、早干预、早治疗。

二、幼儿语法的发展

幼儿掌握了语音，这仅属于语言方面的最初的成效，这不能认为已经掌握了语言。幼儿要掌握语言，必须获得语法结构，也称为句法结构。幼儿是否掌握一个词，主要参考以下三点：第一是能自发说出；第二与一定的意义相连；第三是具有一定的概括性。这里说出的语法结构不是语法的规范概念阶段，而是一种自动的应用。幼儿语法的发展主要表现为单词句、电报句、完整句。语法的发展趋势是从混沌一体到逐渐分化、从简单到复杂、从不完整到完整、句子长度越来越长（通常也是判断幼儿语法发展状况的重要标准，有研究显示，2岁幼儿一个句子2.91个词、3岁幼儿一个句子4.61个词、4岁幼儿一个句子5.77个词、5岁幼儿一个句子7.87个词、6岁幼儿一个句子8.39个词）、句子类型从陈述句到非陈述句。

（一）单词句（1~1.5岁）

单词句顾名思义用一个词代表一句话。这个词可以表达不同的意思，也可以表达不同的语态。例如"车车"，可以表达成为"我想要车车""那是一辆车""妈妈拿车给我"等不同的意思。单词句具有以下四个方面的特点。

第一是单音叠词，例如用"车车"代替"车"，"牛牛"代替"牛奶"。

第二是表达意义不明确，成人如果想要理解某名幼儿所表达的句子，必须与幼儿朝夕相处，了解他们的生活经验和生活习性以及具体的情境，才能猜到"车车"到底是指什么？否则将会出现，成人不理解幼儿的意思，幼儿急得哭闹。

第三是与动作紧密结合，幼儿在表达"车车"时，手上作出了车滑动的动作，那成人就比较容易理解他的意思，幼儿有可能是要玩玩具车。

第四是词性不明确，"车车"可以是名词的那辆车，也可以是动词的开车。

（二）电报句（1.5岁左右）

大部分幼儿在1.5岁左右逐渐开始将单词句联合起来使用，产生了双词句或三词句，例如"开车车"，这样的句子省去了一些虚词，也略去了语句的一些部分。虽然比单词句表达的意思明确，但其表达形式仍然断断续续、语句结构不完整，类似成人的电报用语，因此被称为"电报句"。电报句有时像单词句一样，幼儿用同一个短语表达不同的意思，例如，"爸爸车车"，可能表达的意思是"我要坐爸爸的车"，也可能是"爸爸开车"的意思，如果要理解幼儿的电报句，仍然需要结合他们说话的语境。电报句只是幼儿语法的发展过程中的过渡阶段，并不会长期存在，随着幼儿年龄的增长，他们的语法结构越来越具有成人语言的成分。

（三）完整句（2岁左右）

完整句是指语法结构完整的句子，即句子中具有主谓宾等成分，我国学者研究发现，母语为汉语的幼儿在语法发展过程中经历了简单句、复杂句、复合句，需要注意的是上述三种句型并不是依次出现的，而是错综复杂地呈现的。

1. 简单句

简单句是语法结构完整的单句，1.5岁左右的幼儿说电报句，其实就是结构完整但无修饰语的简单句，主要包括主谓句（妈妈吃）、谓宾句（抱抱宝贝）和主谓宾句（宝贝喝水）；2.5岁半的幼儿开始使用一定数量的简单修饰语；随着幼儿词汇量的增多，3岁幼儿的话语规则基本上都是完整句了。

2. 复杂句

复杂句是指由几个结构相互联结或相互包含组成的单句。幼儿可以使用较为复杂的名词结构的"的"字句，如"这是我的妈妈"；"把"字句，如"你把我玩具弄坏了"；较为复杂的时间状语句，如"我早上吃饭了"；较为复杂的地点状语句，如"我在家玩"，以及各种语气句，如"我可以玩吗""天呀"。在幼儿园大班学期末，幼儿说出的绝大多数语句会使用修饰语。

3. 复合句

复合句是指将两个单句按照某种逻辑结构放在一起，便构成了复合句。2岁的幼儿基本上表达不出复合句，到5岁左右幼儿的复合句的发展较为完善。有研究显示，幼儿的复合句主要有两类：第一是联合复合句，如"我没有看过超级飞侠，我看过汪汪队"，第二类是主从复句，例如"这个玩具坏掉了，不好玩了"。幼儿的复合句的语法结构还比较松散，两个单句的连接也是根据他们自己的逻辑经验排列的，因此一些复杂的句型，幼儿仍然理解不了，如"被"字句，"——被程程撞倒了"，幼儿很容易理解为"——撞倒了程程"。

三 幼儿语义的发展

语义是指某种语言的意义系统，在幼儿言语的发展过程中，因为语义的获得需要与幼儿认知水平发展紧密结合，所以与语音和语法结构相比，发展得要晚一些。幼儿语义的发展主要表现在两个方面，分别是词义的发展和句义的发展。

（一）词义的发展

幼儿词义的发展是幼儿正确理解和使用语言的基础，是幼儿言语发展的重要方面之一。幼儿词义的发展主要是词汇量、词的理解、词的种类三个方面的发展。

1. 词汇量的增多

婴儿时期的词汇量发展进程很慢，主要是因为他们只能理解而不能说出单词，能理解不能出说的单词称为"消极词"，也称为"被动性语言"，到表达出理解的单词称为"积极词"也称为"主动性语言"，这也是公认的接受性语言要早于生产性语言，即理解言语早于表达言语。因此在1.5岁左右，随着幼儿客体分类能力的出现，幼儿出现了词汇量猛然增长的现象，这与1.5岁之前的幼儿平均拥有词汇量大约为50个能说的单词和100个能理解的单词的现象截然不同。但幼儿掌握词汇量的多少表现出了个体差异，我国学者的研究表明3~5岁是幼儿词汇量飞跃的黄金期。

2. 词的理解——扩张和缩小

幼儿早期对词的理解出现了扩张的现象，即用某一具体名称赋予某一具体客体，如自己家的宠物狗为"狗狗"，那么幼儿在接下来电视上看到的小狗汪汪、画册上的小狗灰灰、邻居家的泰迪狗，都是"狗狗"，这些扩张表明幼儿正在形成以一个某些特征界定"狗狗"的客观范畴。但是幼儿对词的扩张容易出现过度，表现在将所有四条腿的动物都称为"狗狗"。关于幼儿出现词的扩张的原因，目前研究说法不一，一种解释是幼儿词汇量缺乏，没有掌握相应的词，例如不知道喵喵叫的动物叫猫，只能用"狗狗"来代替；另一种解释是幼儿没有掌握"狗狗"的这个概念的核心特征。3~4岁幼儿对词义过度扩张的现象就逐渐不明显了。

幼儿对词的理解除了扩张之外，还有对词义缩小的现象，即幼儿常常把初步掌握的词仅仅理解为最初与词结合的那个具体事物，例如，"妈妈"指的就是宝宝的妈妈，其他宝宝的妈妈不能被称为妈妈。词义的缩小同样表明幼儿对词的理解处于混沌状态，词义的缩小相对于词的扩张要少见一些。

3. 词的种类扩大

词的种类分为实词和虚词，汉语的实词中包括了名词、动词、形容词、数词、量词以及代词，虚词包括了副词、介词、连词、助词、叹词、拟声词等。当幼儿1岁左右说出第一批能被理解的单词时，这些单词通常都是他们所熟知的或他们认为很重要的人和物的名称，因此在词的种类上，幼儿首先掌握的是实词。

第一，对名词和动词的理解。在实词中，幼儿最先掌握的是名词和动词。代表重要人的名词（如妈妈、爸爸等）和运动的物体的名词（如球、车等）、熟悉的行动的动词（如再见、抱一抱等），幼儿初期很少掌握静止的东西（如床、房子等），幼儿对动词的使用从开始主要反映外部的动作和行为（如再见、喝等）到逐渐反映心理活动（如喜欢、讨厌等）方面的变化。

第二，对形容词的理解。幼儿2岁开始使用形容词，4~5岁时增长速度最快，幼儿使用各种形容词的顺序大体上从物体特征的描述开始，首先是颜色词（如红色的、黄色的等），其次是动作类（如慢慢的等）、再次是人体外形（如高、低、胖、瘦等）、复次是个性品质和表情情感（如勇敢的、开心的等）、最后是时间情境的描述（如糟糕的等），形容词的使用从反映外部特征向反映事物内在品质方面发展。

第三，对时间词的理解。我国学者的研究表明，幼儿最先理解"今天""昨天""明天"，然后向理解较小（上午和下午）的阶段和较大（今年和明年）的时间段的词语发展；在理解时态时，首先理解"正在"、其次是"已经"、最后是"就要"。这说明幼儿对时间词的理解，是立足于现在，然后前后延伸，但幼儿对前和后的时间认知随着年龄的增长逐渐明确。

第四，对量词的理解。国内关于量词的研究发现，幼儿使用"个"的频率最高，但不能很好地使用其他的量词，如"双""对"等集合量词掌握的时间较晚。2~6岁幼儿所表达的言语中主要是实词，虚词出现频率较低，随着幼儿年龄的增长，出现的虚词种类由语气词逐渐向连词、介词等过渡。

第五，对人称代词的理解，有学者研究发现幼儿对"我"的理解程度最高，依次是"你"和"他"，年龄越小越难理解"他"。

（二）句义的发展

幼儿对句义的理解早于语句结构的掌握。1岁之前的幼儿还不能表达出有意义的单词，但已经能根据成人的表情、动作和情境理解简单的句子；2~3岁的幼儿则喜欢与成人说话，喜欢听成人讲故事、唱儿歌、看动画片，并能理解其中的内容。虽然中班幼儿已经能与成人进行自由交谈，但对一些结构复杂的句子仍然出现理解错误，如被字句和双重否定句。与此同时，幼儿对并列复合句和递进复合句等理解程度较低，总的来说幼儿对语句的理解是以幼儿的认知发展为基础的，与其生活动经验有关的内容语句，幼儿理解的正确率较高，反之，理解的正确率较低。

四 幼儿语用的发展

语用是指双方交谈时，根据语言意图和语言环境有针对性地使用语言工具，这包括了说的技能和听的技能。幼儿的语用技能随着其认知能力的发展而不断地提高。

（一）幼儿说的语用技能发展

在前言语的发展阶段，婴儿通过哭、面部表情、动作等与成人进行对话，达到交流的目的；进入言语的发展阶段，幼儿迅速调整交流方式，使用语言进行交流，虽然这时候他们只能说简单的单词或短语，甚至还是依赖动作和说话的情境，但仍阻挡不住他们进行交流。有关说的语用技能发展包括了轮流依次参与谈话和社会参照交流。轮流依次参与谈话的技能是幼儿最先获得的对话技能，有研究显示4~6岁幼儿开始产生了对话原则的意识，但是关于对话内涵的推论略显滞后；社会参照交流属于一种高级对话技能，是指说话人就对方不明白甚至未知的某物进行有效交流，如向同伴介绍游戏的规则。要获得社会参照交流技能，说者首先必须对听者的相关特点有所了解，如幼儿园教师会使用"妈妈语"与幼儿说话和组织教学活动；其次说者必须注意到交流基于说者和听者的共同背景，如幼儿园教师组织集中教学活动的主题必须是来源于幼儿生活或经验；最后说者要随着听者的反馈而调节自己的话语节奏，如幼儿园教师在组织集中教学活动过程中，要根据幼儿的兴趣和反应，不断调整说话的语速、语调等。

拓展资源
"皮亚杰有关幼儿言语的研究"

(二)幼儿听的语用技能发展

对话是一种交流,既需要对话双方具备说的技能,还必须具备能理解成人和同伴在说什么的听的语用技能。在听的语用技能方面,幼儿随着年龄的增长而逐渐得到发展。由于在日常口语表达过程中,人们并非总是遵循语法结构进行交流的,常通过疑问、暗示、隐喻、反话等方式来表达,被称为隐含句或间接语。隐含句的理解具有一定的难度,它真正要表达的意思不是文字的表面意思,这跟幼儿具体形象思维发展的特点相矛盾,因此到了大班,幼儿抽象逻辑思维开始萌芽,才逐步提高对隐含句的理解能力。

◇ 项目小结

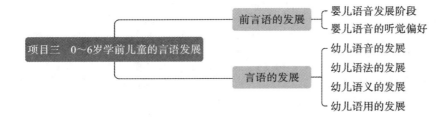

思考与练习

一、单项选择题

1.关于幼儿言语的发展顺序,正确的表述是(   )。(2022年上半年幼儿园教师资格证考试真题)

A.言语理解先于言语表达　　　　　　B.言语表达先于言语理解
C.言语理解与言语表达平行发展　　　D.言语理解与言语表达独立发展

2.发展幼儿语言表达能力的关键是让他们(   )。(2022年下半年幼儿园教师资格证考试真题)

A.多交流多表达　　　　　　B.多模仿别人说话
C.多认字多写字　　　　　　D.多背诵经典

二、论述题

1.讨论幼儿语义获得的过程,以及出现的词义的扩张与缩小现象。
2.举例说明单词句和双词句的主要特点。

实践与实训

实训一： 观察并分析0~3岁和3~6岁两个阶段的学前儿童在言语发展过程中所表现出的阶段性和连续性特征。

目的： 掌握0~6岁学前儿童言语发展的特点，并科学地理解阶段性和连续性的辩证关系。

要求： 一方面熟知并理解0~6岁学前儿童言语发展的特点，另一方面掌握并正确地运用阶段性和连续性的关系。

形式： 见习或实习中开展。

实训二： 以某一学前儿童为例开展调查研究，分析该学前儿童言语发展现状并探究影响其言语发展的原因。

目的： 结合实际案例巩固影响0~6岁学前儿童言语发展的因素。

要求： 客观地选择调查对象，遵守学前儿童研究的伦理原则，分析数据秉承着教育性和发展性原则。

形式： 小组合作。

项目四　幼儿园语言教育活动设计概述

◇**学习目标**

1. 了解幼儿园语言教育活动目标，幼儿园语言教育活动内容的组织以及幼儿园语言教育活动方法的选择和实施的基本途径。

2. 掌握制定幼儿园语言教育活动目标、组织幼儿园语言教育内容的能力；能根据不同类型的幼儿园语言教育活动选择合适的方法和实施途径。

3. 能够形成对幼儿园语言教育活动科学的认识，为设计和实施、评价幼儿园语言教育活动奠定基础。

4. 树立正确的幼儿园语言教育价值观，充分挖掘中华优秀传统文化，将其作为幼儿园语言教育活动的内容之一。

◇**情境导入**

作为新入职教师的小王认为幼儿园语言教育活动是五大领域活动中最简单的活动，只需要带着学前儿童识字、学拼音。可当小王真正到幼儿园工作后发现，幼儿园语言教育活动目标不等于小学语文教学目标，幼儿园语言教育活动内容不仅是识字和学拼音，而且还包括丰富多彩的谈话活动、讲述活动、绘本集体阅读活动等。

在本项目的学习过程中，我们将了解到幼儿园语言教育活动目标是什么以及怎么设计，幼儿园语言教育活动内容选择的依据是什么以及怎么组织，如何更好地根据学前儿童发展特点选择合适的幼儿园语言教育活动方法和途径。

任务一　幼儿园语言教育活动目标的制定

幼儿园语言教育活动目标是幼儿园语言教育活动的出发点和落脚点，是幼儿园语言教育活动设计和实施的风向标。在本任务的学习过程中，我们将系统地介绍幼儿园语言教育活动目标体系、幼儿园语言教育活动目标制定的依据、幼儿园语言教育活动目标制定的维度以及制定幼儿园语言教育活动目标的注意事项。

幼儿园语言教育活动目标体系

幼儿园语言教育活动目标体系主要从纵向层次和横向角度进行分析，纵向层次上包括了幼儿园语言教育活动总目标和语言教育活动年龄段目标；横向角度上包括了谈话活动目标、讲述活动目标、绘本集体阅读活动目标等。

（一）幼儿园语言教育活动纵向层次目标内容

1. 幼儿园语言教育活动总目标

2001年教育部颁布的《幼儿园教育指导纲要（试行）》（以下简称《纲要》）中规定了幼儿园语言教育活动的目标，具体如下。

（1）乐意与人交谈，讲话礼貌。

（2）注意倾听对方讲话，能理解日常用语。

（3）能清楚地说出自己想说的事。

（4）喜欢听故事、看图书。

（5）能听懂和会说普通话。

政策法规链接
《幼儿园教育指导纲要（试行）》

2. 幼儿园语言教育活动各年龄班目标

2012年教育部颁布《3—6岁儿童学习与发展指南》（以下简称《指南》）在语言领域提出了细分教育目标，具体包括两个维度（表4-1）。

表4-1　幼儿园语言领域教育维度目标表

维度	目标
倾听与表达	1.认真听并能听懂常用语言。 2.愿意讲话并能清楚地表达。 3.具有文明的语言习惯
阅读与书写准备	1.喜欢听故事，看图书。 2.具有初步的阅读理解能力。 3.具有书面表达的愿望和初步技能

政策法规链接
《3—6岁儿童学习与发展指南》

（二）幼儿园语言教育活动横向角度目标内容

1. 谈话活动目标

谈话活动目标主要表现在三个方面：首先是学会倾听他人谈话，并初步掌握倾听的技能；其次是能够围绕谈话主题表述自己的观点，发展口语表达能力；最后是学习运用语言进行交流的基本规则，提高口语交流能力。

2. 讲述活动目标

讲述活动目标主要表现在三个方面：首先是感知并理解讲述对象的特点；其次是能够在他人帮助下或独立进行构思，具备清楚完整地表达讲述对象的能力；最后是掌握在语言交流过程中对情绪情感进行调节的能力。

3. 绘本集体阅读活动目标

绘本集体阅读活动目标主要表现在三个方面：首先是学习书面语言的兴趣，愿意欣赏绘本阅读并积极参加文学活动；其次是初步认识书面语言的独特性；最后是掌握早期阅读的基本技能，能大胆地进行想象和创作绘本作品。

此外，幼儿园语言教育活动还有其他类型的活动，如听说游戏，其目标主要表现在两个方面：一方面表现在能够遵守听说游戏规则并进行口语表达；另一方面表现为领悟语言规则的能力，发展语言思维的灵活性和机智性。

二 幼儿园语言教育活动目标制定的依据

幼儿园语言教育活动目标制定是指制定幼儿园语言教育活动某一具体活动目标，即最具体的活动目标。为了更加科学、有效地实现幼儿园语言教育活动目标，幼儿园语言教育活动目标制定时需要考虑各种因素的影响。例如，国家有关学前儿童语言发展方面的相关政策文件、学前儿童所在地区的语言特色、本班学前儿童语言发展表达能力等。

（一）依据国家有关学前儿童语言发展方面的政策文件的要求

无论是《纲要》还是《指南》，都对学前儿童语言发展提出了科学的要求和发展建议。在现实中，幼儿园语言教育活动很容易被理解成幼儿园语文教学活动，或者直接等同于小学一年级语文教学活动，使得幼儿园语言教育活动小学化现象严重。上述两个文件为幼儿园教师制定幼儿园语言教育活动目标，提供了方向和具体可操作的指导，因此，幼儿园教师在制定幼儿园语言教育活动目标时，需要依据上述文件的精神来科学制定具体的语言教育活动目标。

（二）考虑方言特色和口语表达习惯

我国地域跨度大，虽然普通话是国家通用语言，但是"五十六个民族、五十六种语言"，他们共同构成我们民族和地域的特色语言文化。幼儿园语言教育活动除了帮助学前儿童说好普通话、学会倾听和表达等能力以外，还应该让本地区或本民族的语言走进幼儿园语言教育活动，帮助学前儿童更好地说好、用好并发扬好方言的魅力。

微课视频
《中国各地的方言》

（三）依据本班学前儿童实际的语言发展能力

学前儿童语言发展能力包括了口头语言（以下简称口语）发展能力和书面语言发展能力，在幼儿园语言教育活动中主要涉及的是学前儿童口语发展能力。学前儿童口语发展能力也包括两个方面，分别是理解语言的能力和表达语言的能力，一般来说学前儿童理解语言的能力先于表达语言的能力，因此幼儿园教师在制定幼儿园语言教育活动目标时，需要依据本班学前儿童实际的语言发展能力，有针对性、有侧重地促进学前儿童语言发展。

三 幼儿园语言教育活动目标制定的维度

根据美国心理学家布鲁姆的教育目标分类法，可将教育目标分为认知目标、技能目标、情感目标，即三维目标，这也是幼儿园教师撰写幼儿园语言教育活动目标时常用的模板（表4-2），但随着中小学课程改革，"核心素养"一词逐渐出现在幼儿园课程和教育目标中。

表4-2 三维目标常用行为动词

三维目标	行为动词
认知目标	说出、复述、选出、描述、识别、辨认、回忆、阐明、比较、分类、归纳、概括、判断、区别、推断……
技能目标	学会、运用、遵守、掌握、能够、创编、表现、制作……
情感目标	乐意、分享、参与、合作、愿意、认可（反对）、喜欢（讨厌）、关心、关注、养成、热爱、梳理、形成、追求……

（一）认知目标

认知目标又称知识目标，是学前儿童对具体的知识、经验和概念的了解、认识以及运用等。幼儿园语言领域都有本领域所包含的知识和经验等。例如，能理解日常用语；能听懂和会说普通话；等等。认知目标多出现在高结构化教育活动中。认知目标在表述时常用行为动词，认知目标还可以进一步细化为不同认知水平，分别是了解水平、理解水平、应用水平。

（二）技能目标

技能目标又称能力目标，是学前儿童对具体的技能和能力的掌握和运用等。能力和知识对学前儿童来说同样重要，既要重视学前儿童知识的积累，又要着眼培养学前儿童的能力。幼儿园语言领域都有本领域所包含的技能和能力等。例如，注意倾听对方讲话；能清楚地说出自己想说的事；等等。技能目标多出现在高、中结构化教育活动中。技能目标在表述时常用行为动词，技能目标还可以进一步细化为不同技能水平，分别是模仿水平、操作水平、迁移水平。

（三）情感目标

情感目标是学前儿童情绪体验、兴趣、态度等的发展。幼儿园语言领域活动内容应激发学前儿童不同的情感发展。例如，乐意与人交谈，讲话礼貌；喜欢听故事、看图书；等等。情感目标多出现在中、低结构化教育活动中。情感目标在表述时常用行为动词，情感目标还可以进一步细化为不同水平，分别是感受水平、认同水平、文化水平。

四 制定幼儿园语言教育活动目标的注意事项

制定幼儿园语言教育活动目标除了要参考国家相关政策文件，做好三维目标的撰写，在具体表述过程中还需要注意以下三个方面的事项。

（一）表述幼儿园语言教育活动目标要具体

幼儿园语言教育活动目标要具体，忌空洞，幼儿园语言教育活动有谈话活动、讲述活动、绘本集体阅读活动等不同类型的活动，每一种活动都有其语言教育的重难点，这些语言类活动的终极目标正是《纲要》语言领域的目标。因此，表述幼儿园语言教育活动目标要具体。

案例导入

猜猜我有多爱你（中班语言教育活动）

活动目标：
倾听故事，感受故事中的语言美。

将活动目标修改为：

感受大兔子和小兔子对话中使用的"比"的语言美。

修改前的活动目标"感受故事中的语言美"表述过于笼统，适合任何一个语言教育活动的终极目标；修改后的活动目标结合"猜猜我有多爱你"的活动内容，更易让学前儿童理解语言美就是故事中"比"的语言美。

（二）应从学前儿童角度表述幼儿园语言教育活动目标

幼儿园语言教育活动目标的表述主体可以是幼儿园教师也可以是学前儿童。强调幼儿园教师教学的主导性，可以从幼儿园教师角度进行表述，如"使学前儿童能正确使用描述物体颜色的词语"。突出学前儿童学习的主体地位，尊重学前儿童学习的主动性，则从学前儿童的角度进行表述，如"能正确使用描述物体颜色的词语"。上述两种表述方式无对错之分，但更提倡从学前儿童的角度表述活动目标。此外，在表述主体上，还容易出现主体不一致现象，即一个目标出现两个主体的情况，均不符合书面语言表述的规则。

（三）应简明扼要表述语言教育活动目标

活动目标是整个活动的起点和归宿，也是评价活动过程实施情况的重要标准之一。从活动目标表述内容中要体现活动过程，但不能把活动过程当作活动目标，因此，活动目标在表述过程中切忌烦琐。

案例导入

猜猜我有多爱你（中班语言教育活动）

活动目标：
通过倾听故事中大小兔子对爱的"比较"，感受大兔子和小兔子对话中使用的"比"的语言美。

将活动目标修改为：
感受大兔子和小兔子对话中使用的"比"的语言美。

修改前"通过倾听故事中大小兔子对爱的'比较'"表述的不是活动目标，而是活动的某一环节，修改后的活动目标不仅具体、可操作，还简明扼要，两者是不矛盾的。

制定幼儿园语言教育活动目标除了注意以上三个方面的事项外，还应注意在文字语言表述上的规则。一般来说，活动目标不使用疑问句、反问句和感叹句；同时，应正确地掌握和使用学前教育政策文件中关于学前儿童语言发展的专业用语，切忌用词小学化、活动目标小学化，失去应有的语言教育价值。

任务二 幼儿园语言教育活动内容的组织

幼儿园语言教育活动内容是实现语言教育目标的载体,合适的语言教育活动内容能很好地将目标转化为学前儿童发展的目标。幼儿园语言教育活动内容是指根据语言教育目标,有目的、有计划地选择和组织不同类型、不同结构化程度的语言方面的活动内容。本任务将系统地学习幼儿园语言教育活动内容的种类、幼儿园语言教育活动内容的价值取向、组织幼儿园语言教育活动内容的注意事项。

一 幼儿园语言教育活动内容的种类

幼儿园语言教育活动内容的种类主要从以下三个方面进行阐述。

第一,根据《指南》中所提到的学前儿童语言教育内容。

第二,根据教育目标的三维目标,把幼儿园语言教育活动内容主要分为认知类、技能类以及情感类。

第三,对幼儿园语言教育活动内容进行常规分类,包括谈话活动、讲述活动、听说游戏、文学作品活动、早期阅读活动等。

(一)《指南》中的语言教育内容

《指南》指出了学前儿童语言发展的两个维度六个目标,即:维度一为倾听与表达,所包含的目标有认真听并能听懂常用语言,愿意讲话并能清楚地表达,具有文明的语言习惯;维度二为阅读与书写准备,所包含的目标有喜欢听故事、看图书,具有初步的阅读理解能力,具有书面表达的愿望和初步的技能。每一个具体目标都对应着科学的语言教育内容,并且对不同年龄段学前儿童而言,语言教育的内容体现出了差异性。

1. 目标1:认真听并能听懂常用语言

语言领域目标1的具体内容如表4-3所示。

表4-3 目标1:认真听并能听懂常用语言

3～4岁	4～5岁	5～6岁
1.别人对自己说话时能注意听并做出回应。 2.能听懂日常会话	1.在群体中能有意识地听与自己有关的信息。 2.能结合情境感受到不同语气、语调所表达的不同意思。 3.方言地区和少数民族幼儿能基本听懂普通话	1.在集体中能注意听老师或其他人讲话。 2.听不懂或有疑问时能主动提问。 3.能结合情境理解一些表示因果、假设等相对复杂的句子

2. 目标2:愿意讲话并清楚地表达

语言领域目标2的具体内容如表4-4所示。

表 4-4　目标 2：愿意讲话并清楚地表达

3~4 岁	4~5 岁	5~6 岁
1.愿意在熟悉的人面前说话，能大方地与人打招呼。 2.基本会说本民族或本地区的语言。 3.愿意表达自己的需要和想法，必要时能配以手势动作。 4.能口齿清楚地说儿歌、童谣或复述简短的故事	1.愿意与他人交谈，喜欢谈论自己感兴趣的话题。 2.会说本民族或本地区的语言，基本会说普通话。少数民族聚居地区幼儿会用普通话进行日常会话。 3.能基本完整地讲述自己的所见所闻和经历的事情。 4.讲述比较连贯	1.愿意与他人讨论问题，敢在众人面前说话。 2.会说本民族或本地区的语言和普通话，发音正确清晰，少数民族聚居地区幼儿基本会说普通话。 3.能有序、连贯、清楚地讲述一件事情。 4.讲述时能使用常见的形容词、同义词等，语言比较生动

3. 目标 3：具有文明的语言习惯

语言领域目标 3 的具体内容如表 4-5 所示。

表 4-5　目标 3：具有文明的语言习惯

3~4 岁	4~5 岁	5~6 岁
1.与别人讲话时知道眼睛要看着对方。 2.说话自然，声音大小适中。 3.能在成人的提醒下使用恰当的礼貌用语	1.别人对自己讲话时能回应。 2.能根据场合调节自己说话声音的大小。 3.能主动使用礼貌用语，不说脏话、粗话	1.别人讲话时能积极主动地回应。 2.能根据谈话对象和需要，调整说话的语气。 3.懂得按次序轮流讲话，不随意打断别人。 4.能依据所处情境使用恰当的语言。如在别人难过时会使用恰当的语言表示安慰

4. 目标 4：喜欢听故事，看图书

语言领域目标 4 的具体内容如表 4-6 所示。

表 4-6　目标 4：喜欢听故事，看图书

3~4 岁	4~5 岁	5~6 岁
1.主动要求成人讲故事、读图书。 2.喜欢跟读韵律感强的儿歌、童谣。 3.爱护图书，不乱撕、乱扔	1.反复看自己喜欢的图书。 2.喜欢把听过的故事或看过的图书讲给别人听。 3.对生活中常见的标识、符号感兴趣，知道它们表示一定的意义	1.专注地阅读图书。 2.喜欢与他人一起谈论图书和故事的有关内容。 3.对图书和生活情境中的文字符号感兴趣，知道文字表示一定的意义

5. 目标 5：具有初步的阅读理解能力

语言领域目标 5 的具体内容如表 4-7 所示。

表4-7　目标5：具有初步的阅读理解能力

3～4岁	4～5岁	5～6岁
1.能听懂短小的儿歌或故事。 2.会看画面，能根据画面说出图中有什么，发生了什么事等。 3.能理解图书上的文字是和画面对应的，是用来表达画面意义的	1.能大体讲出所听故事的主要内容。 2.能根据连续画面提供的信息，大致说出故事的情节。 3.能随着作品的展开产生喜悦、担忧等相应的情绪反应，体会作品所表达的情绪情感	1.能说出所阅读的儿童文学作品的主要内容。 2.能根据故事的部分情节或图书画面的线索猜想故事情节的发展，或续编、创编故事。 3.对看过的图书、听过的故事能说出自己的看法。 4.能初步感受文学语言的美

6.目标6：具有书面表达的愿望和初步技能

语言领域目标6的具体内容如表4-8所示。

表4-8　目标6：具有书面表达的愿望和初步技能

3～4岁	4～5岁	5～6岁
1.喜欢用涂涂画画表达一定的意思	1.愿意用图画和符号表达自己的愿望和想法。 2.在成人提醒下，写写画画时姿势正确	1.愿意用图画和符号表现事物或故事。 2.会正确书写自己的名字。 3.写画时姿势正确

（二）根据三维活动目标进行分类

前面已经对三维活动目标进行了详细的阐述，根据三维活动目标进行分类，幼儿园语言教育内容可以分为认知类活动内容、技能类活动内容、情感类活动内容。

1.认知类活动内容

认知类活动内容是指语言方面基础知识类内容，包括了语言知识方面的数量和种类，以及操作这些知识所需的技能和能力。例如，学习普通话；掌握一定数量的词语、句式；学习文学作品；学习各类故事、诗歌、儿歌、散文、绕口令等儿童文学作品；等等。

2.技能类活动内容

技能类活动内容是指语言方面基本操作、动作类的内容，包括了语言方面组词造句的能力、在具体语言情境中运用语言的能力，如根据不同的人和情境，恰当地使用词语、语音、语调，能连贯地表达自己的想法，也能听懂别人的表达。

3.情感类活动内容

情感类活动内容是指语言方面形成态度、行为、情感、价值等内容，情感类活动内容的组织和认知类活动内容和技能类活动内容相互交织、不可分割。例如，讲话的语气、语调、面部表情、体态恰当；有良好的语言表达习惯；运用礼貌用语与人交谈；等等。

（三）幼儿园语言教育活动内容常规分类

幼儿园语言教育活动是根据学前儿童身心发展特点和语言发展规律，以提升学前儿童的口语表达和交流能力，培养学前儿童前阅读和前书写的兴趣为目标而开展的有目的、有计划、有组织的一系列语言教育活动。具体内容见表4-9。

表4-9　语言教育活动具体内容

语言教育活动内容				
谈话活动	讲述活动	听说游戏	文学作品活动	早期阅读活动
1.交流的规则。 2.交往能力	1.看图讲述。 2.生活经验讲述。 3.创编	1.语音练习。 2.词语练习。 3.句子练习。 4.语法练习	1.聆听文学作品。 2.表演文学作品	1.看画面，听故事。 2.倾听图书中的文字。 3.爱看书，爱护图书

二　幼儿园语言教育活动内容的价值取向

幼儿园语言教育活动内容的价值取向是指在选择和组织幼儿园语言教育活动内容时，所遵循的一种价值观念，不同价值取向的幼儿园语言教育活动内容将制约着活动内容的选择。是"向师力"——以教师为中心；还是"向幼力"——突出学前儿童学习的主体地位，将影响到语言教育活动评价是注重活动的结果还是关注活动的过程。常见的幼儿园语言教育活动内容的价值取向有以下三种。

（一）活动内容即教材

活动内容即教材的价值取向强调幼儿园教师"教"的主导作用，该价值取向适合高结构化的幼儿园语言教育活动内容。该价值取向认为幼儿园语言教育活动内容应该就是教学参考教材的内容，完全来自书本中专家的建议和书本内容。因此，它强调幼儿园教师"教"的地位和作用，语言教育活动内容经过了专家们严谨的理论验证和科学的规划，使语言教育活动内容中知识和技能系统化、逻辑严谨和可操作性较强，给教师教学提供了理论的保障，长期以来语言教育活动内容即教材的价值取向在幼儿园教育活动设计过程中备受青睐。但这一价值取向也存在一些问题，它不需要设计者，在选择和组织活动内容时忽略了学前儿童学习的主动性和主体地位，只需要按照教材中规定好的内容施加于学前儿童，忽略了学前儿童的兴趣和经验。为了弥补这一价值取向的弊端，设计者在选择和组织活动内容时，在参考教材内容的基础上，还要结合本班学前儿童的实际发展需要。

（二）活动内容即社会活动

活动内容即社会活动的价值取向强调活动与社会生活的联系，该价值取向适合中、低结构化的幼儿园语言教育活动内容。它认为语言教育活动内容的选择应考虑社会对个体的发展要求，也就是现在个体所见、所闻、所听、所学、所经历都是为个体未来成长发展奠定基础。因此，它具有一定实用性和意义性，为学前儿童成为一个社会性的人做好了准备；但忽略了学前儿童的兴趣和年龄特征，活动内容是否能被学前儿童同化和吸收，以及能否从根本上引起学前儿童深层次的心理结构的变化，不容易被评估。为了弥补这一价值取向的缺陷，需要提高设计者对社会活动选择的敏感性，以及处理好社会活动、活动内容、本班学前儿童兴趣三者之间的关系。

（三）活动内容即学前儿童经验

活动内容即学前儿童经验的价值取向强调学前儿童"学"的主体地位，该价值取向适合低结构化的幼儿园语言教育活动内容。该价值取向认为语言教育活动内容应该根据学前儿童已有经验进行选择和组织，而不是根据教材中规定的学前儿童应该学习什么；该价值取向强调教育活动是学前儿童学习的过程，而不是教师教的过程，因此它强调活动内容是学前儿童主动"学"的，而不是教师"教"的。这类价值取向肯定了学前儿童学习的主动性和主体地位，尊重了学前儿童兴趣和经验需要，强调了学前儿童与教师、环境对话和互动的作用，从而实现知识经验的建构。但由于经验是学前儿童学习动机中最现实和最主观的成分，设计者往往很难准确地把握，容易造成活动内容缺乏一定的逻辑性和体系。为了弥补这类价值取向的弊端，设计者还要有目的、有计划地丰富学前儿童新的生活经验，引导学前儿童多方面发展。

三 组织幼儿园语言教育活动内容的注意事项

《纲要》明确指出，教育活动内容的选择应遵照本《纲要》第二部分的有关条款进行，同时体现以下原则。
（1）既适合幼儿的现有水平，又有一定的挑战性。
（2）既符合幼儿的现实需要，又有利于其长远发展。
（3）既贴近幼儿的生活来选择幼儿感兴趣的事物和问题，又有助于拓展幼儿的经验和视野。
因此，组织幼儿园语言教育活动内容的注意事项主要有以下三点。

（一）两个符合

一方面，幼儿园语言教育活动内容的选择要符合具体的活动目标。活动目标为内容实施提供了方向，活动内容则是活动目标实现的载体，内容不能偏离活动目标；设计者不能一味地追求活动内容的新颖性和游戏性，而忽略活动目标。只有符合活动目标的活动内容才有教育价值，因此设计者应该根据活动目标选择相应的活动内容。另一方面，活动内容的选择要符合学前儿童的特点。《纲要》指出，"善于发现幼儿感兴趣的事物、游戏和偶发事件中所隐含的教育价值，把握时机，积极引导"。学前儿童是活动的主体，因此设计者要善于发现学前儿童的兴趣和需求，遵循学前儿童不同年龄段发展的特点以及终身教育的理念，调动学前儿童的内在动机。

（二）活动内容知识性和趣味性的融合

幼儿园语言教育活动内容在选择的时候要注意知识性和趣味性的融合。知识性和趣味性是不相矛盾的，优质的活动内容不是依赖热闹的活动形式来取胜的，而是寓教于乐。由于学前儿童在幼儿园阶段所学的内容是各个学科的前学科知识，为今后学科知识学习奠定基础，这就意味着幼儿园教育活动内容中知识性是不可缺的，是学前儿童长远发展的需要。因此，设计者在选择活动内容时要善于把知识性的内容转化为学前儿童的直接兴趣，调动学前儿童自我发展的内驱力，平衡活动内容的知识性和趣味性。例如，在大班语言教育活动"认识汉字"中，学前儿童既认识和掌握了汉字，又通过具体的、生动的活动情境寓教于乐。

（三）满足全体学前儿童发展需求和个别差异

合适的语言教育活动内容不仅能有效地实现活动目标，还能满足学前儿童的发展需求。学前儿童的发展包括了三个方面。一是促进全体学前儿童发展。活动内容要面向全体学前儿童，每名学前儿童都有获得发展的权利和机会。二是促进学前儿童全面发展。全面发展是指学前儿童德智体美劳全面发展，《纲要》指出："幼儿园教育是基础教育的重要组成部分，是我国学校教育和终身教育的奠基阶段。"因此要注重学前儿童的全面发展。三是尊重学前儿童个性发展。每名学前儿童都是独特的个体，根据加德纳的多元智能理论，人有九种及以上的智能，学前儿童在活动过程中也会表现出个体的差异性，活动内容只有满足每名学前儿童的发展需求，才能更好地调动他们参与活动的积极性，才能通过参与活动得到发展。因此，设计者在选择活动内容时，既要关注活动内容的适宜性、全面性，又要注重体现活动内容的层次性和个性化。

此外，设计者除了根据活动目标、学前儿童发展特点等因素选择和组织活动外，还应关注学前儿童已有的语言经验。在选择和组织活动内容时，语言要点应明确，避免"挂羊头卖狗肉"，使语言教育活动成了社会或健康教育活动。

任务三　幼儿园语言教育活动方法的选择

幼儿园语言教育活动方法是指设计者为了实现活动目标、完成活动内容，为学前儿童语言发展创设条件和机会，使学前儿童在与环境、他人或活动材料对话的过程中，获得语言方面的发展。下面，我们将系统地介绍幼儿园语言教育活动的五种方法及其注意事项。

一、示范法

示范法是指幼儿园教师通过自身或借助一些教学视频的规范化语言为学前儿童提供语言学习的榜样，例如，在abb格式造句中，幼儿园教师先示范"红彤彤"，再引导学前儿童进行语言表述。这类教学方法利用了学前儿童观察学习和好模仿的特点，适合中、低结构化幼儿园语言教育活动，有时候也适用于语言新知识和语言教育活动重难点的学习。

选择示范法的注意事项有如下三点。

第一，幼儿园教师自身示范一定要规范，这既包括了语言形式和内容的规范，也包括了语言运用；选择视频或其他手段进行示范时需要严格审查其质量，为学前儿童语言发展提供良好的刺激。

第二，不管幼儿园教师自身示范还是其他手段示范，都需要把握好度，做到"三适"，即适时、适量、适度。

第三，幼儿园教师在示范中应关注到学前儿童语言发展的个体差异，语言发展较好的学前儿童同样可以作为示范对象，成为同伴模仿和学习的榜样；语言发展较慢或语言教育难掌握的词语或句子，幼儿园教师要善于使用强化原则。

二、多感官参与法

多感官参与法是指充分调动学前儿童视觉、听觉、触觉、嗅觉等参与语言教育活动，丰富学前儿童对事物多个方面的认知，进而进行表达或讲述。一般来讲，多感官参与法主要是调动学前儿童视觉和听觉，视觉是指让学前儿童观察幼儿园教师所提供实物，听觉是指学前儿童通过聆听幼儿园教师的启发、示范和引导，逐渐内化和领悟。视觉和听觉作为学前儿童表达或讲述的辅助工具，在讲述过程中学前儿童表达能力得到发展。这类教学方法利用学前儿童不同年龄段的学习特点，开展适合语言领域的讲述活动。

选择多感官参与法的注意事项有如下四点。

第一，幼儿园教师要引导学前儿童掌握观察实物的方法，给学前儿童留有充足时间进行观察。

第二，幼儿园教师在进行讲述或引导学前儿童进行聆听时，注意语言表述的规范性和艺术性，使学前儿童能捕捉到聆听的关键信息点。

第三，在学前儿童讲述过程中，幼儿园教师要进行一定的指导，可以通过直接指导来纠正学前儿童讲述过程中错误，也可以通过间接指导，如通过提问，帮助学前儿童进行构思、组织语言并连贯表述。

第四，学前儿童所看、所听、所说的事物一定是学前儿童感兴趣的，能促使学前儿童参与语言教育活动，同时幼儿园教师应结合本班学前儿童的发展特点，给出一定语言讲述的弹性空间，允许在结合主题的前提下自由想象和发挥。

三、游戏法

游戏法是指幼儿园教师利用有规则的语言游戏，帮助学前儿童练习正确的发音、积累词汇量以及学习并掌握句式的方法。游戏是学前儿童的基本活动方式，这类教学方法利用学前儿童天生对游戏的喜爱，适合语言领域的听说游戏。

选择游戏法的注意事项有如下五点。

第一，幼儿园教师要根据语言教育活动目标和内容，选择合适的游戏，把握好游戏的趣味性和教育性。

第二，游戏规则便于学前儿童理解。游戏趣味性较强，游戏教育效果能达到发展学前儿童语言能力的目的。

第三，幼儿园教师应正确把握在整个游戏中的规则。游戏前讲清楚游戏规则，游戏中参与并引导学前儿童发展，游戏后做好全体学前儿童语言发展的评价。

第四，因学前儿童思维发展水平以具体形象思维为主，幼儿园教师可以借助一定的教具配合游戏法使用，到了大班下学期可适当减少直观材料的介入。

第五，由于游戏都具有一定的节奏性，因此幼儿园教师需要关注个别语言发展迟缓的学前儿童。可进行分组游戏，也可以降低游戏节奏，创设轻松的游戏环境。

四 表演法

表演法是指在幼儿园教师指导下，学前儿童对文学作品了解和学习，通过肢体和口头形式再现文学作品中经典人物或事件。这类教学方法利用学前儿童好学、爱模仿的特点，一般适合早期阅读和文学作品活动。

选择表演法的注意事项有如下四点。

第一，幼儿园教师要帮助学前儿童理解文学作品的内容，并在掌握文学作品书面表达意思的基础上，引导学前儿童使用文学作品中人物的特点（声调、语气、语速、表情、动作等）进行表演。

第二，允许学前儿童在表演过程中创编，提供学前儿童创编的空间。

第三，幼儿园教师在表演前进行规则讲述和提出要求，表演过程中可以作为演员参与也可以作为旁白指导，表演结束后做好学前儿童语言能力发展的评估。

第四，应鼓励全体学前儿童参与表演，根据学前儿童语言发展的个体差异，使每名学前儿童都能通过表演得到发展。

五 练习法

练习法是指有意识地让学前儿童多次使用同一个语言因素（如语音、词语、句子等）或训练学前儿童某方面技能的方法。通过重复练习可以帮助学前儿童更好地记忆，从而更熟练地运用语言。练习法适合被用于语言教育活动的重难点环节的学习。

选择练习法的注意事项有如下四点。

第一，练习法的关键在于适度。过度的练习可能会使学前儿童感到厌倦和疲惫，反而影响学习效果。因此，要合理安排练习时间和强度，确保学前儿童在轻松愉快的氛围中学习。

第二，练习内容应针对学前儿童的具体需求和学习难点进行设计。例如，对于发音不准确的学前儿童，可以设计专门的发音练习活动；对于掌握词汇量不足的学前儿童，则可以通过故事讲述等方式增加他们的词汇量。

第三，为了保持学前儿童的学习动力，可以设定一些阶段性目标。当学前儿童达到这些目标时，可以给予他们适当的奖励和激励，以增强他们的学习信心和积极性。

第四，练习形式应多样化，以吸引学前儿童的兴趣和注意力，使他们的学习过程更有趣。

此外，幼儿园语言教育活动方法不仅仅局限于上述四种，每一种方法的使用并不是"单枪匹马"的，而是相互交织、相互配合的，这样才能达到最佳的教育效果，促进学前儿童语言发展。

活动案例
"汽车比赛"

任务四　幼儿园语言教育活动的基本途径

幼儿园语言教育活动的基本途径是指实施幼儿园语言教育活动的各种方式。本任务将系统地介绍幼儿园语言教育活动的基本途径，主要从直接途径和间接途径进行阐述。幼儿园语言教育活动实施的直接途径是指开展专门的语言教育活动，主要是指集体语言教学活动和语言区角活动；间接途径包括了一日生活中语言教育活动、其他领域活动中的语言教育活动、环境创设中的语言教育活动、家园合作中的语言教育活动。

一　直接途径的语言教育活动

直接途径的语言教育活动是幼儿园语言教育活动最常见的途径，根据《纲要》中所提出的幼儿园语言领域教育目标和内容教育指导要点，针对不同年龄段学前儿童有目的、有计划、有组织地实施语言教育活动非常有必要。

（一）集体语言教学活动

常见的集体语言教育活动内容根据前面所提到的内容，主要包括了谈话活动、讲述活动、听说游戏、文学作品活动、早期阅读活动等。

集体语言教学活动的优点有两点。一是便于幼儿园教师根据《纲要》《指南》等文件，科学、合理地确定幼儿园语言教育活动的目标和内容，有利于学前儿童系统地掌握语言类知识体系，使学前儿童获得的知识更加科学；二是集体语言教育活动突出了语言教育的价值和意义，能获得最佳语言教学效果。

集体语言教学活动的缺点也有两点。一是容易忽略学前儿童学习语言知识技能的兴趣和主体地位，集体语言教学活动突出强调了幼儿园教师的主导作用。二是容易"一刀切"，很难关注到学前儿童语言发展的个体差异性。

(二) 语言区角活动

语言区角又称阅读角，是幼儿园班级区角创设最常规的区角，发挥着发展和促进学前儿童语言知识和能力提升的作用。语言区角活动体现了以学前儿童为中心，尊重学前儿童学习的主体性，为幼儿园教师充分了解和引导学前儿童语言发展提供了观察和介入的机会。

幼儿园教师在设置语言区角活动时，需要注意三点。一是要动静分离，语言区角相对需要一个安静、光线充足的环境，要与热闹的角色扮演区等分开，或区角之间用柜子隔开。二是语言区角材料投放要具有动态性和时代性，动态性体现在要根据本班学前儿童对语言区角阅读材料的兴趣及时更换；时代性表现在要不排斥现代科学技术阅读设备在语言区角出现，纸质阅读不能替代，但电子阅读也是大势所趋。三是语言区角活动可以作为集体语言教学活动的延伸环节存在，也可以单独作为语言教育的途径。

二 间接途径的语言教育活动

间接途径的语言教育活动在幼儿园语言教育活动中占据"半壁江山"，由于幼儿园教育特点和学前儿童学习特点等因素的影响，间接途径的语言教育活动类型多样、语言教育的作用和影响不容小觑。

（一）一日生活中的语言教育活动

幼儿园语言教育活动特点之一是生活性，从早晨的入园到下午的离园、从盥洗到如厕、从户外活动到进餐和入睡，各个环节都具有教育的价值。

例如，早晨入园问好，可以引导学前儿童学会大胆并正确地使用问候语，知道见到长辈或幼儿园教师时问好用"您"，同伴之间问好用"你"。生活即教育，一日生活中语言教育活动具有生成性、动态性、随机性，能较好地把语言学习运用到具体生活情境中，使学前儿童能够学以致用。幼儿园语言教育活动的目标和内容不等同于小学的语文知识和技能的学习，更不是语言应试技巧的培训，因此抓住日常生活中的语言教育机会非常有必要。这需要幼儿园教师善于观察学前儿童在一日生活中的语言表达，敏锐地捕捉到促进学前儿童语言发展的时机和场合。

（二）其他领域活动中的语言教育活动

幼儿园教育不同于中小学教育的重要特点之一是幼儿园教育活动强调全面性、整合性，而中小学教育则是分科教育活动。幼儿园五大领域活动要相互融合、相互渗透，因此幼儿园五大领域教育活动无论从活动目标到活动内容都是你中有我、我中有你的。幼儿园语言教育活动在与其他四大领域教育活动相互渗透和融合过程中表现出了差异性，例如，幼儿园语言教育活动与健康教育活动、社会教育活动相互渗透和融合度较高，甚至有时候很容易把幼儿园语言教育活动设计成健康或社会领域的教育活动；而其与幼儿园艺术教育活动、科学教育活动相互渗透性较弱，但并不代表毫无关联。例如，在艺术教育活动中，活动目标之一是能大胆地表达自己对创作的想法，这也体现了语言教育的内容。

（三）环境创设中的语言教育活动

从蒙台梭利教育提倡的"为学前儿童提供有准备的环境"到瑞吉欧教育提倡的"环境是可以支持学前儿童社会互动、探索和学习的'容器'"，它们都在强调环境对学前儿童发展的重要意义。幼儿园环境创设包括物质环境创设和精神环境创设，在物质环境创设中通过墙饰、区角环境等渗透语言教育活动内容，使学前儿童通过与环境对话、与活动材料对话，实现自身语言的发展；精神环境创设主要包括了友好的师幼关系和同伴关系、宽松民主的活动氛围，这为学前儿童语言发展提供敢说、想说的机会。环境创设中的语言教育活动打破了两个误区：一是环境创设不是一味地追求审美价值，忽略其教育价值，而是把五大领域活动融入或延伸到环境创设中；二是环境创设不仅包括能看到、摸到的物质材料，还包括了人际关系等精神环境的管理。因此，幼儿园教师要积极发挥环境创设在促进学前儿童语言发展方面的重要作用。

（四）家园合作中的语言教育活动

家园合作中的语言教育活动是指充分发挥家庭教育的作用，使幼儿园语言教育活动得以延伸到家庭中，实现家庭与幼儿园语言教育相互联系和配合，达到最佳的语言教育效果。由于幼儿园教育对象的特殊性，在整个幼儿园阶段，家庭仍然是学前儿童生活和学习的主要场所之一，并且语言的发展深受家庭环境的影响。例如，家庭成员在与学前儿童交流时是否说普通话、家庭成员方言背景等因素。因此，幼儿园教师应密切关注学前儿童语言发展的特点，做好家园相互配合，实现"5+2＞7"的教育效果。

幼儿园语言教育活动实施的直接途径、间接途径，应该是相辅相成的，直接途径的语言教育价值是显现的、直接的、预设的，而间接途径的作用是隐性的、间接的、动态的。为了促进学前儿童语言发展，幼儿园教师应科学、合理地发挥两种途径的作用。

活动案例
"小铃铛"

◇ 项目小结

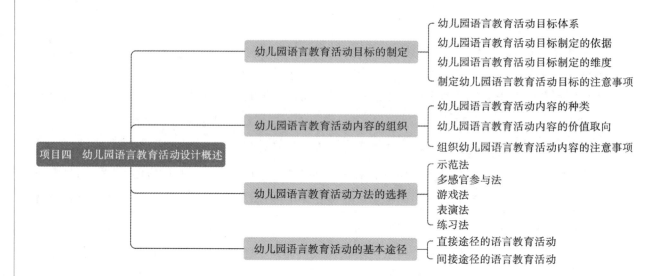

思考与练习

一、单项选择题

1.《幼儿园教育指导纲要（试行）》中的教育目标较多使用"体验""感受""乐意"等词，这表明幼儿园教育强调（　　）。（2015年下半年幼儿园教师资格证考试真题）

　　A.知识取向　　　　B.情感态度取向　　　　C.能力取向　　　　D.技能取向

2.幼儿园应以（　　）为基本活动，寓教育于各项活动之中。（2018年全国职业院校技能大赛真题）

　　A.教学　　　　　　B.游戏　　　　　　　　C.生活　　　　　　D.户外活动

二、活动设计题

1.某学前儿童家的院子里有几种高大的树，也有一些比较低矮的灌木。请你结合他家院子里的这些资源，设计一个题为"幼儿园里的树木"的中班主题活动方案（含三个子活动），要求写出总目标，每个子活动的名称、目的和主要环节。（2015年上半年幼儿园教师资格证考试真题）

2.大班的江老师出差两天回来以后，孩子们都过来向江老师告亮亮的状，说亮亮总是搞破坏。亮亮说："我不是在搞破坏，我是孙悟空，我在打妖怪。"晶晶说："我不是妖怪，我是唐僧。"其他孩子也说自己不是妖怪，是玉皇大帝、观音菩萨……孩子们七嘴八舌，早就忘记了告状这件事，都在讨论自己要扮演什么角色。

　　问题：请设计一个谈话活动，从孙悟空的行为目的和意义开始，将学前儿童的破坏性扮演行为引导为表演性游戏行为。要求写出活动名称、目的和活动过程。（2022年上半年幼儿园教师资格证考试真题）

3.请根据下面的素材，设计大班主题活动方案，写出主题活动名称、主题活动总目标，并设计

两个子活动。每个子活动包括活动名称、活动目标、活动准备和活动的主要环节。（2022年下半年幼儿园教师资格证考试真题）

周一上午，幼儿园开展户外活动时，学前儿童被公园里五颜六色的花吸引了，有的在谈论花的颜色，红色、黄色、绿色……有的在谈论花瓣，三瓣、五瓣、七瓣……有的在讨论花的名字，牡丹花、迎春花……

实践与实训

分小组设计幼儿园语言教育活动，即谈话活动、讲述活动、听说游戏、文学作品活动以及早期阅读活动的目标、内容、方法以及实施途径。

项目五　幼儿园谈话活动设计

◇**学习目标**

1. 了解幼儿园谈话活动的含义、特点和目标。
2. 初步掌握幼儿园谈话活动的指导策略。
3. 构建幼儿园谈话活动的设计思路。
4. 能设计幼儿园谈话活动方案并组织和实施幼儿园谈话活动。

◇**情境导入**

教师：我们最近在寻找生活中的公平或不公平的事，谁愿意和大家分享一下你找到的公平的事？

学前儿童1：我觉得公平的事是我买了4颗糖，分给我姐姐2颗，我自己留2颗。

学前儿童2：妈妈给我买了一包薯片，给弟弟买了一罐奶粉，这很公平。

学前儿童3：我和妹妹一起看书，这是公平的事。

学前儿童4：老师奖励大家一人一颗糖果，我觉得这很公平。

学前儿童5：我觉得公平就是做好作业可以看会儿电视。

学前儿童6：在幼儿园，每个小朋友都可以竞选班长，我觉得这样很公平。

你觉得以上学前儿童的谈话能力如何？具体有什么样的表现？如果你是组织这次谈话活动的教师，接下来，你会采取何种教学策略来促进学前儿童谈话能力的发展？

任务一　幼儿园谈话活动的目标设计

一　幼儿园谈话活动的含义

谈话是指两个或两个以上的人就某一主题进行交谈，是人们最常使用的语言运用形式，也是学前儿童交流能力发展的重要途径。谈话活动与日常交谈既有区别又有联系。

幼儿园谈话活动是教师有目的、有计划地组织学前儿童围绕一定话题，与人进行交谈，学习交谈规则，培养倾听和轮流说话能力的教育活动。学前儿童的经验积累得越多，谈话内容就越丰富，谈话活动也越顺利。

二　幼儿园谈话活动的类型

（一）日常生活中的谈话活动

日常生活是发展学前儿童语言表达能力的主要途径，生活中的各个细节都会对学前儿童的发展产生潜移默化的影响。日常生活中的谈话是谈话活动的一种重要形式，教师要善于在日常生活中设计相关的谈话环节，在日常生活的各个环节中充分寻找机会进行谈话，在日常生活中促进学前儿童谈话核心经验的发展，提高学前儿童的语言表达能力。

日常生活中的谈话在幼儿园各年龄班都适用，它包括日常个别谈话和日常集体谈话。日常个别谈话主要是教师利用一日生活的各个环节，与部分学前儿童就某个话题进行交谈。它可以是师幼间的谈话，也可以是幼幼间的谈话或师幼、幼幼间的讨论等。其带有极大的情境性和感情色彩，交谈话题可以有多个，交谈对象可以经常变化，交谈可以在任何情况下开始或结束，不受时间、地点的限制。

（二）有计划的谈话活动

有计划的谈话活动是教师制订一定的计划和教育活动方案，依据事先确定的话题，有目的地组织幼儿园谈话活动，可从小班下学期开始进行。谈话的话题可以多种多样，凡是学前儿童熟悉的或者与他们的生活紧密相关的，都可以加以选择。这些话题可由教师拟定，也可以和学前儿童一起讨论后确定。主要话题包括：我最喜欢的……（人物、动物、玩具、图书、衣服等）；我和周围的人（爸爸妈妈、爷爷奶奶、教师及同伴等）；我知道的节日（六一国际儿童节、国庆节、春节、三八国际妇女节等）；我参加的一些活动（春游、参观、访问、旅游、探亲访友等）；周围环境的变化（花草树木、建筑物、道路、居住环境等）。当然，也可以是学前儿童在生活中感兴趣的话题：有趣的现象（如有趣的吆喝）或生活中常见的事物（如各式各样的伞）。

日常生活中的谈话活动与有计划的谈话活动的区别与联系如表5-1所示。

表5-1 日常生活中的谈话活动与有计划的谈话活动的区别与联系

项目		日常生活中的谈话活动	有计划的谈话活动
区别	形式	简单，不讲究方法和手段	较复杂，讲究方法和手段
	话题	谈话者自发产生	虽是"生成"的，但由教师预设制定
	交谈内容	与谈话对象共同了解或感兴趣的	大部分学前儿童有一定生活经验或感受过的
	谈话中心	可以随时转移	只能围绕某一中心
	起始时间	不受时间、地点限制	控制在幼儿园集体教学活动时间内
联系		相互联系、相互补充，共同促进学前儿童语言表达能力的发展。日常生活中的谈话活动是有计划的谈话活动的语言基础，有计划的谈话活动中的语言学习又能提高日常生活中的谈话活动的水平	

（三）开放式的讨论活动

开放式的讨论活动是一种特殊的谈话活动形式。说其特殊，是由于它在话题形式、语言交往和教师指导上都有其开放性的特点。其特点如下。

第一，话题一般是开放的，所涉及的内容与事物与学前儿童已有的知识经验相符合，但对学前儿童来讲又有一定的难度。

第二，讨论活动是一种开放性的谈话活动。例如，在一日生活过渡环节中，两名学前儿童自由交谈的内容：人不会飞是因为人没有翅膀，但人可以从小天使那儿借到一双翅膀，这样就可以像小鸟一样飞到高高的蓝天上了。

第三，教师的指导性语言也要符合开放性原则。

三 幼儿园谈话活动的总目标

（一）激发谈话兴趣

兴趣是最好的老师，学前儿童对谈话是否有兴趣影响着与他人交流信息的主动性，影响着学前儿童语言发展的速度与水平。《幼儿园教育指导纲要（试行）》明确提出，要让学前儿童"乐意与人交谈，讲话礼貌""体验语言交流的乐趣""想说、敢说、喜欢说"。所以，激发学前儿童的谈话兴趣，培养学前儿童谈话的积极性、主动性是谈话活动的首要目标。

（二）培养倾听能力

倾听是学前儿童感知和理解语言的行为表现，是学前儿童学会谈话的第一步。通过开展谈话活动，培养学前儿童的倾听能力是非常重要的目标。谈话活动中的倾听能力主要有：在谈话活动中具有主动倾听别人谈话的愿望、态度和习惯；认真有礼貌地倾听他人说话，乐意根据谈话主题陈述自己的意见或作出相应的反应；知道倾听在谈话中的意义、作用；能够倾听他人的谈话，并能及时从中捕捉有效的语言信息。

帮助学前儿童学会倾听他人的谈话，要培养有意识的、辨析性的和理解性的倾听能力。有意识的倾听能力是指主动培养倾听别人谈话的愿望、态度和习惯。辨析性的倾听能力是指学习从倾听中分辨出不同的声音和内容，包括说话人声音的不同特点、声音所表现的不同情绪等。理解性的倾听能力是指能够在倾听时迅速掌握别人所说的主要内容，把握一段话的关键信息，联系谈话上下文的意思，从而获得谈话的中心内容，以便作出反应、交流见解。这三种倾听技能的培养，在设计谈话活动时应置于重要的地位。

（三）学会围绕话题交谈

由于心理发展的不成熟和语言发展的不完善，学前儿童在交谈过程中常常偏离谈话主题，出现答非所问或有问无答的现象，这影响了谈话效果。帮助学前儿童学会谈话，有两点要求：一是要求学前儿童要围绕话题交谈，避免跑题现象，这是谈话最基本的思路及方式；二是要求学前儿童围绕中心话题不断扩充谈话内容，层层深入地表达见解。

（四）学习语言交流的规则

谈话规则是指运用语言进行交谈的基本规则，是人们在社会交往过程中约定俗成的一些方式、方法。违背这些谈话的基本规则，便有可能对人际交往造成不利影响。在组织谈话活动中，教师应为学前儿童创造机会学习以下三个方面的谈话规则。

1. 用适合角色的语言进行交谈

谈话是多样性的交流，交谈的对象随时都在变化，学前儿童的角色也在变化，因而要用不同的方式来交流。所谓适合角色的语言，是指学前儿童要会使用不同的语音、语调，不同的音量，不同的组词造句方法与不同的人交谈。

2. 用轮流的方式进行交谈

谈话是一对一或一对多使用对白语言进行交流，需要按照一定的顺序轮着听和说，如果不遵守这个基本规则，谈话就无法进行下去。在谈话活动中，我们要让学前儿童形成"认真听别人说话""别人说完你再说"的意识，并帮助学前儿童养成轮流交谈的习惯。

3. 用修补的方法延续谈话

所谓修补方法，就是在谈话中出现听错或者理解错误时，为保证谈话信息传递的准确性，进行及时的修正补充。修补包括自我修补和他人修补，自我修补是指说话者发现别人没有理解自己的意思，于是进行自我重复或自我确认，从而让别人明白自己的真正意思。他人修补是指谈话时如果有不理解的情况，倾听者用重复、提问等方式来进一步了解信息。

培养学前儿童用修补的方法延续谈话的意识和能力，可通过教师的示范、提问或引导，使学前儿童掌握延续谈话的修补方法，加强敏感性。

四 谈话活动的各年龄班目标

（一）小班学前儿童谈话活动目标

（1）喜欢听悦耳、和谐的声音，学会安静地听别人讲话，不随便插话。
（2）喜欢与同伴交谈，愿意在集体面前讲话。
（3）围绕主题谈话时，能在教师的引导下，用短句表达自己的意思。
（4）初步学习常见的交往语言和礼貌用语。
（5）能听懂并愿意说普通话。

（二）中班学前儿童谈话活动目标

（1）能集中注意力，耐心、安静地听，不打断别人讲话。
（2）乐意与同伴交流，能大方地在集体面前说话。
（3）学会围绕一定的主题谈话，会用轮流的方式交谈，不跑题。
（4）继续学习交往语言，提高语言交往能力。

（三）大班学前儿童谈话活动目标

（1）能主动、积极、专注地倾听别人的谈话，迅速掌握其主要内容，并从中获取有用的信息。
（2）能主动地用普通话与同伴交流，态度自然大方。
（3）能用恰当的语言表达自己的情感，与同伴分享感受。
（4）逐步学会用修补的方法延续谈话，进一步提高语言交往水平。
（5）能主动、大胆地使用恰当的词、句、语段来表达意思，乐于参加讨论，敢于发表不同意见。

任务二　幼儿园谈话活动的结构设计

一 幼儿园谈话活动话题的选择

话题的选择是实现谈话活动目标的手段，是谈话活动设计及组织的桥梁和基石，也是谈话活动设计和组织的主要依据。谈话活动首先必须明确一个谈话的中心话题，话题决定了交谈的方向和范围，因此选择话题非常重要。在学前儿童谈话活动中，话题的选择要注意以下三个方面。

（一）选择有趣味性的话题

学前儿童对于自己感兴趣的事情，更乐意去交谈、去探索，教师要选择有趣味性的话题，吸引学前儿童的注意力，激发学前儿童的谈话意愿。生活中学前儿童感兴趣的、熟悉的话题有很多，如饮食类、娱乐类、游戏类等。这样的话题往往与学前儿童共同关心的事件或事物有关。例如，动画片中的熊大、熊二、光头强，大家一起看过的绘本等。有些话题，虽然是以前交谈过的，但学前儿童仍普遍感兴趣，如"我是从哪里来的""我喜欢的小动物"等话题，这一类学前儿童普遍喜欢又百谈不厌的主题内容可以反复作为谈话的话题，因为它可以不断满足学前儿童表达的欲望，也可以不断满足学前儿童的想象和创造，而且还可以让学前儿童积累更多不同的交谈经验。

（二）选择有新鲜感的话题

有一定新鲜感的话题会引起学前儿童的兴趣。学前儿童感兴趣的话题往往是那些新颖的生活内容，如"尘暴""奇特的汽车"等。学前儿童刚刚经历的事情，如暑假回来说旅游过程中发生的趣事，春节回来说压岁钱等，也是容易激发学前儿童兴趣的话题。一般曾经反复提起和谈论的话题，不会引起学前儿童的强烈关注。

（三）选择学前儿童熟悉的话题

谈话活动的话题应该是学前儿童熟悉的、与他们的生活息息相关的、有一定的经验基础的、没有超出其认知范围的，这样学前儿童才能有话可谈、有话想谈、有话能谈。完全陌生的话题不可能使学前儿童产生谈话的欲望。诸如"海啸的形成""房屋的构造"等谈话主题，学前儿童在缺乏相应知识经验的基础上是无法交谈的。学前儿童熟悉的话题有很多，如：喜欢的人物、动物、玩具、图书、衣服、植物等；周围的人（父母、同伴、老师等）；参加的活动（春游、参观、访问、游戏等）；节假日的所见所闻；旅游过程中发生的趣事；日常生活中的点滴；等等。这些话题，大部分学前儿童都有相似的经历，但是又有着各自独特的见解和看法，因而在谈话中能做到有话可谈。

二 幼儿园谈话活动设计的基本结构

从谈话活动的目的、对象、活动方式的独特性看，学前儿童谈话活动的设计与组织有其独特的规律。谈话活动设计的基本结构由以下四个步骤组成，依据其去设计、组织谈话活动，可以取得良好的教育效果。

（一）创设谈话情境

创设谈话情境、引出谈话话题是开展谈话活动不可缺少的一个环节。教师通过创设一定的情境，激发学前儿童的谈话兴趣，启发学前儿童对话题有关经验的联想，打开语言表达的思路，为进一步展开谈话活动做好铺垫。

1. 创设谈话情境的常见方式

谈话情境的创设，常见的方式主要有以下三种。

（1）用实物或直观教具创设谈话情境。

通过挂图、幻灯、墙饰布置、玩具、录像等各种不同的实物，向学前儿童展示与话题有关的可视形象，激发学前儿童谈话的兴趣和打开谈话的思路。例如，在谈话活动"我喜欢的玩具"开始的时候，教师引导学前儿童观察用玩具布置的"玩具王国"；在小班谈话活动"美丽的服装"中，教师在活动区角挂上各种美丽的衣服，让学前儿童在观赏中产生说话和交流的欲望。

（2）用语言创设谈话情境。

教师通过自己说一段话、提出一些问题唤起学前儿童的回忆，调动他们的经验，以便学前儿童顺利进入谈话情境。在设计和组织"我喜欢的玩具"这一谈话活动时，教师也可以用语言创设谈话情境。教师可以这样向学前儿童展示谈话的情境："小朋友们，你们一定都有很多有趣的玩具，遥控飞机、汽车模型、电动货车……你们知道我最喜欢的一件玩具是什么吗？那是小时候妈妈给我买的小丑玩偶……"

（3）用游戏或表演的形式创设谈话情境。

通过开展一些游戏或表演活动，提供一些与谈话内容有关的情境，以引起学前儿童谈话的兴趣。例如，在中班谈话活动"发生在公共汽车上的事"中，教师先请几名小朋友分别扮演司机和乘客，进行情节表演。当他们表演到没有人给老奶奶让座时，教师提出这样的问题：如果你和爸爸妈妈也在公共汽车上，你会怎么做？运用这些形式来创设谈话情境，很容易调动学前儿童的积极性和激发学前儿童参与活动的兴趣，唤起他们对所谈内容的回忆，为下一步活动的开展奠定良好的基础。

2. 创设谈话情境的要点

（1）创设谈话情境时，要紧扣谈话的中心话题。

情境创设是为引出话题服务的，既要充分利用谈话情境启发、引导学前儿童，又要尽快导入话题以引出谈话内容。例如，在谈话活动"我喜爱的一本书"中，教师可用简短的话语创设情境，引起学前儿童对书的回忆，再提一些问题来引出"喜爱的一本书"这个中心主题。

（2）创设谈话情境尽可能简单明白，以便直接引出话题内容。

避免与谈话内容无关的摆设。过于热闹、花哨、复杂的情境有可能分散学前儿童的注意力，以致喧宾夺主。也可以不采用实物方式创设情境，因为学前儿童不需要借助于眼前可视的形象来思考和谈论某些话题。

（3）对谈话难度相对较大的话题，则要考虑创设具体的谈话情境，避免无关摆设，要紧扣中心话题。

（二）围绕话题交谈

在学前儿童开始谈话之后，教师要创造机会，组织学前儿童围绕话题展开自由交谈。这一环节的目的在于调动学前儿童对中心话题的知识储备，运用已有的经验交流个人见解。例如，在"我喜欢的玩具"这一谈话活动中，教师让几名学前儿童分成几组或者两两结伴，边玩边谈论玩具，使每名学前儿童都有机会参与谈话、表达自己的观点。教师在组织学前儿童围绕话题自由交谈时，应当注意以下四点。

1. 放手让学前儿童围绕话题自由交谈

一个谈话活动开展得如何，取决于教师对活动过程的把握程度。教师在指导中应尽量做到"一个围绕""两个自由"。所谓"一个围绕"，是指教师指导学前儿童围绕中心话题大胆地与同伴交谈；所谓"两个自由"，是指交谈的内容自由，交谈的对象自由。学前儿童只要能围绕话题进行交谈就可以了，教师不必过多地干涉学前儿童交谈的内容。此外，学前儿童交谈的对象也是自由的，可以两两交谈，也可以分组交谈，或与教师交谈。教师不要干涉学前儿童转换交谈的对象，只要他们积极地参与到交谈中，充分地、自由地讲述内心的真实感受，就算达到了教学的要求。

2. 注意自由交谈中的个别差异

自由交谈虽给学前儿童提供了开口说话的大好机会，但有些语言能力较弱的学前儿童却恰恰在这个环节中得不到很好的锻炼，他们常常表现为光听不说。因此，教师要有意识地将语言能力较弱和语言能力较强的学前儿童安排在一起，让他们互相促进、互相作用。此外，教师还要重点倾听语言能力较弱的学前儿童的谈话，提醒其他学前儿童在说完自己的感受后，注意倾听这些学前儿童的谈话内容，经常鼓励他们，增强其自信心。

3. 鼓励每名学前儿童积极参与谈话

鼓励每名学前儿童积极参与谈话，才能真正形成双向或多向的交流。教师可以让学前儿童自由选择交流对象，可以是一对一个别交谈，也可以由学前儿童与邻座结伴交谈，或分成小组交谈，还可以是全体学前儿童集体交谈。一个谈话活动可以采用几种交谈方式。不管采用何种方式，重要的是保证学前儿童谈话气氛融洽。

4. 教师要在场

学前儿童围绕话题进入自由交谈时，教师不能袖手旁观，不能将学前儿童自由交谈视为"放羊"，让学前儿童随便交谈而自己去做与谈话内容无关的事情；要求教师必须在场，了解学前儿童运用原有谈话经验进行交谈的状态，明了学前儿童谈话的水平差异，为下一阶段活动的指导做进一步准备。当学前儿童看到教师在场时，学前儿童也能够感觉到自己说话的价值，增加交谈的积极性。教师可以采取轮番巡视的方式参与各组的谈话，到每一组都听一听学前儿童的谈话内容，用微笑、点头、拍手等肢体语言鼓励学前儿童，也可用皱眉、凝视、抚肩等肢体语言暗示那些未能很好参与谈话的学前儿童。教师还可以简单发表个人见解，或对学前儿童谈话内容给予一定应答，或用自己的语言对各组谈话活动开展的情况作出反馈，这样对谈话活动能产生一定的积极影响。

（三）拓展谈话范围

在学前儿童运用已有的知识经验充分地交谈后，教师要适时地将学前儿童集中起来，以提问或启发的方式帮助学前儿童学习新的谈话技能和谈话规则，掌握正确的谈话思路和方法。这一过程是谈话活动的重点内容和核心，教师需要注意以下三点。

1. 中心话题的深入是逐步进行的

一般来说，中心话题是沿着这样的顺序拓展的：对话题对象的描述和基本态度—为什么会有这种态度—对话题对象的独特感受。以谈话活动"我喜欢的玩具"为例，在此阶段，教师通过提问的方式，引导学前儿童在集体范围内谈话。教师提出了三个问题：说一说你带来的玩具有什么特别的地方？你最喜欢什么玩具，为什么？你觉得"玩具王国"里哪种玩具最有趣，为什么？在每个问题提出之后，教师都组织学前儿童围绕这个问题进行谈论。教师的提问和引导，是围绕"我喜欢的玩具"这个话题，沿着"对玩具的描述和基本态度—为什么会有这种态度—对玩具的独特感受"这一顺序逐层拓展谈话内容，给学前儿童提供了学习、运用新的谈话技能和规则的机会。

2. 正确地看待谈话技能、态度和规则的学习

谈话技能、态度和规则是需要经过一定阶段的学习才能逐渐培养起来的。教师在引导学前儿童学习新的谈话技能、态度、规则时，不要有急于求成、立竿见影的思想。如果教师在谈话活动中，让学前儿童机械地反复练习某一交谈技能，甚至让学前儿童将某些交往词语背诵下来，这种做法就违背了谈话内容不断拓展、活动氛围宽松自由的要求，哪怕在活动中学前儿童"掌握"了许多交往词语或技能，从实质上讲都是失败的。

3. 要善于扩大谈话范围

学前儿童围绕话题自由交谈之后，教师要引导学前儿童逐步地拓展话题内容、扩大谈话范围。通常采用提问的方式来进行，如在小班谈话活动"好吃的早餐"中，教师借助提问"你们最喜欢吃什么样的早餐？为什么喜欢吃这些东西？"来拓展话题内容。再如，在大班谈话活动"人类的朋友——狗"中，学前儿童自由交谈后，教师可通过提问"小朋友们都知道小狗是人类的朋友，那么还有哪些动物是人类的朋友呢？为什么这么说呢？"将谈话范围进一步扩大。教师的提问和引导，要逐层拓展，给学前儿童提供学习运用新的谈话经验的机会。教师扩大的谈话范围，可延伸到学前儿童已有的生活经验中，也可延伸到日常生活中，还可以将谈话事物与另一事物进行比较，引导学前儿童围绕话题进行想象。总之，要善于采用不同的方法，把谈话内容引向深处。

（四）隐性示范新的谈话经验

隐性示范新的谈话经验是一个总结提高的阶段。教师在引导学前儿童学习新的谈话经验时，不要用显性示范的方法说给学前儿童听，或用指示的方法要求学前儿童怎么说，而要通过深入拓展谈话范围将这种经验逐步传递给学前儿童。例如，在谈话活动"我喜欢的图书"中，教师可以谈一谈自己喜欢哪一本图书，喜欢的原因是什么，如，"我喜欢《科学小常识》这本书，因为它告诉我蝴蝶是怎样从小虫转变而来的，原来蝴蝶穿着美丽的外衣在花丛中传播花粉之前，是一只专吃植物叶子的幼虫。我从这本书中学到了新知识，所以我喜欢并爱护这本书"；又如，在小班谈话活动"好吃的早餐"中，教师可以示范："老师早上最喜欢吃鸡蛋、喝牛奶。鸡蛋香香的、牛奶甜甜的，很有营养。"这种隐性示范以平行谈话的方式进行，在帮助学前儿童梳理思路、总结谈话内容的过程中，给学前儿童提供模仿的样板，让学前儿童在潜移默化中学习新的谈话经验。教师在设计这一步骤时，要特别注意思考自己说什么和怎么说，千万不能信口开河。

范例 5-1

我最喜欢去的地方（大班谈话活动）

活动过程：

一、引导学前儿童开展谈话活动

（1）活动开始时，教师带领学前儿童围坐在"家乡名胜"的图片旁，采用个别谈话的形式，指导学前儿童观察每一张图片，激发学前儿童谈论家乡名胜、风景区的浓厚兴趣。

（2）教师可用分层次提问的方法引导学前儿童谈话，逐渐引出谈话的主题。教师可提出以下几个问题。

①墙上贴的是什么图片？
②它们分别在什么地方？
③你去过这些地方吗？
④你喜欢去这些地方吗？

范例 5-2

我的相片（中班谈话活动）

活动过程：

一、学前儿童在全班同学面前介绍自己的相片

1.请几名学前儿童简单介绍自己的相片

每名学前儿童将相片反盖在膝盖上，教师说："今天每位小朋友都从家里带来了自己最喜欢的相片，谁都想给大家看看自己的相片，并且给大家介绍照这张相片时的情境，是不是？那么，哪位小朋友先介绍一下自己的相片呢？"

2.教师提问引导

（1）你和谁一起去的？
（2）照这张相片时你是什么表情？
（3）让我们大家看一看，能否用一个什么词来形容一下？
（4）你身后的塔，它叫什么名字？

通过以上问题，提示学前儿童多说一些与此相片有关的内容。

二、学前儿童分组谈话

（1）学前儿童自愿分组，向同伴介绍自己带来的相片，并相互交流。

（2）教师参与指导各组的谈论，及时引导学前儿童的谈话方向，将话题集中在"我的相片"上。

(3)分组讨论后,教师将学前儿童的相片布置在教室中央区域,让学前儿童自由参观。

三、集体交流"我的相片"

(1)教师请几名在小组谈话中发言表现较好的学前儿童,向全班同学介绍自己带来的相片,要求学前儿童说清楚以下问题。

①相片是在什么地方、什么季节照的?

②这张相片上有些什么?

③照此相片时心情如何?表情是怎么样的?

(2)玩"猜猜他说的是哪张"游戏,请学前儿童介绍相片内容,但不说出具体是哪一张,大家一起猜猜看是哪张相片?为什么?

(3)请学前儿童谈论自己喜欢却没有带来的相片。

四、拓展话题

(1)教师任选一张相片,以童话的形式描述出来。可以将小女孩形容成仙女,房子形容成城堡等,引导学前儿童想象后再描述相片,可请几名想说且敢说的学前儿童先上来描述自己想象后的某张相片。

(2)教师启发谈话,可引出卖花姑娘、卖报的报童、小白菜等故事,与之相比,我们今天的生活多么幸福,让学前儿童学会珍惜当下的幸福生活。

◇ 项目小结

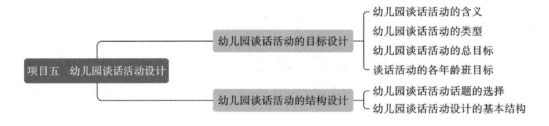

思考与练习

一、单选题

1.发展学前儿童语言表达的关键是( )。(2022年下半年幼儿园教师资格证考试真题)

A.多交流多表达　　　　　　　　　B.多模仿别人说话

C.多认字多写字　　　　　　　　　D.多背诵经典

2.幼儿园语言教育培养学前儿童最主要的能力是( )。(2023年下半年教师资格证考试《幼儿保教知识与能力》真题)

A.交往、合作和交流　　　　　　　B.表现、表达和创造

C.阅读、想象和表演　　　　　　　D.倾听、理解和表达

二、论述题

1. 幼儿园谈话活动有哪些基本特征？
2. 鼓励学前儿童围绕话题自由交谈，有哪几个基本方法可供参考？

实践与实训

实训一：大班谈话活动"未来的交通工具"。

目的：结合以下经典案例，学习并借鉴幼儿园谈话活动的实施过程与策略。

未来的交通工具（大班谈话活动）

一、活动目标

（1）引导学前儿童清楚连贯地表达自己对各种交通工具的认知，进一步了解各种交通工具的用途。

（2）要求学前儿童注意倾听同伴谈话，了解别人谈话的内容，从中吸取有用的信息，丰富自己的谈话内容。

（3）引导学前儿童想象未来的交通工具，激发创造性思维。

二、活动准备

各种交通工具的图片与玩具若干；学前儿童已掌握交通工具的有关知识。

三、活动过程

1.创设情境，引出话题

（1）教师拿出玩具大卡车，提问：这是什么？它有什么用途？

（2）教师出示小轿车，提问：这是什么？它有什么用途？

（3）请学前儿童根据自己的经验讲讲认识的交通工具，教师按学前儿童的谈话内容出示图片。

2.引导学前儿童围绕话题分成若干小组，并自由交谈交通工具的用途

（1）要求学前儿童商量谈话次序，轮流谈话，不抢着讲，也不能光听别人讲，自己不发表意见。

（2）教师轮流巡视指导学前儿童的谈话，用插话的方式将学前儿童谈话内容集中在"什么工具有什么用"的话题上。

3.将交通工具进行分类

（1）引导学前儿童将交通工具进行分类，进一步加深对交通工具的认知。

（2）出示交通工具图片，在黑板上将交通工具划分成三类（运货、载人、特殊用途），请学前儿童操作，要求先说出其名称，再将图片贴在对应用途的分类区。

4.聊聊未来的交通工具

（1）引导学前儿童拓展谈话内容，想象未来的各种交通工具。

（2）小结：表扬学前儿童的创造性想象，鼓励学前儿童好好学习，长大后设计更特

殊、更有用的交通工具。

四、活动延伸

(1) 科学领域：引导学前儿童通过观察、比较各种交通工具的主要特征及不同用途，了解它们与人们日常生活的关系。

(2) 艺术领域：学习有关内容的歌舞和音乐游戏，如：《小小交通警》（集体舞）、"大吊车"（音乐游戏），扩充学前儿童的交通知识。

(3) 生活中渗透。在日常生活中有意引导学前儿童观察周围的交通工具，了解其特征，知道其用途。

(4) 环境中渗透。在活动室内放置交通工具的玩具，张贴交通工具图片，引导学前儿童细心观察，并学习讲述。

(5) 家庭中渗透。请家长配合在日常生活中创设让学前儿童观察、了解各种交通工具的条件，扩充学前儿童的交通知识。

五、活动评价

实训二：设计一个谈话活动。

目的：设计相应谈话活动方案，并分组模拟试教。

要求：以小组为单位，每组分别写出5~6个谈话主题，形成话题库。

形式：以抽签的方式确定谈话活动主题。

项目六　幼儿园讲述活动设计

◇**学习目标**

1. 了解幼儿园讲述活动的含义、特点和目标。
2. 初步掌握幼儿园讲述活动的指导策略。
3. 构建幼儿园讲述活动的设计思路。
4. 能设计幼儿园讲述活动方案并能够组织和实施幼儿园讲述活动。

◇**情境导入**

认真观察如图6-1所示的图片，发挥想象力和理解力，对打乱的图片重新排序，完整讲述图片故事。

图6-1　绘本《收集东 收集西》相关内容图片

《3—6岁儿童学习与发展指南》指出："幼儿在运用语言进行交流的同时，也在发展着人际交往能力、理解他人和判断交往情境的能力、组织自己思想的能力。通过语言获取信息，幼儿的学习逐步超越个体的直接感知。"排图讲述是学前儿童对打乱的图序重新排列并进行连贯讲述的教学方式，由于图序的变化，学前儿童需要变换观察与思考的角度，想象合理情节，有利于提高学前儿童逻辑思维能力，以及连贯、完整讲述的能力。图6-1是主题为"收集东 收集西"的幼儿园排图讲述活动材料，这个材料可以引导学前儿童讲述有关"我喜欢收集的东西，奶奶喜欢收集的东西，不同的季节里可以收集的东西"的故事。那么，学前儿童讲述活动指的是什么？它又有哪些特点呢？

相信通过本项目的学习，你会找到答案。

任务一　幼儿园讲述活动的目标设计

一　幼儿园讲述活动的含义

幼儿园讲述活动是指教育者通过营造一种相对正式的语言运用场合，引导学前儿童依据一定的凭借物，使用比较规范的语言表达个人对人或者物的见解的语言交流活动。讲述是发展学前儿童口语表达能力的重要形式，讲述活动对培养学前儿童的独立构思能力和语言表述能力起到了很好的促进作用。

二　幼儿园讲述活动的特点

讲述活动对语言表达有一定的要求，它以一定的语言内容、语言形式以及语言运用方式进行交流，其目的是培养学前儿童独立构思能力和语言表述能力。它与其他形式的语言教育活动在内容、形式、方法及实施途径上都有着明显区别，具体区别如下。

（一）需要一定的凭借物

讲述活动与其他形式的语言教育活动的区别在于：讲述活动需要一定的凭借物。这就是说教师在开展讲述活动时，需要有一定的凭借物进行支撑。凭借物指的是讲述活动中教师为学前儿童准备的或学前儿童自己参与准备的教具材料，如图片、实物、情境等（表6-1）。

表6-1　讲述活动凭借物的具体内容

凭借物的种类	凭借物的举例
实物	植物、动物、玩具、生活用品、文具等
图片	印制的图片、照片、连环画等
情境	户外情境、某一具体活动场景等
多媒体课件音乐	《头发肩膀膝盖脚》等音乐课件
绘画	教师绘制的图片、学前儿童的绘画作品等
动画片	《黑猫警长》《老虎学艺》《长大尾巴的兔子》等
材料	报纸、绳子、回形针、盒子、七巧板等
音乐	《啄木鸟》《口哨与小狗》等音乐以及音乐剧

讲述活动需要教师提前给学前儿童规定讲述的主题及内容，因而，在教学活动中需要教师为学前儿童提供讲述的教具材料——凭借物，通过凭借物的引导，让学前儿童的讲述有逻辑性和指向性。同时，幼儿园各年龄班学前儿童的不同年龄段特点决定了教师在不同年龄班所提供的凭借物也要有所区别。例如，小班学前儿童由于语言能力和认知事物能力有限，主要是以实物讲述或简单的图片

讲述为主，对讲述的要求比较低，只要能将实物或图片的主要特征描述得清晰完备即可。而对于中、大班学前儿童来说，不但要针对实物、图片的主要特征进行有逻辑的详细解读，还需要针对教师的提问，对图片有延展性、创造性的独白讲述，也就是在原有故事情节基础上，能够进行创编。例如，在讲述活动"小蚂蚁和蒲公英"中，学前儿童可根据图片边观察边讲，教师出示图片并提问：图上有什么？小蚂蚁在干什么？猜猜它在想什么？启发学前儿童通过描述小鸟与小蚂蚁的对话来丰富感情。然后，请学前儿童与同伴完整地讲述图片中发生的故事。教师继续提问以激发学前儿童的想象力：小蚂蚁没有了蒲公英，最后会怎样实现自己飞上天的梦想呢？显然，凭借物在培养学前儿童的独立构思能力和语言表述能力等方面发挥着至关重要的作用。

（二）需要使用独白语言

讲述活动不仅能提高学前儿童的语言表述能力，还对提高其语言的独白能力有着积极意义。独白，就像舞台剧的旁白一样，需要主讲人运用口头语言，通过逻辑思维构思，来表达对特定人、事、物的一系列完整认知。讲述活动为学前儿童提供语言交流、展示的平台，并且，讲述活动中的独白能力是学前儿童需要习得的重要语言技能。例如，学前儿童在讲述"我最喜欢的季节"时，通过教师展示的图片，首先需要对四季的特征进行详细的观察。其次需要整理思路。图片上有哪些人、事、物？它们有什么具体特征？它们分别反映了什么季节？学前儿童需要明确自己讲述的先后顺序，在头脑中有大致的顺序，知道先讲什么，后描述什么。最后用口语的方式将头脑中构思完整的内容清晰地表达出来。相对于谈话活动而言，讲述活动的内容要求更高，需要学前儿童逻辑明晰、思维清晰、语言表达较流畅，并且对学前儿童的自信心、已有口语讲述能力、词汇量、当众讲述等能力提出了挑战。

（三）具有相对正式的语言情境

语言情境即语言环境，包括语言因素，也包括非语言因素。上下文、时间、空间、场景、对象、话语前提等与语言使用有关的都是语境因素。从交际场合来讲，语言交际的实质，是利用语言传递信息、交流思想感情。不同的语言环境，要求人们使用不同的语言。在一定场合中说话，说什么和怎样说，不仅与这个场合中所说的内容有关，也与参与说话的人有关，还与这个场合中其他人说话的方式、方法有关。在这些因素的影响下，人们在交往中不由自主地调节自己的说话范围、说话方式和说话风格，便于适应特定场合的要求。如果是一个相当严肃的交际场合，参与交际的人就应当感受到在这个场合下语境的特点，要以相对严肃的内容方式和风格说话。归纳起来说，学前儿童在讲述活动中，不能像在谈话活动中那样宽松自由地交谈，而要经过考虑后才能发表个人见解；说话时不能有很大的随意性，要经过较完善的构思，有逻辑顺序地说出一段完整的话；要尽量注意在用词造句方面的正确性、准确性、合乎规范性。

讲述活动是幼儿园集体教学形式的活动，教师实则为学前儿童设置了较为正式的语言环境。而正式的语言场合体现在教学环境的正式和语言表述的正式两个方面。教学环境的正式，是指教师一般具备正式的教学安排及计划，且采取专门的集体教学活动。例如，在故事《白鹅和狐狸》的讲述活动中，教师提供小河和草地的背景图、白鹅和狐狸的图片，方便学前儿童看图讲述。语言表述的正式，是指在讲述活动中，教师对学前儿童的独白语言描述有规范性的要求，对于语言表述不清晰的学前儿童要及时纠正，帮助学前儿童运用完整、清楚、连贯的语言表述自己的想法。

（四）需要调动学前儿童多元能力

在讲述活动中，教师要求学前儿童感知、理解要讲述的凭借物，再构思自己的独白语言，然后组合语言形成讲述内容。不同学前儿童的生活经验不同，已有知识水平不等，语言发展层次、思维能力也不一样，因此不同学前儿童的讲述能力参差不齐。所以，在讲述时学前儿童需要运用多种思维能力，如看图时的观察力，组织语言时的逻辑思维能力，延续故事时的想象力，复述故事时的记忆力，综合加以运用，这对学前儿童的要求比较全面。例如，在故事《打败大灰狼》的讲述活动中，首先，教师出示森林背景图，引起学前儿童的讲述兴趣，通过提问"森林里有谁？他们在干什么？谁又来了？小动物们被大灰狼吃掉了吗？"来引导学前儿童讲述，这需要学前儿童对图画中的人物、事物进行细致观察。其次，教师通过摆放图片，引导学前儿童发现并根据线索仿编故事情节，这需要学前儿童深入理解故事内容，对故事有进一步的深入思考，并结合已有知识、经验、水平扩充内容，进行故事情节理性编排，这需要综合运用分析能力、逻辑思维能力。最后，教师引导学前儿童讨论"谁帮小动物想出的办法最好？"来与学前儿童共同梳理讲述的思路，引导学前儿童按故事的发展顺序连贯地讲述，通过摆放图片来巩固学前儿童的讲述经验。在这些环节中需要学前儿童综合协调运用想象力、观察力、记忆力、表达能力，才能实现讲述能力的科学提高，才能让教师教得有效、学前儿童讲得有益。

三 幼儿园讲述活动的类型

讲述活动需要有一定的讲述对象，也就是讲述内容的凭借物。根据凭借物种类的不同，我们可以将学前儿童的讲述活动分为图片讲述、情境讲述、实物讲述和经验讲述。

（一）图片讲述

图片讲述是把不同种类的图片作为讲述对象，引导学前儿童在观察、理解图片的基础上，通过图片提供的线索，运用恰当的词句和完整、有条理的语言表达图片意图的一种讲述活动。根据图片的不同种类，又可以细分为看图讲述、排图讲述和构图讲述。

1. 看图讲述

看图讲述是指在教师的启发和引导下，学前儿童通过观察、理解图片内容，运用恰当的语句完整、连贯地表述图片内容的教育活动。看图讲述是幼儿园最常见的一种讲述活动类型。看图讲述中的图片，不仅是教具，也是学前儿童讲述的依据。因此，对图片有较高的质量要求。在看图讲述活动的组织中，根据学前儿童的不同年龄段、不同发展水平，教师可以选择不同数量的图片，有单张图片讲述、多张图片讲述两种类型。

2. 排图讲述

排图讲述是指教师事先准备若干带情节的单幅图片，引导学前儿童根据自己的理解将这些图片材料排列成有一定情节的画面，再用准确、完整的语言讲述出来的教育活动。

在排图讲述活动中，教师应该选择学前儿童熟悉的图片，每幅图不仅要有相对的完整性，图与图之间还要有一定的内在联系，以及多种排列方式。最后要求学前儿童根据自己的理解，将图片按一定顺序排列并讲述出来。排图讲述以一定的抽象思维能力为基础，往往在中、大班开展。

3. 构图讲述

构图讲述是指教师不直接为学前儿童准备现成的讲述材料，而是通过为学前儿童准备各种构图材料，让学前儿童根据自己的想法构图和操作，将材料组合成各式各样的画面，然后讲述画面所表现出来的内容或故事情节的一种语言教育活动。

（1）选图讲述。选图讲述是教师事先准备好若干单个物体的图样（各种各样的人物、小动物、花草树木或图片背景），让学前儿童根据自己的想法，自主挑选合适的图样，构成不同的画面内容，最后用完整、连贯的语言讲述一段故事情节或者一个完整的小故事。

（2）拼图讲述。拼图讲述是教师事先准备各种各样可供学前儿童拼摆的材料（如七巧板玩具、可以分割的图案、用不同种类材料做成的几何图形、积木等），让学前儿童根据自己的意愿自主构思，拼摆出不同的画面，编出一定的故事情节，最后再清楚、完整、有条理地讲述出来。

（3）绘图讲述。绘图讲述是学前儿童运用绘画工具，根据自己的意愿画出具有一定故事情节的画面内容，然后将画面内容清晰、完整地讲述出来。

（二）情境讲述

情境讲述是学前儿童在观看一定内容的情节表演后，清晰、完整地讲述表演内容的一种语言教育活动。情节表演可以是真人扮演的形式，如教师或学前儿童进行角色表演；也可以是人操作木偶进行表演或人与木偶共同表演的形式；还可以通过视频的形式呈现，如通过录像、计算机展示一段情节。

（三）实物讲述

实物讲述是把具体实物作为讲述对象的一种语言教育活动，实物的形式多种多样，可以是玩具、教具、动植物、日常生活用品等。教师在引导学前儿童讲述时，要注意通过提问的形式帮助学前儿童观察实物，然后将实物的基本特征、用途等内容完整、连贯地讲述出来。与科学活动不同的是，实物讲述活动建立在学前儿童已经对实物有一定认知的基础上，更加关注描述、倾听等语言发展方面的目标。

（四）经验讲述

经验讲述是指教师在学前儿童的生活经验范围内确定一个主题，引导学前儿童根据已有的经验或经历进行完整、连贯讲述的一种语言教育活动。这种讲述类型要求学前儿童有较为丰富的生活经验。

四 幼儿园讲述活动的目标

（一）幼儿园讲述活动的总目标

1. 培养感知理解讲述对象的能力

在培养学前儿童语言发展能力的过程中，有一些教育内容是按照要求开展的。学前儿童不仅需要学会表达自己的想法，也要学会按照主题要求去构思和说话。这就需要学前儿童能够积极地感知理解"要求说"的内容，讲述活动就是提高这方面能力的良好途径。从语言学习的角度来看，感知理解讲述对象，明晰有关讲述内容的要求，是一个对综合信息汲取的过程。它不仅要求学前儿童听懂指示，还要观察讲述对象，然后通过多种思维形式，获得一定的认知。这个过程并非简单地听和说，还有各种语言和语言之外的认知，如社会能力的参与、加工和协调工作等。因此，培养学前儿童感知理解讲述对象的能力，将有利于学前儿童不断提升汲取综合信息的能力，这对于学前儿童语言和其他方面的发展都会产生极大的促进作用。

2. 提高独立构思和清楚表达的能力

讲述活动为学前儿童提供了独立构思和清楚完整表述的机会，通过这类活动可以从以下三个方面提高学前儿童的语言水平。

（1）在集体场合能自然大方地讲话。刚入园的学前儿童，虽然有在集体面前讲话的愿望，但讲话的音量及连贯性等方面存在不足，通过教师指导，学前儿童可以在讲述活动中逐步学会如何在集体面前自然大方地讲话。其要求：勇于在许多人面前说出自己的想法；乐于跟别人分享自己的观点，积极地讲话；在集体面前讲话不娇柔作态，不脸红害羞，不胆怯退缩；用大于平时讲话的音量和正常的语调、节奏，在集体面前讲话。

（2）使用正确的语言内容和形式进行讲述。学前儿童处于语言学习的过程之中，他们的表达会出现语音、语法方面的错误。但是通过表达，可以不断纠正错误，一步一步地向正确的方向靠拢。讲述活动要求学前儿童使用规范化的语言，这就要引导学前儿童不断地纠正错误，提高正确使用语言内容和形式的水平。

（3）有中心、有重点、有顺序地讲述。在讲述活动中，要求学前儿童使用独白语言，以发展学前儿童有中心、有重点、有顺序的讲述意识和能力。有中心地讲述，要求学前儿童敏锐察觉讲述范围，在讲述时不"跑"题，不说与中心内容无关的事；有重点地讲述，要求学前儿童抓住事件或物体的主要特征，传达最重要的信息，而不是讲话时漫无目的、令人厌烦。有顺序地讲述，要求学前儿童学习按照一定的逻辑规律来组织表达自己的口头语言，增强语言的清晰度、条理性。在讲述活动中，培养学前儿童独立进行构思和清楚完整表达的语言能力，可以提高他们的语言水平，促进他们语言发展。

3. 增进语言交流的调节能力

讲述活动要求学前儿童要善于倾听别人的讲述是否与自己的相同，是否与讲述内容一致；要求学前儿童根据不同的语境和听者的反应来调节语言表达方式，以保证交流信息的清晰度。可以说，每一次具体的讲述活动，都对学前儿童提出了感知语境变化的具体要求，学前儿童在参与讲述活动的过程中，逐步锻炼自己对语言变化的敏感性，培养能随语言环境变化而调节自己表述方式的能力。

有关研究成果显示，学前儿童在学习运用语言与人交往的过程中，需要不断增强个体对交流信息清晰度的调节技能。能根据听者的特征来调节说话的内容和形式，使听者能理解和接受，这是保证交流信息清晰度的一个方面；能根据语言环境的变化来调节语言表达方式，增强对语境变化的敏感性，在运用语言进行交往时，学前儿童需要学会及时反馈，及时调整自己说话的内容和形式，这是保证交流信息清晰度的另一个方面。从总体上说，这种调节技能是针对交往场合中各种主客观因素，以及这些因素与个人使用语言关系敏感性而言的。学前儿童有必要通过讲述活动学习并获得这种语言运用的技能。

（二）幼儿园讲述活动的各年龄班目标

1. 小班学前儿童讲述活动目标

（1）能积极地运用各种感官，按照要求去感知讲述内容。

（2）理解内容简单和特征鲜明的实物、图片或主要事件。

（3）愿意在集体面前讲述。

（4）能安静地倾听教师或同伴讲述，并用眼睛注视讲述者。

2. 中班学前儿童讲述活动目标

（1）养成先仔细观察，后表达讲述的习惯。

（2）逐步学会理解图片和情境中展示的时间顺序。

（3）能主动地在集体面前讲述，声音响亮，句式完整。

（4）学习按照一定的顺序讲述实物、图片和情境的内容。

（5）能积极倾听别人的讲述内容，发现异同，并从中学习好的讲述方法。

3. 大班学前儿童讲述活动目标

（1）通过观察，理解图片与情境中蕴含的主要人物关系和思想倾向。

（2）能有重点地讲述实物、图片和情境，突出讲述的中心内容。

（3）在集体面前讲话时自信大方，能根据场合的需要调节自己讲述的音量和语速。

（4）讲述时语言表达流畅，没有明显的停顿现象，用词、用句较为准确。

任务二　幼儿园讲述活动的结构设计

一　幼儿园讲述活动内容的选择

（一）图片讲述内容的选择

讲述活动内容的选择是实现目标的手段，是讲述活动设计及组织的桥梁和基石，也是讲述活动组织的主要依据。不同类型的讲述活动对讲述内容提出了不同要求。

1. 选择符合学前儿童年龄段特点和语言发展水平的图片

不同年龄段的学前儿童语言发展水平不同，违背学前儿童年龄段特点和语言发展的图片，无法在讲述活动中发挥有效的作用。

2. 选择色彩鲜艳、画面清晰的图片

鲜艳的色彩、清晰的画面首先带给学前儿童视觉刺激，进而激发学前儿童观察图片的兴趣。而兴趣可以直接转化为动机，成为激发学前儿童讲述图片内容的推动力。

3. 选择具有教育意义的图片

教师选择图片时要选择主题健康、符合时代要求、符合学前儿童生活与认知水平、有利于促进学前儿童健康成长的图片。例如，小班看图讲述活动"不爱洗澡的小猪"，图片内容是一只小猪不爱洗澡，全身脏兮兮的，小羊不愿意和它玩，小猪很难过，它马上就去洗澡，变干净后，小羊和小猪在一起快乐地玩游戏。这幅图有学前儿童熟悉的生活经验，符合学前儿童的认知水平，既能较好地激发学前儿童的讲述欲望，又能教育学前儿童养成讲卫生、爱干净的好习惯。

4. 选择多媒体创新的"组合图片"

随着时代的发展和科学技术的进步，多媒体教学已逐步走进课堂，多媒体创新的"组合图片"可以激发学前儿童的讲述欲望。

（二）情境讲述活动内容的选择

学前儿童感兴趣的主题是那些有趣的、能引发共鸣的内容，情境讲述活动同样需要有丰富内容、能产生共鸣的情境。例如，讲述活动"熊先生生病了"就是以动物形象激发学前儿童的兴趣，从而引出讲述内容，迁移新的讲述经验。

（三）实物讲述活动内容的选择

在实物讲述活动中，教师应该选择学前儿童能接触到的、熟悉的、与生活紧密相关的实物话题。学前儿童感兴趣的、熟悉的实物话题有饮食类，娱乐类、生活类。例如，如果学前儿童讲述的主题为"我的文具盒"，那么学前儿童在缺乏相应实物接触经验的基础上就会提不起对讲述内容的兴趣。

（四）经验讲述活动内容的选择

在经验讲述活动中，教师应该选择学前儿童普遍感兴趣的、有经验的话题。例如"我是从哪里来的""我喜欢的小动物"等主题内容可以反复出现，因为学前儿童具有丰富的经验，普遍喜欢又百讲不厌。

二 幼儿园讲述活动的基本结构

（一）充分感知和理解讲述对象

"充分感知和理解讲述对象"这一步骤的重点是指导学前儿童观察、感知、理解讲述的对象，为讲述奠定认知上的基础。但是，讲述类型的不同、凭借物的不同以及讲述要求的不同都会影响学前儿童感知理解讲述对象的重心。因此，教师在组织讲述活动时，首先要选择恰当的导入形式，从而激发学前儿童参与活动的兴趣，并恰到好处地将讲述对象呈现出来。教师应引导学前儿童调动多种感觉器官来充分感知、理解讲述对象。例如，看图讲述活动"大象救兔子"是从视觉的角度来感知讲述对象；实物讲述活动"我喜欢的水果""美丽的菊花""神奇的口袋"，除了引导学前儿童从视觉角度来感知讲述对象外，还可以分别从味觉、嗅觉、触觉等多种角度来感知讲述对象。

（二）运用已有经验自由讲述

教师通过引导学前儿童感知、理解讲述对象，可以唤起学前儿童已有的生活经验，产生讲述的意愿。因此，教师应为学前儿童创设良好的讲述氛围，要在面向全体学前儿童的基础上，采用多种多样的形式，组织讲述活动，如个别交流讲述、分组讲述、集体讲述等。当讲述活动进行时，教师还应为学前儿童提供良好的活动指导。

1. 在学前儿童讲述前

在学前儿童讲述前，教师应向学前儿童提出讲述的要求，提醒学前儿童在讲述中需要注意的问题。例如，要以讲述对象为中心完整讲述，帮助学前儿童厘清讲述的思路，如先讲什么、再讲什么等。

2. 在学前儿童讲述时

在学前儿童讲述时，教师应仔细倾听学前儿童讲述的内容，尽可能不打断学前儿童讲述的思路；当学前儿童遇到讲述困难或出现错误时，教师可采用"递"词、示范、提问、插问和反问等形式帮助和引导学前儿童准确、清晰地讲述。

3. 在学前儿童讲述后

在学前儿童讲述后，教师应有针对性地对学前儿童讲述中的闪光点与不足之处进行评析，切实有效地指导学前儿童的讲述实践，不断提升学前儿童的讲述水平。

（三）引进并学习新的讲述经验

讲述的新经验是指教师以学前儿童现有的讲述体验和能力为依据，在讲述活动中针对不同的讲述对象及讲述要求，选取恰当的方法引导学前儿童探究不同的讲述思路，选取不同的讲述角度，学习新的讲述技能，从而使学前儿童在讲述实践中不断获得新的讲述体验。

例如，在组织图片讲述活动时，学前儿童通过观察图片通常能够讲述图片中"有什么""有谁"

"是什么""什么样""在做什么""怎么做"等内容。以学前儿童现有的讲述经验为基础，教师可启发学前儿童学习根据图片内容呈现的线索，如：角色的姿态、神情；角色之间的关系；图片背景（环境）与角色的关系等，大胆想象，独立构思并尝试讲述与图片内容有必然联系、但是图片上却没有直接表现出来的内容。例如，想象角色的心理活动（在想些什么？），想象角色间的对话（在说些什么？）等，使讲述的内容更充实。

在图片讲述、情境讲述活动中，学前儿童往往会出现看到什么讲什么，想到什么讲什么，忽略讲述内容之间的关联性、有序性等问题。针对这些问题，教师在活动中可以指导学前儿童根据故事情节发展的先后顺序（开始、发展、高潮、结束）或角色的动态变化（先做什么，再做什么，最后做什么）来组织讲述内容。在实物讲述活动中，教师可以指导学前儿童遵循由上至下、由左至右、由近至远、由前至后的顺序对具体的实物材料进行有条理地讲述。在大班，教师还可以在学前儿童学会了顺叙讲述的基础上，指导学前儿童从不同的叙述角度进行讲述，如倒叙讲述、插叙讲述等。开展排图讲述活动能够很好地对这种讲述方法进行训练。那么，如何引导学前儿童学习新的讲述经验呢？

1. 示范新经验引入

在学前儿童自由讲述的基础上，教师向学前儿童提供一种新的讲述方式，从多种角度对同一讲述对象进行讲述，使学前儿童领会新的讲述思路。

在看图讲述活动"顶草帽"中，学前儿童往往从第一幅图开始讲述：小鸭子在小河里游着，大风把一顶草帽吹到了空中，落到了小河里……这时，教师就可以通过示范引入新的讲法："小朋友们都是从第一幅图开始编故事的。其实，这个故事还可以从第三幅图开始编，从老爷爷的角度说起，一位老爷爷在小河边割青草，突然刮来一阵大风，老爷爷的草帽被吹到了半空中……"

2. 提示新经验引入

在组织讲述活动时，教师可以通过提问、插话、指图等方式引导学前儿童转变讲述思路，使学前儿童掌握新的讲述经验。

在选图讲述活动"会变的云"中，学前儿童大胆构图、自由讲述后，教师可以指图提问："小朋友们说到了天上的云像什么，那么，小朋友们再想一想，为什么天上的云像小狗、小猫、大象呢？云朵是不是想变成小狗、小猫、大象，并和这些小动物一起玩游戏呢？我们一边看图一边想，云在天上看到了什么？想到了什么？做了些什么呢？"通过这种方式可以引导学前儿童转变讲述思路，掌握新的讲述经验。

3. 讨论归纳新经验引入

在学前儿童运用现有的经验自由讲述后，教师根据学前儿童的讲述内容，通过提问启发学前儿童共同讨论一种新的讲述思路。

在看图讲述活动"飞上天"中，教师说："刚刚，小朋友们讲述了小青蛙蹲在大雁的背上飞上了天。那么，小朋友们仔细看看图中小青蛙的好朋友小松鼠正在做什么？它说了什么？（它挥着手向飞上天的小青蛙说'再见'！）如果小松鼠也想飞上天，那么谁能帮帮它呢？它会怎么做呢？"师幼一起讨论新的讲述思路："卖气球的梅花鹿把所有的气球紧紧地绑在小松鼠的身上，气球带着小松鼠飞上了天……天空中的小鸟渐渐地把气球一个一个啄破，小松鼠又从天上降落下来……"

（四）巩固和迁移新的讲述经验

教师要运用多种多样的方式，帮助学前儿童更好地掌握和迁移新获得的讲述经验，引导学前儿童开展新经验的讲述实践。

1. 变换对象或角色迁移讲述

例如，学前儿童在选图讲述活动"小白兔过河"中掌握了一种新的讲述经验后，通过变换讲述的对象，可以让学前儿童运用学会的思路去讲述"小羊过河"等。

再如，学前儿童在实物讲述活动"我的宠物狗"中掌握了一种新的讲述经验后，通过角色变换，可以使学前儿童运用学会的思路去讲"我的小猫"或"我的小仓鼠"等。

2. 增加角色、材料或更换场景迁移讲述

例如，在选图讲述活动"谁是第一"中，学前儿童在讲述鸵鸟战胜了山羊和小兔，获得了跑步比赛的第一名后，教师通过变换背景图，再增加小青蛙、小乌龟、小狗等新角色，让学前儿童凭借学会的讲述经验，仿编讲述活动"谁是游泳第一名"。

3. 扩充情节迁移讲述

例如，在看图讲述活动"能干的长颈鹿"中，学前儿童在讲述了长颈鹿帮助小朋友取下挂在树枝上的风筝，以及长颈鹿头上顶着小白兔帮助它过河等情节之后，引导学前儿童通过对长颈鹿的外形特征大胆想象和迁移，扩充出新的情节：长颈鹿把掉在地上的鸟窝送回树梢上；长颈鹿就像大吊车一样，帮助小动物们盖高楼；等等。

范例6-1

猴子学样（中班讲述活动）

认真观察如下图6-2所示的图片，发挥想象力和理解力，按照顺序完整讲述故事。

图6-2　绘本《猴子学样》相关内容图片

范例 6-2

小象回家啦（中班讲述活动）

认真观察如下图 6-3 所示的图片，发挥想象力和理解力，按照顺序完整讲述故事。

图 6-3　绘本《小象回家啦》相关内容图片

◇ 项目小结

项目六　幼儿园讲述活动设计
- 幼儿园讲述活动的目标设计
  - 幼儿园讲述活动的含义
  - 幼儿园讲述活动的特点
  - 幼儿园讲述活动的类型
  - 幼儿园讲述活动的目标
- 幼儿园讲述活动的结构设计
  - 幼儿园讲述活动内容的选择
  - 幼儿园讲述活动的基本结构

思考与练习

一、单选题

1.下列选项中，不属于讲述活动的特点的是（　　）。

A.需要一定的凭借物　　　　　　　　B.讲述方式具有互动性和启发性
C.具有相对正式的语言情境　　　　　D.需要使用独白语言

2.下列各项中，讲述活动的重点是（　　）。
A.感知理解讲述对象　　　　　　　　B.运用已有经验自由讲述
C.学习新的讲述经验　　　　　　　　D.巩固和迁移新的讲述经验

3."能有重点地讲述实物、图片和情境，突出讲述的中心内容"是（　　）的讲述目标。
A.小班　　　　　B.中班　　　　　C.大班　　　　　D.其他

4.婴儿说"妈妈抱""要牛奶""外面玩"等句式，一般被称为（　　）。（2023年上半年教师资格证考试《幼儿保教知识与能力》真题）
A.单词句　　　　B.双词句　　　　C.简单句　　　　D.复合句

二、判断题

1.讲述活动和谈话活动没有区别，都是为了给学前儿童创设一个想说、敢说的语言环境。（　　）
2.实物讲述活动就是帮助学前儿童认知一个物体。（　　）
3.讲述活动对发展学前儿童的独白语言意义重大。（　　）
4.讲述活动的内容应选择学前儿童熟悉的、感兴趣的。（　　）
5.小班学前儿童看图讲述活动主要以内容简单、主题鲜明的单幅图为主。（　　）

实践与实训

实训一： 大班看图讲述活动"收集东 收集西"。
目的： 结合以下经典案例，学习并借鉴幼儿园讲述活动的实施过程与策略。

收集东 收集西（大班看图讲述活动）

一、活动目标
(1) 通过观察图片，理解图片中人物或事物与收集的关系。
(2) 知道收集的含义，愿意讲述自己和他人的收集故事。
(3) 感受收集中蕴含的美好情感。

二、活动重难点和准备
(1) 重点：愿意讲述自己和他人的收集故事。
(2) 难点：感受收集中蕴含的美好情感。
(2) 准备：多媒体图片、声效。

三、活动过程
1.教师出示自己收集物品的盒子，激发学前儿童的兴趣，并让他们理解收集的含义
引导语：这是我的八宝盒，你们猜猜盒里有什么？（各种各样的小人书）
学前儿童自由猜想，教师打开盒子，分享盒子里收集的物品。

教师小结：这些都是我非常喜欢的小人书，其中很多小人书是我小时候爸爸妈妈送我的礼物，它们都是我的宝贝，我很爱护它们，于是把它们都收集在了盒子里。

教师提问：小朋友们，你们知道收集是什么意思？收集，就是把一些东西，很爱惜地保存在一起。

教师提问：你们收集过东西吗？收集了什么？

分析：在导入环节中，从最初神秘气氛的营造到探索收集品中蕴藏的难忘故事，教师以自己对过去的美好回忆感染学前儿童，让学前儿童首先体会到收集是一件快乐的事，收集是一件我们都愿意做的事，从而自然引出收集的含义，引导学前儿童回忆"收集"的相关经历，激发学前儿童的讲述兴趣。

2.欣赏图片并讲述图片内容

引导语：我们一起来看看还有谁喜欢收集东西？

(1) 出示小男孩喜欢收集的东西。

教师提问：图片中小男孩会喜欢收集什么呢？

学前儿童自由回答。(教师出示娃娃衣)

教师小结：原来小男孩喜欢收集娃娃衣啊。

(2) 出示圆圆喜欢收集的东西。

教师提问：圆圆收集了什么呢？大家看圆圆喜欢收集蓝色的东西。你们喜欢收集什么颜色的东西呢？什么东西是五彩缤纷的呢？

教师小结：小朋友们收集的都是自己喜欢的东西。

分析：这是讲述活动的主体部分，对图片进行调整后，活动从三个层次展现了"收集"，这是第一个层次，小男孩和圆圆的"收集"。他们的收集最能引起学前儿童的共鸣，因为，小朋友们收集的大多都是自己喜欢的东西，学前儿童在这个环节很愿意表述自己收集的东西，也能简单说出收集背后的故事，如不同的收集方式和有趣的收藏物品等。这里的小结将学前儿童的讲述内容拉回到"收集"上来，同时也引导学前儿童发现收集品与收集者之间的关系。此外，教师用固定的语言结构"××喜欢收集××"来示范讲述图片内容，学前儿童很快能模仿并表述，并在此基础上进行拓展讲述。

(3) 出示清洁工收集垃圾的图片。

提问语：这是什么？谁喜欢收集垃圾呢？为什么要收集垃圾？如果没有清洁工，我们生活的环境会变成什么样？

(4) 出示妈妈喜欢收集的东西。

提问语：照片中宝宝问妈妈收集了什么东西。小朋友们，我们一起看看宝宝的妈妈收集了什么呢？

教师出示宝宝的妈妈收集的东西，她收集的东西是宝宝小时候用过的东西。

教师小结：有人收集自己喜欢的东西，有人收集东西是出于对家人的爱、对城市的爱。除了人类，大自然也爱收集东西。

分析：这是活动的第二个层次，清洁工和妈妈的"收集"。这里的"收集"不再仅停留于个人喜好，而是延伸到了社会层面。这时"收集"与人和人的关系有关了，这是学前儿童比较难理解的。因此，在设计活动时，教师选择了清洁工和妈妈这两个学前儿童熟悉的社会角色，让学前儿童了解收集品可能不再是光鲜亮丽的、有趣的、有使用价值的东西。因为有"收集"的原因，所以"收集"赋予了收集品不同的价值，也从而引出了爱的意义，爱让我们的生活更美好。在活动过程中，学前儿童能思考并表述自己对这种"收集"的理解，如"清洁工收集很多的垃圾，是为了让我们的城市更干净""妈妈收集宝宝小时候用过的东西，是因为妈妈很爱她的宝宝"等。

（5）出示秋天图片。

教师出书秋天的图片。

提问语：这是什么季节？你是怎么看出来的？秋天喜欢收集什么？

学前儿童自由讨论。

（6）播放海浪的声音

引导语：大家试着闭上眼睛听一听，我们来到了哪里？

教师出示沙滩的图片。

提问语：沙滩喜欢收集什么？

学前儿童自由讨论。

（7）出示蓝天图片。

提问语：天空喜欢收集什么？

学前儿童自由回答。

（8）出示雨滴图片。

提问语：谁喜欢收集雨滴呢？

学前儿童自由回答。

教师小结：大自然的收集有自己的规律，它们收集美好的景色，让自己变得更加美丽。

分析：这是活动的第三个层次，大自然的"收集"。这里的"收集"已经超越了收集本身的含义，可以说是一种广义上的收集。在这个环节，为了避免学前儿童在关于"收集"这个词语语义理解上的偏差，教师将活动的重点放在让学前儿童感受并表述大自然的美丽上，不再拘泥于收集含义的解释。通过之前的学习，学前儿童获得了学习的经验，当有图片出现时，不少学前儿童能一下用固定的语言结构来表述图片内容。在这个环节中，教师利用多媒体图片、声效让大家闭着眼睛倾听，感受大自然的美丽。

四、拓展讲述

（1）教师出示一个关着的盒子。

提问语：这个盒子里也收集了许多东西，会是谁收集的呢？收集了什么呢？它为什么要收集这些东西呢？

学前儿童自由猜想并表述。

（2）分组讨论，绘画记录。

教师对学前儿童进行分组，给每组学前儿童分发记录表，选出一名记录员。

引导语：现在我们每组的小朋友都来想一想、说一说，大家把讨论的结果告诉记录

> 员，让记录员把大家说的内容记录下来，可以用画记录，也可以用简单的符号记录。然后我们请小朋友们来说说你们讨论的结果。
>
> 　　教师给予学前儿童自由讨论记录的空间，为学前儿童记录的提供帮助。请学前儿童说说自己的猜想并记录下来。
>
> 　　五、结束部分
>
> （1）教师打开盒子，出示多个相机。
>
> 提问语：原来盒子里收集了许多相机。有可能是谁收集的呢？相机又可以收集什么呢？（相片、微笑、记忆）
>
> （2）教师总结：让我们一起来收集关于我们在大班的美好记忆吧。
>
> （案例来源：第三届"幼芽杯"全国"幼儿园活动设计方案"评选活动作品展示，有改动。）

实训二：设计实物讲述活动。

目的：以实物讲述"我最喜欢的动物"为主题，谈谈如何引导学前儿童有序观察的策略。

要求：说说你会选择哪种方式呈现实物讲述活动中的实物，并举例说明。

形式：以小组为单位展开论述。

实训三：苹果是学前儿童喜爱的一种水果，请以"苹果"为主题，选择适宜的年龄班，设计一个有趣的讲述活动。

项目七　幼儿园绘本与集体阅读

◇**学习目标**

1. 了解绘本的内涵、特点和价值，明确绘本集体阅读的概念、目标和步骤。
2. 能独立设计绘本集体阅读活动并进行模拟试教。
3. 充分挖掘具有优秀传统文化的国产绘本，弘扬社会主义核心价值观。

◇**情境导入**

大班学前儿童毕业在即，教师结合主题活动"上小学了"，选择了绘本《我家是动物园》开展绘本集体阅读活动，该绘本是从一名小男孩的视角出发，因自己的家人有不同的特点——爸爸有脾气、妈妈爱干净、奶奶爱打扮，他将家人分别比作各种动物。该活动的主要目的在于，让学前儿童在阅读绘本之后，观察自己身边好友的特点，尝试模仿绘本中主人公介绍自己和自己的好朋友，发展大班学前儿童复述故事情节、创编故事的能力。

相信学习完本项目后，你能根据绘本《我家是动物园》的特点和教育价值，设计并实施大班绘本集体阅读活动。

任务一　绘本的内涵、特点和教育价值

一、绘本的内涵

绘本，也被称为图画书、图画文学。绘本是以学前儿童为主要接受对象的一种特殊的文学样式，是美术和文学交融于一体的综合艺术形式。它通过语言与美术两种符号系统的共同参与，将原来纯

粹的语言文字用图文的方式展现出来，便于学前儿童理解、接受，将学前儿童带入一个充满想象又神奇的世界。绘本是当代儿童文学作品中新兴的一种图书类型，被称为学前儿童的"第一本书"。

绘本以其"丰富有趣的画面""文图完美融合的构图""富含积极教育哲理"等特点受到家长、学前儿童、教师的追捧，其教育价值日益受到社会、学校、家长的认可，在学前儿童语言教育中扮演着重要的角色。

二、绘本的特点

绘本以图画为主，字少而画面丰富，以图画传达故事情节，很符合学前儿童早期阅读的特点和习惯。好的绘本每张图像都有丰富的内涵，图与图之间呈现独特的叙事关系，表达绘本的整体意境，能预留给学前儿童想象的空间，能带给学前儿童美的熏陶和教育。和其他少儿读物相比，绘本有以下特点。

（一）图画具有直观形象性、连续性和完整性

与纯文字的文学作品相比，绘本以其直观形象、丰富有趣的图画吸引学前儿童的眼球，符合学前儿童形象思维的认知特点，这就使得绘本深受一些不识字的学前儿童和识字量不大的低年级儿童的喜爱。他们可以独立欣赏生动形象、完整有趣的绘本图画。

此外，绘本的图画具有完整性和连续性的特点，封面、环衬、扉页、版权页、正文、封底每一部分环环相扣，前后呼应，共同构成一个完整且具有连贯性的故事。学前儿童可以通过仔细观察、推理思考感知图画之间的关系，形成对绘本故事画面的个性化理解。

（二）图画和文字的完美融合

绘本是融合教育学、文学、审美学、心理学、哲学等多学科知识的"图文并茂"的儿童文学作品。我国儿童文学研究者彭懿认为，绘本是用图画与文字共同叙述一个完整的故事，是图文合奏。美国绘本大师芭芭拉·库尼这样定义绘本："绘本像是一串珍珠项链，图画是珍珠，文字是串起珍珠的细线。细线没有珍珠不能美丽，项链没有细线也不能存在。"日本绘本研究者松居直曾用公式来说明带插图的书与绘本的区别：文＋图＝带插图的书；文×图＝绘本。松居直认为绘本的图文是相互融合的关系，绘本中的"图"不是插图，不是可有可无的配图，也不是文字的"附庸"。图画和文字相辅相成，共同讲述了一个个完整、有趣的故事。

案例导入

母鸡萝丝去散步

绘本《母鸡萝丝去散步》整本书以图画为主，配有少量文字（图7-1）。书中，一只母鸡在农场里兜了一个圈子，文字依次描述为"母鸡萝丝出门去散步，她走过院子，绕过池塘，越过干草堆，经过磨坊，穿过篱笆，钻过蜜蜂房，按时回到家吃晚饭。"

它的文字与图画形成非常滑稽的对比：文字讲述的是母鸡萝丝去散步的平淡无奇的故事，而图画则还讲述了狐狸追逐猎物却屡屡受挫的故事。

该绘本作品色彩明媚，故事幽默、简单流畅，贴近学前儿童生活，深受全世界学前儿童的喜爱。

教师在开展这一绘本集体阅读活动时，可以通过"开放式"提问："你看到了什么？发生了什么？"重点引导学前儿童细致观察图画，鼓励学前儿童大胆地猜测故事发展情节，感受阅读的乐趣。

图7-1 绘本《母鸡萝丝去散步》内页

（三）内容充满趣味，主题富含哲理

绘本之所以成为教师开展学前儿童开展教育活动的重要载体，成为早期亲子共读的重要材料，主要在于绘本的内容轻松有趣，主题富含哲理，如绘本《鸭子骑车记》，农场里的鸭子冒出一个疯狂的主意："我打赌我会骑车！"鸭子摇摇晃晃地骑着自行车先后经过了母牛、绵羊、狗、猫、马、母鸡、山羊、猪和老鼠的身边，母牛嘲笑鸭子、绵羊担心鸭子会受伤、狗赞赏鸭子大胆骑车、猫不在乎、马不屑一顾、母鸡吓得惊慌失措、山羊想吃鸭子的自行车、猪嘲讽鸭子、老鼠羡慕鸭子会骑车。动物们的不同态度并没有干扰到鸭子，勇敢的鸭子越骑越熟练，最后小动物们也模仿鸭子骑自行车，大家都夸赞鸭子的主意真棒！故事内容新颖有趣，学前儿童每一次看都会被小动物们的表现逗得哈哈大笑，同时，学前儿童也会学着像鸭子一样勇敢冒险，大胆挑战尝试未知事物！

微课视频
《鸭子骑车记》

三 绘本的教育价值

2012年教育部颁布《3—6岁儿童学习与发展指南》（以下简称《指南》），提出让学前儿童"喜欢听故事，看图书"的目标，并建议"提供一定数量、符合幼儿年龄特点、富有童趣的图画书"。在《指南》的引领下，绘本被广泛应用于幼儿园教学中。绘本具有以下三点重要教育价值。

（一）提升学前儿童学习品质，培养学前儿童阅读兴趣

学前儿童在观察、感知形象化的精美图画中了解事物间的关系，掌握事物发展的规律。具体形象化的图画符合学前儿童认知发展的规律特点，有利于激发学前儿童观察、思考、探究的兴趣，高度保持学前儿童的注意力，有利于发展学前儿童专注、认真、积极动脑思考的学习品质，并使学前儿童爱上阅读，养成良好的阅读习惯。

（二）促进学前儿童在五大领域的全面发展

绘本的种类丰富，涉及"健康、语言、社会、科学、艺术"五大领域的教育内容，处于不同年龄段和不同发展水平的学前儿童都能从多样有趣的绘本中找到兴趣点，完美契合了加德纳的多元智能理论，有利于教师发现每名学前儿童的闪光点，在绘本教学中彰显每名学前儿童的优势智能，并凭借多种题材绘本的阅读，促进学前儿童在五大领域的全面发展。

（三）丰富学前儿童的情感世界

绘本并不只为学前儿童打开了智慧的大门，更是学前儿童认知自我、认知人与自然、认知社会、建构丰富的情感精神生活的重要途径。松居直认为，绘本对学前儿童没有任何"用途"，不是拿来学习东西的，而是用来感受快乐的。绘本故事主题鲜明、情感丰富，通过图画和文字的阐释，将"愤怒""快乐""悲伤""爱""亲情""友情"等难以言说的情绪和情感表达出来，让学前儿童清楚地看见并且深深地被感动，学前儿童在此过程中获得了丰富的情感体验。

任务二　绘本集体阅读的概念、目标和步骤

一　绘本集体阅读的概念

（一）以绘本为载体的语言教育活动

以绘本为载体开展的语言教育活动是当前幼儿园语言领域的重要活动类型，在此，主要阐述以绘本为载体的几种常见的语言教育活动，分别为以绘本为载体的文学作品欣赏活动、以绘本为载体的早期阅读活动、以绘本为载体的看图讲述活动、以绘本为载体的其他语言教育活动。

1. 以绘本为载体的文学作品欣赏活动

以绘本为载体的文学作品欣赏活动是学前儿童语言教育活动中最为常用的一种活动类型。在文学作品欣赏活动中，其目标的定位主要在于纯语言学习方面。例如，向学前儿童展示成熟的语言，倾听各种句式，学习和运用新词，创造性地运用语言等。一般学前儿童文学作品欣赏活动的顺序多为：学习文学作品—理解体验作品—迁移文学作品经验—创造性想象和语言表达。

2. 以绘本为载体的早期阅读活动

以绘本作为早期阅读活动的载体开展教学，是当前在幼儿园广泛被运用的一种教学形式。早期阅读活动的目标主要在于提高学前儿童学习书面语言的兴趣；帮助学前儿童初步认识书面语言和口头语言的对应关系；掌握早期阅读的基本技能。

以绘本作为早期阅读活动有两种形式：第一，在语言区角松散自由地阅读（图7-2）；第二，有目的、有计划、有组织地进行集体阅读（图7-3）。两种不同形式的早期阅读活动在幼儿园班级中都应有安排。

图7-2　学前儿童在语言区角松散自由地阅读

图 7-3　师幼集体阅读

3. 以绘本为载体的看图讲述活动

以绘本为载体的看图讲述活动是根据绘本故事所进行的一种独白陈述的语言教育活动。这种讲述可以是叙事性讲述、描述性讲述、说明性讲述或议论性讲述。

4. 以绘本为载体的其他语言教育活动

运用绘本开展语言教育活动,可以是单一的语言类活动,也可以和其他领域整合渗透,进行综合化的教育教学。

(二) 绘本集体阅读

以绘本为载体的早期阅读活动,有学前儿童在语言区角松散自由地阅读和教师有目的、有计划、有组织地进行集体阅读教学两种形式。这里重点探讨绘本集体阅读活动的内容。

绘本集体阅读活动是指教师挑选适宜的绘本作为活动设计的载体,有目的、有计划、有组织地开展集体性的绘本阅读、趣味识字和书写,在师幼互动中共同阅读、赏析绘本的文学与艺术美,帮助学前儿童建构对绘本意蕴内涵的个性化理解,从而不断提升学前儿童早期阅读能力、培养学前儿童阅读兴趣和阅读习惯、陶冶学前儿童审美情操、滋养学前儿童身心。

在此类活动中,教师所选择的绘本是经典优秀的,所开展的阅读活动是开心快乐的,所进行的识字和书写活动是与学前儿童的生活需要密切关联的、与图书阅读相互结合的,是在生活和游戏中自然轻松愉快地开展的。

绘本集体阅读活动是学前儿童语言教育活动的重要形式,有利于学前儿童身心健康发展,也是学前儿童走向流畅、独立阅读不可逾越的阶段。

二 绘本集体阅读的目标

《指南》指出,"幼儿的语言能力是在交流和运用的过程中发展起来的。应为幼儿创设自由、宽松的语言交往环境,鼓励和支持幼儿与成人、同伴交流,让幼儿想说、敢说、喜欢说并能得到积极回应。为幼儿提供丰富、适宜的低幼读物，经常和幼儿一起看图书、讲故事，丰富其语言表达能力，培养阅读兴趣和良好的阅读习惯，进一步拓展学习经验"。

《纲要》规定语言领域的教育目标：乐意与人交谈，讲话礼貌；注意倾听对方讲话，能理解日常用语；能清楚地说出自己想说的事；喜欢听故事、看图书；能听懂和会说普通话。

从《指南》和《纲要》的教育理念出发，绘本集体阅读活动的总体目标如下。

第一，引导学前儿童初步感受绘本的文学艺术美。

第二，提升学前儿童早期阅读技巧（听、说、读、写的语言技巧）。

第三，培养学前儿童的阅读兴趣。

第四，塑造学前儿童良好的阅读习惯（能一页一页地翻书，爱护书，不撕书、咬书、毁坏书，注意用眼卫生）。

第五，丰富学前儿童的情感和前阅读、前识字、前书写经验。

三 绘本集体阅读的步骤

加拿大学者培利·诺德曼在《阅读儿童文学的乐趣》一书中提出，一本绘本至少包含三种故事，即文字讲的故事、图画暗示的故事，以及两者结合后所产生的故事。因此，绘本集体阅读的步骤如下。

（一）感受文字魅力

绘本中的文字是叙述故事的一种重要方式。作者用抽象的文字符号刻画绘本中的关键信息和人物内心世界。但是，由于这种抽象的文字与学前儿童具体形象的思维发展特点背道而驰，因此，绘本中的文字呈现出简洁精练、通俗易懂、富有生活艺术气息的特点。例如，绘本《想吃苹果的鼠小弟》中每个动物出场都配有相对应的文字，语言简单重复、句式对仗工整。学前儿童在欣赏绘本图画时，也会对教师和家长声情并茂地朗读出来的这种具有重复性、简单有趣的语言产生浓厚的倾听兴趣。同时，对绘本中的文字产生高度敏感性，甚至尝试口头讲述、大胆创编绘本故事情节。

（二）欣赏绘本图画

相比于文字符号，学前儿童在欣赏图文结合的绘本时更容易被色彩丰富、线条柔美的图画所吸引。图画是绘本最重要的构成要素。绘本中的图画使用具体可感的视觉语言，如色彩、线条、形象和构图等引导学前儿童通过看得见的图画去想象看不见的主题思想。

色彩是图画中最具表现力的因素。色彩能够传达绘本故事的温度、彰显人物形象的性格魅力、表达创作者的思想意图，帮助学前儿童产生强烈的情感共鸣。其中，红色让人觉得活跃、热烈，有朝气；黄色是明亮的颜色，有很强的光明感，使人感到明快和纯洁；深蓝色会让人产生低沉、郁闷、神秘的感觉，也会让人产生陌生感、孤独感。

案例导入

打瞌睡的小房子

绘本《打瞌睡的小房子》刚开始采用的是一种灰蒙蒙的暗蓝色色调，呼应下雨天昏昏欲睡的状态，但随着故事情节的展开，色彩逐步发生变化，直到最后雨过天晴时，绘本的图画也呈现出明亮欢快的色彩（图7-4）。绘本图画色彩的变化过程不仅表现出天气变化的过程，更从图画色彩的变化过程中折射出人物情绪、心理的转变。

图7-4 绘本《打瞌睡的小房子》内页展示

案例导入

鼠小弟的小背心

鼠小弟的妈妈给它织了一件漂亮的小背心，其他小动物们见了都很喜欢，都借过来试穿了一下，结果，被鸭子、猴子、海狮、马、大象这些体型一个比一个大的动物试过之后，小背心被拉扯得越来越大，鼠小弟再也穿不了了。正当学前儿童为垂头丧气的鼠小弟伤心难过的时候，翻到最后一页，画面发生了戏剧性的转变：小背心被套在大象的鼻子上，鼠小弟快乐地在大象的鼻子上荡起了秋千（图7-5）！

绘本图画中的动物形象造型简单，借助比鼠小弟体型大的不同动物向鼠小弟借小背心一事展开内容。在构图上，鼠小弟背心的小与其他动物的大形成鲜明对比，不同动物在借背心、穿背心的过程中，动作、神态等的微妙变化都十分生动有趣。这种图画中夸张的构图与造型方式能够吸引学前儿童的注意力，将注意力保持在简单有趣的绘本图画上。学前儿童在欣赏观察具有强烈对比与视觉冲击的构图、造型图画时，能够与自身生活经验产生共鸣。

图7-5 绘本《鼠小弟的小背心》内页展示

（三）图文结合赏析绘本

绘本的文学艺术美不仅体现在文字的简洁精练上，而且精妙构思于绘本的图画之中。绘本的色彩美、画面美、意境美、形象美、文字美使学前儿童为之深深着迷，给学前儿童以美的体验和感受。在开展绘本集体阅读活动的过程中，教师应根据学前儿童的审美需求和审美兴趣引导学前儿童图文结合赏析绘本。绘本是由封面、环衬、扉页、版权页、正文、封底组成的，下面我们就从绘本的构成来解读绘本欣赏的思路。

1.封面

绘本是教师开展绘本集体阅读活动的载体，是活动设计的依托，如何激发学前儿童对绘本的阅读兴趣是绘本集体阅读活动有效开展的前提。拿到一本绘本，最先映入眼帘的是绘本封面，绘本的封面能否吸引学前儿童的眼球，基本上决定了学前儿童是否喜爱这本绘本，为了培养学前儿童阅读绘本的兴趣，教师应耐心引导学前儿童观察、欣赏绘本封面。学前儿童应该观察封面的图画，封面的图画一般取自正文图画的某一页或者某一个情节，与绘本的主题思想和故事情节息息相关。教师应引导学前儿童仔细观察绘本的封面，鼓励学前儿童大胆猜测绘本的故事情节。

案例导入

三 个 强 盗

绘本《三个强盗》的封面上赫然伫立着三个身穿黑色斗篷、头戴黑色高帽的强盗，帽檐下三双眼睛紧紧盯着学前儿童，他们身后的红色斧头仿佛在提醒学前儿童这是个"恐怖"的故事（图7-6），然而学前儿童的好奇心却在牵引着学前儿童打开这本绘本。教师在这时一定不要急于求成，让学前儿童匆忙翻阅完绘本，而是要渲染"恐怖"的氛围，引导学前儿童大胆猜测一下封面上的这三个强盗会做坏事吗？那把红斧头会用来做什么呢？这会是一个可怕的故事吗？

图7-6 绘本《三个强盗》封面

2. 环衬

环衬是封面和内页之间的衬纸，由于环衬通常一半粘在封面的背后，一半是活动的，就好像蝴蝶的一对翅膀，所以叫作"环衬"，又被称为"蝴蝶页"。绘本有前环衬和后环衬，环衬的内容一般为单一颜色的纸或者图画，往往与绘本讲述的主题内容相吻合，也和故事情节息息相关。绘本的封面、环衬、正文环环相扣，精巧的构思能够发展学前儿童的猜测推断能力和想象力。例如，绘本《爷爷一定有办法》，环衬页是一条天蓝色、闪烁着点点星光的毯子（图7-7），如果教师引导学前儿童仔细观察绘本的环衬，在进入正文的一刹那，学前儿童就会惊喜地发现环衬页的这个毯子就是主人公约瑟的爷爷送给他的。温馨的天蓝色渲染着故事的氛围，奠定了故事温暖的基调，营造了温馨的阅读环境。

图7-7 绘本《爷爷一定有办法》封面和环衬

微课视频
《爷爷一定有办法》

3. 扉页

如同正式进入厅堂前的一扇"屏风",从绘本扉页可以隐约窥见整本书的故事架构,绘本的扉页往往会配有一幅图片,并且有书名、作者、出版社等文字信息。例如,绘本《我想吃一个小孩》封面是主人公小鳄鱼奇奇,扉页的图画却是一个小女孩。此时,教师就要进一步引导学前儿童思考,为什么有两幅不一样的图画?这个小女孩和小鳄鱼之间会发生什么故事?小鳄鱼想吃的是这个小女孩吗?

4. 版权页

版权页印有书名、作者、书号、出版社等相关信息。以往,教师习惯于直接进入绘本的正文,忽略封面、扉页、版权页的重要信息。教师应有意识地引导学前儿童注意绘本的书名、作者、书号、出版社等信息,这一方面有利于拓宽学前儿童阅读绘本的途径,让学前儿童知道可以通过相关出版社购买更多正版绘本;另一方面,教师向学前儿童渗透尊重他人知识成果的意识,让学前儿童掌握作家的著作权受知识产权保护的法律知识。

5. 正文

教师在学前儿童自由自主欣赏绘本过程中要注意引导学前儿童观察、欣赏绘本图画,将注意力保持在形象有趣的正文图画上。一本优秀的绘本往往构思精巧,暗藏小细节,当学前儿童通过自己的观察发现这些小细节的时候就会从中体验到阅读的乐趣和发现的惊喜,促使他们不断地去观察和发现。这是一种对学前儿童观察力持续性的训练。

案例导入

鳄鱼爱上长颈鹿

　　一位小个头的鳄鱼先生爱上了一位挺拔美丽的长颈鹿女士，他的心灵和整个世界都被长颈鹿女士占据，生活中的每一个细节都有长颈鹿女士的影子（图7-8）。于是他开始主动地接近对方，但命运总是与他作对，情急之下，他甚至动用了粗蛮的手段，当然也因此吃到了苦头。一次意外的相撞，让他终于能在同一水平线上四目相对，看到了彼此最美丽、最温柔的微笑。于是，他们相爱了。这个绘本有许多通过细心观察可以发现的细节，当鳄鱼爱上长颈鹿，鳄鱼的世界处处都是长颈鹿的影子，学前儿童会很快发现那些隐藏的秘密。教师在开展绘本集体阅读活动时，可以通过带领学前儿童逐页阅读、提问的方式，引导学前儿童用简单的语言讲述绘本单页内容，尝试大胆地猜测故事情节，激发学前儿童想说、敢说的欲望，从而实现本次活动的目标。

图7-8　绘本《鳄鱼爱上长颈鹿》正文内页

微课视频
《鳄鱼爱上长颈鹿》

6.封底

合上绘本,绘本故事就结束了吗?有些绘本的封底还在延续故事的情节,有些绘本封底和封面一起组成完整的图画,封底也是一个很容易被忽略的部分。例如,绘本《第一次上街买东西》的封底是一幅很温馨的画面,妈妈抱着小宝宝在喂奶,小女孩坐在妈妈对面喝牛奶,她的一条腿还架在妈妈的腿上,两个膝盖都贴上了创可贴(图7-9)。在正文里,小女孩一个人去买牛奶,其间还摔破了膝盖,封底就是延续了小女孩买牛奶回家后的故事情节。

教师在组织绘本集体阅读活动时,不要忘记提醒学前儿童仔细观察封底,通过逐步提问的方式,如:图片里有什么?你猜猜她们在做什么?发生了什么?为什么这样说?引导学前儿童看图、读图,大胆猜测故事情节,培养学前儿童能说、会说的语言表达能力。

图7-9 绘本《第一次上街买东西》封底

任务三 绘本集体阅读活动设计与实施

绘本集体阅读活动设计包括对阅读材料的选择、对阅读材料的分析。同时,在分析美术符号、文字符号以及内容情节特点的基础上考虑学前儿童相关阅读经验的准备,分析相应的阅读能力及要求。

一 绘本集体阅读活动设计

绘本集体阅读活动不仅可以培养学前儿童的阅读兴趣,还可以提升学前儿童多方面的能力,促进学前儿童的全面发展。学前儿童绘本集体阅读活动主要包括幼儿园进行的有目的、有计划、有组织的绘本集体阅读活动与语言区角学前儿童自由进行的绘本阅读和欣赏活动。以下重点阐述幼儿园绘本集体阅读活动的设计步骤。

（一）精心挑选绘本，为阅读活动提供载体

目前，供学前儿童早期阅读的材料最为常见的就是绘本。为学前儿童选择适合其认知特点的绘本是开展学前儿童语言教育活动的前提，也是实现学前儿童语言教育价值的重要环节。教师在挑选绘本时主要考虑绘本对学前儿童的发展性价值。一本好的绘本，应该聚焦于学前儿童认知、语言、社会性和情感发展的特点及需求，充分体现学前儿童语言教育的理念。

1. 选择绘本阅读材料

（1）选择主题鲜明、健康向上的绘本。

早期阅读材料（绘本）被称作学前儿童阅读启蒙的"第一本书"，因此，宣扬"真善美"、鞭挞"假恶丑"类的绘本阅读材料能够丰富学前儿童积极的情绪情感体验，促进学前儿童积极生活态度的形成，是学前儿童快乐成长的"催化剂"。这样，有助于培养学前儿童独立、主动努力、乐于合作等优良、健康的品质。严禁向学前儿童渗透包含"色情暴力"、不良倾向和内容的绘本阅读材料。

（2）选择题材广泛、丰富多样的绘本。

可供家长和教师挑选的、适合学前儿童阅读欣赏的绘本题材广泛，包含"认知自然"类（如《遇见春天》《这片草地真美丽》）、"认识生命"类（如《爷爷变幽灵》《小威向前冲》）、"健康身心"类（如《生气的亚瑟》《胖国王》）、"培养品格"类（如《失败一次没什么大不了》《爷爷一定有办法》）、"学会生活"类（如《第一次上街买东西》《阿立会穿裤子了》）、"学会观察"类（如《母鸡萝丝去散步》《是谁嗯嗯在我的头上》）、"学会交往"类（如《想吃苹果的鼠小弟》《彩虹色的花》）等丰富多样的绘本，旨在通过绘本趣味性与故事性的烘托，将早期阅读活动转变为轻松、活泼、有趣的阅读体验活动。

（3）精选蕴含优秀传统文化的国产绘本。

近年来，越来越多的儿童文学作家以及绘本画家投身于中国原创绘本的创作行列，在国内原创绘本创作发展过程中，许多创作者都致力于将中华传统语言文化与艺术表现形式运用于绘本这一独特媒介中，涌现出一大批优秀的中华传统文化绘本。教师要精心挑选蕴含优秀传统文化的国产绘本，在阅读教学过程中增强学前儿童对中华传统文化的认同感。

例如，"伟大的奇迹"科学绘本系列《建天坛》（图7-10）用科学绘本的方式让学前儿童了解斗拱、榫卯、藻井等建筑的奥秘；丰富的细节让学前儿童了解建造房屋背后的过程；严谨的构图向学前儿童展现中国古建筑的魅力。

《他在故宫修钟表》是"中国文物修复与文化传承"系列绘本之一（图7-11）。该绘本用精美的图画、简短的文字，讲述文物中的中国历史和文化，通过讲述修复钟表背后的故事，向学前儿童传播一种难能可贵的执着品质和坚守的工匠精神。

中国寓言故事绘本系列绘本《亡羊补牢》改编自中国古代经典寓言故事，形象生动的图画为学前儿童带来发人深省的思考（图7-12）。

图7-10 "伟大的奇迹"科学绘本系列绘本《建天坛》封面

图7-11 "中国文物修复与文化传承"系列绘本《他在故宫修钟表》封面

绘本《老鼠娶新娘》改编自中国民间的传统故事"老鼠嫁女",绘本图画华丽精美,情节生动有趣(图7-13)。与其他传统故事绘本不同,这本绘本采用了"童谣＋故事"的形式,让学前儿童更容易理解传统故事的同时,感受童谣的语言魅力。

图7-12 中国寓言故事绘本系列绘本《亡羊补牢》封面

图7-13 绘本《老鼠娶新娘》封面

(4)选择印刷装帧符合安全标准的绘本。

家长和教师在选择学前儿童早期阅读材料时,首先要确保不会因材料印刷装帧质量不达标对学前儿童造成身体伤害,如书页的边角不会划伤学前儿童,材料要无毒、无害。

2. 不同年龄段学前儿童对绘本的选择

依据不同年龄段学前儿童的认知特点和兴趣需要选择适宜的绘本是绘本教学活动有效开展的前提。

(1)3~4岁学前儿童对绘本的选择。

3~4岁的学前儿童注意力的发展以无意注意为主,有意注意保持的时间短暂,且极容易被无关刺激物所干扰。外在刺激物以鲜明的色彩、动态的景象吸引学前儿童的注意力。此阶段应为学前儿童挑选故事情节简单、形象逼真、动作突出、色彩鲜艳,并配有短句或词语的单页单幅绘本。内容主题与小班学前儿童家庭生活和幼儿园生活有关，简单有趣的动物故事也便于小班学前儿童接受和理解，如绘本《好饿的毛毛虫》。

(2) 4~5岁学前儿童对绘本的选择。

随着学前儿童年龄的增长和认知水平的提升，中班学前儿童有意注意维持时间变长，有意记忆、分析推理能力得到提升。在好奇心和求知欲的驱动下，中班学前儿童展示出对新奇事物强烈的好奇心和探究欲，并对故事情节性较强且较复杂、画面之间有明显关联性的单页多幅绘本产生浓厚的兴趣。以绘本《猜猜我有多爱你》为例，该绘本洋溢着爱的氛围和轻松快乐的童趣，小兔子和大兔子之间的"爱的较量"吸引着学前儿童认真欣赏（图7-14）。

图7-14 《猜猜我有多爱你》封面和内文

微课视频
《猜猜我有多爱你》

(3) 5~6岁学前儿童对绘本的选择。

大班学前儿童的思维分析、概括、推理、判断力和想象力得到了快速发展，可以为大班学前儿童选择情节较丰富复杂的单页多幅绘本，如绘本《想吃苹果的鼠小弟》。又如绘本《小蝌蚪找妈妈》画面简洁生动，语言文字简单重复，学前儿童对故事情节熟悉并感兴趣。成人可以有效培养大班学前儿童对语言文字的前识字兴趣。

此外，以听赏为主的文字主要有童话和名篇名著。可由成人事先声情并茂地为学前儿童讲演绘本故事内容，调动学前儿童对名著名篇的兴趣，再由学前儿童自主阅读，培养学前儿童对文字的兴趣。

（二）用心分析绘本，整合绘本教育价值

教师选择绘本之后，要仔细研读绘本，主要从图文、情节、角色、情感、语言等方面对绘本进

行深入分析，把握绘本内涵，整合绘本的多元教育价值。

（三）根据学前儿童阅读需要，二次加工绘本

在实践中，有些绘本页数较多，图画细节非常丰富，信息量较大。学前儿童在参与绘本集体阅读活动时兴趣点容易分散。根据这种情况，教师在进行绘本教学前，站在学前儿童的角度进行研读与思考，根据教学的需要，在忠于原著的基础上，对绘本进行适当的取舍和整合，用最适合学前儿童的表现方式将绘本所蕴含的真正内涵传递给学前儿童，从而达到早期阅读的教育目的。

（四）撰写绘本集体阅读活动的三维目标

为了达到绘本集体阅读活动促进学前儿童语言能力发展的目标，教师在开展幼儿园绘本集体阅读活动之前要明确每次绘本阅读集体阅读活动的具体目标，制定适合小、中、大班不同年龄段的三维目标，从情感与态度、过程与能力、知识与技能三维出发，制定全面、准确、具体，并具有可操作性的目标。此外，具体活动目标的角度应统一，以学前儿童为行为主体的目标表述更能体现出学前儿童学习的主动性。

案例导入

好饿的小蛇（小班绘本集体阅读活动）

活动目标：
（1）了解有关故事情节。
（2）愿意在集体面前讲述绘本的内容。
（3）学习一页一页轻轻地翻书。

猜猜我有多爱你（中班绘本集体阅读活动）

活动目标：
（1）练习运用"小草有多绿，我就有多爱你"的句型表达爱。
（2）能较完整、准确、连贯地讲述绘本中的大兔子和小兔子的对话。
（3）主动在集体面前用语言和动作表达对老师和同伴的爱。

我的幸运的一天（大班绘本集体阅读活动）

活动目标：
（1）通过阅读，了解小猪从不幸变为幸运的完整故事过程。
（2）能完整连贯地讲述绘本故事《我的幸运的一天》。
（3）感受故事中小猪的情绪状态变化，体验绘本阅读的快乐。

（五）做好阅读活动前的准备工作

1. 物质准备

教学挂图、桌面教具、木偶、头饰、绘本课件、学前儿童用书每人一本、教师用的大图书等。

2. 经验准备

（1）教师的经验准备。

树立正确的绘本阅读教学理念是教师有效开展绘本集体阅读活动，实现绘本综合育人价值的前提。此外，教师对所选择绘本的深入分析与二次加工是教师顺利开展绘本集体阅读活动的经验储备。

（2）学前儿童的经验准备。

先前生活与学习经验是制约学前儿童进行绘本阅读鉴赏的关键因素。教师应在一日生活中注重引导学前儿童回归生活、观察生活、热爱生活，从生活中汲取丰富多样的直接经验，为学前儿童理解绘本故事打下坚实的经验基础。

二 绘本集体阅读活动实施

本书所提及的绘本集体阅读活动是指幼儿园教师有目的、有计划、有组织地面向学前儿童围绕绘本开展的集体阅读活动。

（一）情境激趣、引出绘本

绘本是教师开展绘本集体阅读活动的载体，是设计绘本集体阅读活动的依托，如何激发学前儿童对绘本的阅读兴趣是绘本集体阅读活动有效开展的前提。从绘本的主题和内容以及不同年龄段学前儿童的认知发展水平和兴趣需要出发，绘本集体阅读活动可以有不同的导入方式。

出示绘本有多种方式，可直接出示、选择重点图画出示、选择主要角色出示，也可配合神秘的语言或音乐，配合直观的动作或表演，配合有趣的歌谣或谜语，配合好玩的游戏活动等方式引出绘本。其重点在于激发学前儿童对绘本故事的阅读兴趣。

（二）观察封面、激发期待

封面是绘本故事的前奏，一本绘本最先吸引学前儿童眼球的就是封面，教师在开展绘本集体阅读活动时，要善于利用绘本封面的图文信息，多提开放式的问题，激发学前儿童对绘本故事的阅读兴趣。例如，在基于绘本《花婆婆》开展的小班绘本集体阅读活动中，教师首先引导学前儿童观察绘本封面图画，并提问："花婆婆会是一个什么样的人？"学前儿童根据绘本封面图画和"花婆婆"这一绘本名称，进行大胆想象，有的学前儿童说，"花婆婆是一个脸上有花的婆婆"；也有的学前儿童说，"花婆婆是一个长得像花儿一样美的人"；甚至还有的学前儿童说，"花婆婆就是一朵花"。

丰富的想象与猜想蕴含着学前儿童对绘本故事的期待，有利于为下一步活动的开展做好心理准备。

（三）学前儿童自主欣赏绘本

学前儿童自主欣赏绘本是绘本集体阅读教学活动的第一步，也是重要的环节。

教师在充分激发学前儿童对绘本故事的阅读兴趣，简单介绍完绘本名称及封面内容，提出自主阅读的基本要求后，就可以提供适宜的条件鼓励学前儿童自主阅读。

1. 创设良好的阅读环境

自主欣赏绘本是学前儿童生成个性化阅读感悟的过程，也是学前儿童调动知识经验、积极思考、大脑飞速运转的过程。教师要为学前儿童提供光线适宜、相对安静的物质环境，并且创设宽松自由、融洽和谐的精神环境。

2. 尊重学前儿童阅读的方式

在学前儿童自主阅读绘本故事的环节，教师要尊重学前儿童的阅读方式，学前儿童可以选择"独自读或合作读"，也可以决定"怎么读"，教师不能随意打断学前儿童阅读的方式、节奏和进程，必要时，可以提醒学前儿童关注绘本封面、环衬、扉页、版权页、正文细节等图画信息（图7-15、图7-16）。

图7-15　学前儿童独自阅读　　　　图7-16　学前儿童小组合作阅读

3. 倾听学前儿童的阅读语言，观察学前儿童的阅读行为

倾听与观察是指导的前提。在阅读过程中，学前儿童的阅读语言和阅读行为是教师倾听与观察的对象。

教师倾听的要点包括：学前儿童是否对阅读材料感兴趣；学前儿童是否对阅读材料积极思考与探究；学前儿童是否与同伴就阅读材料进行谈论交流。

教师要有目的、有计划、有组织地明确以下观察要点：学前儿童对阅读材料的专注度；学前儿童按照顺序页完整阅读或随意翻页不完整阅读行为；对难点页的停留、思考、请教、讨论行为；学前儿童对相似页面的前后翻页、对比观察行为等。

4. 给予有针对性的指导

在倾听与观察学前儿童阅读语言与行为的基础上，教师就要提供针对性的指导意见。

（1）在自主阅读前，与学前儿童共同制定阅读规则，即采用正确的坐姿看书，不躺着看书；爱护阅读材料，不出现撕书、扔书、咬书、抢书、乱涂乱画阅读材料的行为；阅读过程中保持安静，轻声交流等。

（2）在自主阅读过程中，提醒学前儿童"一页一页轻轻翻，慢慢看，不跳页""拇指食指碰一碰，轻轻往后翻一页"；提示学前儿童在重难点页停留，对重难点页细致观察、合理推测、积极思考等；倾听学前儿童的阅读语言，了解学前儿童的阅读感悟与疑惑；及时解答学前儿童的疑问，鼓励学前儿童与同伴交流讨论。

（3）在自主阅读结束后，提醒学前儿童整理并将阅读材料归位；给予学前儿童表达阅读感受的时间和机会；对学前儿童的疑问和困惑作出有针对性的回应。

（四）师幼共同赏析绘本

教师引导全班学前儿童一起阅读，帮助学前儿童梳理在自主阅读环节中所获得的零散经验，澄清一些模糊和错误的认知，一起学习正确的阅读方法。引导学前儿童进一步理解阅读内容，并围绕阅读的主题共同展开讨论和交流，一起分享有趣的内容和个人体会。

1. 借助大图书或者课件

在指导中，教师可以借助大图书或课件，和学前儿童一起浏览阅读，边翻阅、边倾听、边讲述，在重点处、转折点停顿，展开讨论和引申，并营造温馨和谐的氛围，促使学前儿童相互感染，共同感受阅读的乐趣。

2. 师幼声情并茂地讲演绘本

绘本比较重视字符音节的旋律和节奏，同时利用文字中的音效来表达情感和塑造人物。教师要善用绘本朗读技巧，用抑扬顿挫、有快有慢的声音朗读绘本，帮助学前儿童进行思考；当遇到有对话情节的时候，教师也要转换不同的音色、音调进行阅读，帮助学前儿童更好地理解故事中人物之间的关系。在这一过程中也难免会遇到能调动起学前儿童已有经验的时候，当学前儿童中途打断教师讲故事时，教师可以停顿下来，耐心引导学前儿童，并可以用"接下来会发生什么样的事情呢？""咦？他们又去做什么了呢？"等问题将学前儿童拉回故事当中。

3. 师幼观察绘本图文信息

观察是一种有目的、有计划的、比较持久的知觉过程。这里的观察主要指学前儿童能够通过观察绘本图画获得相关信息，如绘本的主要角色、角色心理活动等；了解绘本中故事发生的时间、地点及环境；把握绘本的情节和发展线索，发现隐匿在图画中的细节等。

4. 师幼大胆猜想绘本内容

在阅读过程中，教师引导学前儿童根据图画信息对绘本内容进行猜测，并用语言表达出来，对学前儿童的语言和思维的发展有着重要的意义。围绕绘本封面内容进行猜想，可以激发学前儿童的阅读兴趣；围绕绘本重点图画进行猜想，可以让学前儿童大胆地推测绘本情节的发展；围绕绘本的细节进行猜想，可以挖掘绘本较深层次的内涵。例如，在基于绘本《鳄鱼爱上长颈鹿》开展的大班绘本集体阅读活动中，当鳄鱼受伤住院时，教师引导学前儿童观察图画，鼓励学前儿童猜测鳄鱼此时的内心想法和心情。

5. 教师善用提问，帮助学前儿童理解绘本故事

绘本教学中教师提问的设计应是引导学前儿童去关注图画，学前儿童通过仔细观察每一页的图画，从而理解绘本所要表达的故事内容。就是这个故事是学前儿童自己看出来的，而不是教师直接讲述给学前儿童听的。因此，教师要掌握提问策略，为学前儿童营造"想说、敢说、喜欢说"的氛围。

（1）开放式提问——让学前儿童想说。

师幼在共同阅读绘本的过程中，教师所设计的问题一开始应是开放式的，不应有太强的指向性，不然就会束缚学前儿童的思维。例如，你看到了什么？你最喜欢绘本哪个部分的内容？你觉得这张图画上讲了什么意思？你从这张图画上看懂了什么？

（2）猜想式提问——让学前儿童敢说。

师幼共同阅读绘本的过程中，教师引导学前儿童根据绘本图画的细节线索或连续图画的情节猜测故事的走向或角色的心理活动。例如，你觉得矮小鳄鱼能成功地向高大的长颈鹿表达爱意吗？为什么？鳄鱼受伤住院了，你认为鳄鱼此刻心里在想什么？

（3）递进式提问——让学前儿童喜欢说。

根据学前儿童的现场回答，教师应有针对性地追问学前儿童。例如，你为什么这样说？引导学前儿童关注图画的细节，深入理解图画所要表达的意思。

（五）组织丰富有趣的表征活动

表征活动是延伸扩展阅读内容的环节，一般放在绘本集体阅读活动的后半部分进行。

每名学前儿童都有着自己独立的思想，教师在开展绘本集体阅读活动的过程中，应为学前儿童提供多元化的自我表征机会，鼓励学前儿童大胆地表达自己对绘本的理解，从而实现艺术同构。

1. 引导学前儿童尝试归纳概括绘本故事

教师应鼓励学前儿童在听赏完绘本内容后，尝试归纳绘本的主要内容。对绘本部分内容的概括能让学前儿童迁移前面所获得的经验，为后面的阅读提供支持。例如，在基于绘本《鸭子骑车记》开展的中班绘本集体阅读活动中，学前儿童自主阅读绘本内容。教师通过顺序图引导学前儿童归纳概括出鸭子骑车先后经过母牛、绵羊、狗、猫、马、母鸡、山羊、猪和老鼠的身边。

2. 鼓励学前儿童给绘本命名

教师鼓励学前儿童在赏析完绘本后，结合对绘本的理解，用形象生动、简洁精练的词语或短句给绘本命名。以绘本《动物绝对不应该穿衣服》为例，教师和学前儿童赏析完该绘本之后，教师提问：动物穿上衣服发生了什么有趣的事？你觉得动物应该穿衣服吗？这本绘本应该命名为"动物应该穿衣服"还是"动物绝对不应该穿衣服"？为什么？

3. 帮助学前儿童仿编和创编绘本故事

仿编和创编绘本故事是教师开展绘本集体阅读活动常用的活动方式，教师引导学前儿童尝试仿编和创编绘本故事有利于提升其语言表达能力和故事理解能力。

4. 带领学前儿童体验绘本表演游戏

绘本表演游戏是与绘本教学有效结合的最佳游戏类型，因为绘本故事大部分都可以通过扮演来展现出来。幼儿园教师将表演游戏与绘本内容进行结合，既可以让学前儿童深入理解绘本内容，还可以激发学前儿童的学习兴趣。例如，在基于绘本《鳄鱼怕怕 牙医怕怕》开展的小班绘本集体阅读活动中，可以让学前儿童进行角色扮演，一人扮演牙医，一人扮演鳄鱼，用夸张的语言和肢体动作，通过"我好害怕""我一定要勇敢"的心理变化过程，感受小鳄鱼"迎难而上，勇于挑战"的勇敢。

5. 组织学前儿童开展手工操作活动

绘本和手工结合，在学前儿童语言教育中探索得非常多，两者之间的结合方式比较便捷，所以拥有较高的研究价值。例如，在开展绘本《小木偶的故事》的绘本集体阅读活动时，教师可以让学前儿童制作一些木偶剪纸。通过木偶剪纸的手工操作活动，让学前儿童深入感知木偶的特点，这样可以更好地彰显绘本故事的教育价值。

（六）开展延伸活动

绘本集体阅读活动应回归学前儿童真实的生活，将阅读主题延伸到其他领域教育、区域活动、游戏活动、日常生活以及家庭生活中。其延伸活动主要有以下三个类型。

1. 区域活动

把绘本放到班级图书角或幼儿园阅览室，让学前儿童在规定的阅读时间或自由活动时间，独自或与同伴一起尽情地、快乐地阅读绘本，讲述绘本的内容。然后在游戏区引导学前儿童开展与此次阅读活动有关的表演游戏。

2. 领域渗透

绘本集体阅读活动的内容可以渗透到其他领域，教师应充分利用各领域相互渗透的教育活动，努力巩固与此次阅读活动有关的知识。

3. 亲子活动

教师可以将绘本集体阅读活动的绘本名称或相关的PPT图片发送至家长微信群或QQ群，同时建议家长让学前儿童回家以后把绘本的主要内容讲述一遍，然后家长和学前儿童一起玩相关的表演游戏。

◇ 项目小结

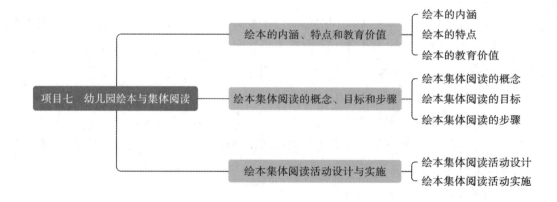

思考与练习

一、选择题

1.幼儿园的早期阅读活动应当（　　）。

A.有目的、有计划地教学前儿童认读一定数量的字

B.创设纯文字的阅读环境帮助学前儿童识字和书写

C.有目的、有计划地培养学前儿童对书面语言的兴趣和敏感性

D.提供书面文字信息帮助学前儿童获得读写能力

2.注重通过图像、线条、色彩、符号及文字等因素来准确表达材料要传递的内容的是（　　）。

A.谈话活动

B.早期阅读

C.文学活动

D.讲述活动

3.对文字的书写特点、表达风格、文与图的搭配、文字出现位置等方面的分析是（　　）。

A.绘本文字符号的理解和分析

B.绘本绘画风格的分析

C.绘本表达内容的理解和分析

D.绘本装帧特点的分析

4.以下哪个内容不属于绘本的组成部分（　　）？

A.图画

B.文字

C.图文合奏产生的故事

D.人物

二、判断题

1.绘本阅读就是看图讲述活动。（　　）

2.在幼儿园的阅读活动中要提供生动、形象、直观而丰富的阅读材料，如图书、画报、杂志、光盘等。（　　）

3.教师要善于把握绘本封面信息，引导学前儿童重点观察和猜测封面内容，将画面和题目相结合，将口头语言和书面语言相对应，大胆猜测和预期图书的情节和内容。（　　）

三、论述题

1.简述绘本集体阅读活动的内涵及教育价值。

2.简述绘本集体阅读活动的设计思路。

3.简述绘本集体阅读活动的实施步骤。

4.简述3～6岁学前儿童选择绘本的标准。

实践与实训

实训一：结合自己在幼儿园见习的经历，对所见习幼儿园班级开展的绘本集体阅读活动进行分析，结合具体情况，思考绘本集体阅读活动存在的问题及解决策略。

目的：掌握绘本集体阅读活动对学前儿童语言能力发展的影响，并能树立正确的绘本集体阅读活动教学理念。

要求：在所见习幼儿园班级中，结合具体的绘本集体阅读活动开展情况，思考师幼互动中易出现的问题及解决策略，并举例说明。

形式：小组合作。

实训二：根据各年龄班语言教育目标，任选一本绘本，设计一个绘本集体阅读活动方案，并进行试教。

目的：掌握绘本集体阅读活动对学前儿童语言能力发展的影响，并能树立正确的绘本集体阅读活动教学理念。

要求：绘制适合该年龄班学前儿童阅读的绘本；设计和组织实施针对所选绘本内容的模拟教学活动，并进行评析。

形式：小组合作。

项目八　幼儿园文学作品活动设计

◇**学习目标**

1. 了解幼儿园文学作品活动的内涵、特点和类型；明确幼儿园文学作品活动的总目标和各年龄班目标。

2. 掌握幼儿园文学作品活动目标设计和内容选择的要点，掌握幼儿园文学作品活动设计的基本结构。

3. 能根据幼儿园文学作品活动设计的基本结构，组织一次具体的幼儿园文学作品活动。

4. 能关注学前儿童在文学作品活动中的表现，激发好奇心和表达欲望；传承中华优秀传统文化，树立文化自信。

◇**情境导入**

朵朵是一名很可爱的小女孩。某一天，为了锻炼她的胆量，张老师让朵朵去隔壁班借东西，"朵朵，去隔壁班借一把伞。""好的。"朵朵兴冲冲地去了。过了一会儿朵朵回来了，可是手上什么也没有。张老师问："朵朵，伞呢？"朵朵尴尬地看着张老师，一言不发。"你怎么啦？不敢跟隔壁班的老师说吗？"正在张老师追问她的时候，隔壁班的教师走过去问："你们班的朵朵要借什么？我没听懂。"张老师看了朵朵一眼，朵朵的脸一下就红了。张老师说："我让她借伞，她怎么说的？"隔壁班的教师说："她说借'毯'，我不明白什么意思，就过来问你。"这时朵朵的脸更红了，不知所措地搓着小手。

作为幼儿园教师，应该如何设计文学作品活动并指导学前儿童清楚地表达呢？通过本项目的学习，相信你会找到答案。

任务一 幼儿园文学作品活动的理论要点

一 幼儿园文学作品活动的内涵

幼儿园文学作品活动是以文学作品为基本内容而设计的语言教育活动。适合学前儿童学习的文学作品是指与学前儿童发展水平、接受能力和阅读能力相适应的各类文学作品，包括童话、生活故事、寓言、儿童诗歌、儿童散文等多种体裁的文学作品。

幼儿园文学作品活动是语言教育活动的重要组成部分，也是学前儿童喜闻乐见的学习活动。这类活动通常从一个具体的文学作品教学入手，引导学前儿童表达和交流对文学作品的理解、想象和联想，以提高学前儿童的想象能力、思维能力、语言理解及表达能力，提升学前儿童的审美水平。

二 幼儿园文学作品活动的特点

（一）围绕文学作品教学开展活动

从文学作品教学入手、围绕作品开展教学活动是幼儿园文学作品活动的突出特征之一，文学作品是语言艺术的结晶体，每一个作品都包含着丰富的语言信息。从具体的文学作品展开活动，是包含着感受美、欣赏美、表现美及表达自己对文学作品的理解和想象的多层次活动。

例如，童话《漂亮的颜色》是一个非常优美的、适合学前儿童语言教育的文学作品，它运用拟人化的手法和优美的语言向学前儿童展示了一个色彩缤纷的大千世界，活动配合童话的主旨展开。活动一，通过观察小实验"会变化的颜色"，引导学前儿童发现色彩是会变化的；活动二，经验讲述"我认识的颜色"，鼓励学前儿童用流畅完整的语言表述自己喜欢的颜色；活动三，欣赏童话《漂亮的颜色》，教师启发提问，帮助学前儿童理解童话的内容，并通过欣赏多媒体课件"多姿多彩的世界"，引导学前儿童感受色彩斑斓的大千世界。在延伸活动中，欣赏歌曲《调皮的色彩宝宝》。一系列活动让学前儿童领略了各种颜色的魅力，并培养了学前儿童对美的感受力以及文学素养，还拓展了学前儿童想象和创造的空间。

这一突出特征由两个方面的因素所决定。其一，活动对象的特点决定了文学作品活动的特征。在幼儿园文学作品活动中，学前儿童学习的内容是具体的文学作品。文学作品活动中的语言信息表征着学前儿童已知及未知的人、事、物概念，综合呈现学前儿童所需和渴望了解的社会生活现象。与其他语言教育活动相比，文学作品活动中学前儿童所面临的活动对象有着形象生动、信息丰富的特点，而学前儿童在活动中与活动对象交互作用的首要任务就是学习理解文学作品。其二，活动主体的特点也影响了文学作品活动的这一特征。文学作品以书面语言的形式储存语言信息，学前儿童需要用中介方式将书面语言信息转化为口头语言信息，需要通过聆听、诵读、阅读图画、观看动画等方式感知理解文学作品所传递出的语言信息。因为，任何一个文学作品活动都必须从文学教育入手，围绕一个具体的文学作品开展教学活动，让学前儿童完全理解文学作品所蕴含的丰富有趣的语言信息。

（二）整合相关领域的学习内容

幼儿园文学作品活动从文学作品教学出发，常常整合其相关领域的内容，开展多种形式的活动，使学前儿童在各方面有更多的机会去了解文学作品所表现的一定的社会生活内容，促进他们对文学作品的感知和理解。

文学作品本身的特点决定了它包含丰富的语言信息，因而一部文学作品，对学前儿童而言，往往意味着不同层次的学习。首先，聆听或阅读文学作品，主动感知各种语言符号连接的作品，也就是学习和欣赏文学作品。其次，透过语言和概念去了解文学作品所表现的一定的社会生活内容，实际上是通过文学作品使学前儿童认知周围的世界。再次，通过开展与文学作品主题相关的学前儿童动手动脑的活动，将文学作品经验迁移到学前儿童的实际生活中，以检验和加深学前儿童对文学作品的理解。最后，幼儿园文学作品活动不仅要让学前儿童感受语言美，更要让学前儿童学会创造性地想象和表达，学以致用。要真正帮助学前儿童顺利完成上述各层次的学习，把握文学作品的深厚内涵，需要在引导学前儿童感知理解文学作品的基础上进一步开展与这一文学作品内容相关的活动。

例如，在基于童话《春天的电话》开展的中班文学作品活动中，在学前儿童熟悉了故事内容之后，教师组织学前儿童开展折纸电话、故事表演活动；引导学前儿童用简单而形象的动作扮演角色，学习故事中的对话语言；让学前儿童画一画"春天的电话"；改编故事等。通过以上四个层次的活动，不仅有利于学前儿童感知理解、学习掌握文学作品，也有利于学前儿童绘画、综合分析思维等能力的发展。

（三）提供多种与文学作品相互作用的途径

学前儿童的发展是他们自己与外界环境相互作用而建构起来的，并且需要通过自身的操作活动与外界环境相互作用。学前儿童语言发展，也是通过个体与外界环境中各种语言和非语言信息相互作用逐步获得的。因而，幼儿园文学作品活动，应当着重引导学前儿童积极地与文学作品相互作用。用活动的形式来组织文学作品教学工作，意味着学前儿童可以在动手、动嘴、动眼、动耳、动脑等各种途径中获得亲身经验。

仍以童话《春天的电话》为例，学前儿童不仅听了故事，看了图画，而且还表演了人物角色，体验理解了文学作品中人物的心理；画一画"春天的电话"、改编故事等活动，获得了多种与文学作品相互作用的机会，也获得了多种操作语言和非语言信息的经验。这样可以促使学前儿童更有兴趣、更积极主动地投入学习，以便更好地掌握学习内容，同时也给学前儿童语言发展提供了更多的机会。

三、幼儿园文学作品活动的类型

幼儿园经常开展的文学作品活动主要有童话活动、生活故事活动、诗歌和散文活动。

(一) 童话活动

童话是一种带有幻想色彩的虚构故事，通过夸张、象征、拟人等语言表现方式塑造形象、表现生活，凭借幻想创造出并不存在于现实生活却又与生活有密切联系的生活场景。童话是学前儿童较为喜欢的文学作品样式，也是儿童文学作品中一种非常重要且有独特价值的样式。

例如，童话《小蝌蚪找妈妈》（图8-1）通过生动的情节，让学前儿童了解青蛙的外形特征和生活习性；《三只想生病的小狗》是一篇结构简单、生活气息浓厚的童话，整篇童话生动地描写了小狗的可爱、淘气、任性、无知，抒发了纯真美好的感情。

图8-1　童话《小蝌蚪找妈妈》

(二) 生活故事活动

生活故事一般取材于现实生活，以叙述事件为主，反映学前儿童熟悉或需要了解的生活内容，向学前儿童讲述经过提炼、概括或虚构的"真人真事"，贴近学前儿童的生活。

例如，生活故事《圆圆和方方》可以让学前儿童了解生活中圆形物体和方形物体的特性；生活故事《珍珍唱歌》让学前儿童敢于表现自我，培养良好的心态。

(三) 诗歌和散文活动

儿童诗歌是以学前儿童为主要欣赏对象的诗歌，包括儿歌、儿童诗、谜语、绕口令和浅显易懂的古诗。

儿歌和儿童诗都源于童谣。儿歌是学前儿童最早接触的文学作品样式，其内容浅显，易被学前儿童理解；篇幅短小，易学易唱；语言活泼，有鲜明的节奏感。不仅有利于对学前儿童进行情感教育，也能启迪心智，训练学前儿童的语言表达。儿童诗往往用新颖巧妙的构思、天真而充满童趣的语言，来表达一定的意境。

谜语一般是以儿歌为谜面。猜谜是富有游戏趣味的活动，有助于学前儿童感知理解事物，提高分辨能力及联想能力。

绕口令是利用一些读音相近的字词形成的、语音拗口的儿歌，其结构巧妙，文字活泼，幽默风趣，深受学前儿童喜爱。绕口令活动能够提高学前儿童的思维敏捷性，训练口语发音能力。

古诗用词精辟、语句凝练，在语言的韵律和节奏上比现代诗要求更高。

儿童散文以记叙真人真事、真情实景为主要内容，真实地抒发作者的内心感受和生命体验。它意境优美、情感真挚，是便于学前儿童吟唱的文学作品。但由于其篇幅较长，所表达的内容较复杂。因此，只适合中、大班的学前儿童欣赏。

四 幼儿园文学作品活动的总目标

教师在制定幼儿园文学作品活动的总目标时，应该先了解学前儿童语言发展的关键经验、本班学前儿童语言发展的水平，解读具体的文学作品，对于情感态度和价值目标、能力或技能目标、认知目标应分清主次先后。幼儿园文学作品活动的总目标包括以下几个方面。

（一）引导学前儿童学会欣赏文学作品，感受其形式美、语言美和情感美

幼儿园文学作品活动是围绕文学作品展开的，而文学作品的体裁和题材的多样性，及其语言形式的多样性和丰富性，使学前儿童能够通过体验文学作品语言与日常生活语言的不同，来感受文学作品的语言美，培养他们对艺术语言的敏感性。然后，在感受语言美的基础上，感知文学作品中人物的真善美。

（二）引导学前儿童学习准确、生动、优美的文学语言表达，扩展词汇量和句型量

文学作品不但能帮助学前儿童积累文学语言，提高他们的语言感受力，还能借助准确、生动、优美的文学语言丰富学前儿童的词汇量和句型量。词是学前儿童语言教育的内容，也是学前儿童语言教育的材料。学习文学作品，是扩展学前儿童词汇量和句型量，帮助学前儿童掌握语言内容的重要途径。例如，文学作品《爷爷一定有办法》（图 8-2）中妈妈对约瑟说"约瑟，看看你的毯子，又破又旧，好难看，真该把它丢了"，这个年龄段的学前儿童可能没听说过"破""旧"，但在故事的具体情境中，经过教师的指导，学前儿童能够很快地理解它们的意思。

图 8-2　文学作品《爷爷一定有办法》内页

（三）培养并提高学前儿童的倾听能力和语言理解能力

良好的倾听能力是学前儿童发展语言表达能力的前提，良好的倾听能力能够帮助学前儿童更有效地获取信息，促进思维的发展。教师在日常的教学活动中，应当注重培养学前儿童的倾听能力。文学作品的教学，是与学前儿童的"听"紧密联系在一起的，它给学前儿童提供了有意识的、评析性的、欣赏性的倾听机会，并能在实践中培养学前儿童的倾听能力。有意识的倾听是指全神贯注地听和有目的地听，是学前儿童倾听和分析性接受能力的基本要求。评析性倾听又称分析性倾听，这种倾听的过程往往容易被打断，学前儿童要对所听的内容材料作出归纳、推断和评价，即善于听。欣赏性倾听往往产生于对所倾听内容的赞美态度，并能够促使倾听者在听的过程中油然而生一种愉悦感。

（四）鼓励学前儿童创造性地运用语言，提高学前儿童灵活运用语言的能力

学前儿童的语言是在与人和环境相互作用中习得的。但是，如何掌握学到的词、句子和句式，做到学以致用，是语言教育活动中最重要的环节。因此，在学前儿童理解所学内容的基础上，教师应鼓励学前儿童尝试用自己的语言表达经验和创造性地运用语言，以此提高学前儿童的语言运用能力。例如，童话《三只羊》《三只蝴蝶》，均有不同的人物形象和故事情节。他们在作品中活跃着，相互交织出不同的语境。三只羊与狼的对话，表现出善良的人与凶恶的敌人之间的语言关系；三只蝴蝶与三朵花的交谈，则是忠诚的朋友们与自私自利的人之间的交往。当学前儿童学习这些文学作品时，他们理解了不同语境，也逐步掌握了在不同语境中适当地运用语言的能力。

五 幼儿园文学作品活动的各年龄班目标

结合《指南》中语言领域"阅读与书写准备"的发展目标，可总结出各年龄班文学作品活动的目标，具体见表8-1。

表8-1 各年龄班文学作品活动的目标

年龄班	目标
小班	1.主动要求成人讲故事、读儿歌。 2.喜欢跟读韵律感强的儿歌、童谣。 3.能听懂文字结构短小的儿歌或故事。 4.能根据图画说出图中有什么，发生了什么事等。 5.能理解文学作品的文字是和图画相对应的，是用来表达图画意义的
中班	1.喜欢欣赏不同形式的文学作品。 2.能大致说出教师讲述的文学作品的主要内容。 3.能根据文学作品故事情节的发展，产生喜悦、担忧等相应情绪反应，体会文学作品所表达的情绪情感。 4.根据文学作品提供的线索，进行文学想象和创作，延续文学作品内容

续表

年龄班	目标
大班	1.乐意、主动欣赏不同形式的文学作品,并积极参与文学作品活动。 2.能根据提供的线索猜想故事情节的发展,或续编、创编故事。 3.理解文学作品内容,归纳主题,能在教师的帮助下分析文学作品中特殊的表现手法,感受文学作品所表达的思想。 4.初步感受文学作品的语言美

案例导入

小熊过桥（中班文学作品活动）

小竹桥，摇摇摇，
有只小熊来过桥。
立不稳，站不牢，
走到桥上心乱跳。
头上乌鸦哇哇叫，
桥下流水哗哗笑。
"妈妈，妈妈，快来呀！
快把小熊抱过桥。"
河里鲤鱼跳出水，
对着小熊高声叫：
"小熊，小熊，不要怕，
眼睛向着前面瞧。"
一二三，走过桥，
小熊过桥回头笑，
鲤鱼乐得尾巴摇。

在基于以上文学作品（儿歌《小熊过桥》）开展的中班文学作品活动中，教师设计的活动目标为：

(1) 欣赏儿歌，感受儿歌的韵律，学习有节奏地朗诵儿歌。

(2) 通过观察画面，体会小熊过桥时的心情，并能用语言、表情或动作加以表达。

(3) 通过与同伴共同表演，懂得要相信自己，不能事事依赖别人。

任务二 幼儿园文学作品活动的结构设计

一 幼儿园文学作品活动目标的设计

幼儿园文学作品活动目标的设计是指在开展文学作品活动之前，教师根据本班学前儿童的发展特点等预先对文学作品进行分析，以促使学前儿童获得发展而进行的统筹和计划。确定幼儿园文学作品活动目标，是幼儿园文学作品活动设计中的重要步骤。教师在设计幼儿园文学作品活动目标时，一定要先了解学前儿童语言发展的关键经验和本班学前儿童的发展水平。除此之外，教师要对文学作品有深刻细致的解读。接下来，本任务以基于文学作品《爷爷一定有办法》开展的大班文学作品活动为例，来探讨如何有效设计幼儿园文学作品活动目标。

（一）挖掘活动目标

1. 从文学作品的文学特征中挖掘目标

绘本属于故事类儿童文学作品，优秀的故事符合文学的美学特征。紧密联系活动目标，在分析文学作品的文学特征时，我们可以从以下三个方面着手。

第一，学前儿童可以从文学作品中鲜明的人物身上感受到什么、学习到什么人格特点。例如，在文学作品《爷爷一定有办法》中，从毯子变得破旧开始，约瑟就阻止了妈妈想要丢弃毯子的想法，他说"爷爷一定有办法"。爷爷每次都会发挥聪明才智，充分利用剩余布料进行改造。这里可以引导学前儿童懂得不浪费和废物利用的道理（图8-3）。

图8-3 文学作品《爷爷一定有办法》内页

第二，文学作品中生动、有趣的故事情节，往往能够吸引学前儿童的注意力。一般来说生动、有趣的故事情节更能激发学前儿童投入故事情境，促使学前儿童大胆想象、猜测故事的后续发展，愿意续编、创编故事。而学前儿童想象、猜测并进一步讲述自己的想法正是学前儿童语言能力的重要表现，是教师在教学活动中重点挖掘的一个方面。例如，文学作品《爷爷一定有办法》中蓝毯子到蓝纽扣的变化过程是学前儿童最感兴趣的部分，教师可利用这部分让学前儿童续编、创编故事。

第三，文学作品的内容是否有对人性的关怀，是否体现真善美，揭示怎样看待人、自然、社会及其之间的关系。例如，约瑟全家以及整个小镇都充满了浓浓的人情味，亲人之间平时的微笑和拥抱给人无限的温暖。约瑟对爷爷非常信任，每次妈妈要丢弃物品时，他都能脱口而出"爷爷一定有办法"，这体现了人与人之间的信赖。约瑟的旧毯子作为爱的象征，一直在生活中延续。

2. 从文学作品的语言特征中挖掘目标

分析文学作品的语言特征能使文学作品活动更突出语言领域的目标。在分析文学作品的语言特征时，我们也主要分析三个方面。

第一，文学作品中是否有优美的或学前儿童理解起来比较困难的词。例如，故事中爷爷拿起剪刀"喀吱、喀吱"地剪，学前儿童很喜欢边说象声词"喀吱、喀吱"边模仿剪的动作。还有贯穿全文的"奇妙"一词能够更好地帮助学前儿童理解故事内容。

第二，文学作品中是否有典型的重复性语句。例如，重复性语句有"爷爷一定有办法""爷爷拿起了××，翻过来，又翻过去""爷爷拿起剪刀开始喀吱、喀吱地剪"等。学前儿童在感受、欣赏故事时，对这种的重复性语句很感兴趣，能很快掌握这样的语句。教师可以利用重复性语句帮助学前儿童理解故事内容，引导学前儿童尝试用重复性语句描述故事情节。

第三，文学作品中是否有一致的段落结构。我们划分故事的段落时，能发现各个段落使用了共同的表述方式和递进方式。例如，在"蓝毯子—蓝外套—蓝背心—蓝领带—蓝手帕—蓝纽扣"这一顺序的变化过程中，每一步变化的表述方式都是一致的。通过梳理这种段落结构，学前儿童能较快地理解故事内容，熟悉故事发展模式，并且可以复述故事内容，尝试创编故事。

3. 从《指南》中挖掘目标

教师要熟记《指南》中语言领域的发展目标，其中"阅读与书写准备"的目标可以作为设计文学作品活动目标的参考。我们可以从中找出与《爷爷一定有办法》这个文学作品活动相关度较高的主要活动目标，即：能根据故事的部分情节或图书画面的线索猜想故事情节的发展，或续编、创编故事。

（二）表述活动目标

1. 理解文学作品内容

教师们经常把"理解故事内容""理解儿歌内容"等作为活动目标，但其实这样的表述是非常抽象的，没有清楚地表述学前儿童需要理解到什么程度。我们可以由易到难、由浅入深地细化理解的各个层次，具体可分为四个层次。第一层次，掌握文学作品的线索和情节。第二层次，在此基础上，学会根据图画或根据文学作品情节猜测文学作品的后续发展。例如，能根据图画大胆地推测故事后续可能出现的情节，并能清楚地表达自己的想法。第三层次，逐步概括文学作品的内容，用准确、概括的语句讲述文学作品大意。第四层次，大班学前儿童还应对看过的文学作品说出自己的想法，与他人一起讨论文学作品的有关内容。例如，能用准确、流畅的语言表达自己对故事的理解。

2. 理解词语或句子，并进行表达

一方面，学前儿童在文学作品学习中能够获得新词语，对新词语的理解可以作为活动目标之一，但要考虑词语在文学作品中的重要程度。例如，可以设计一个目标：理解"奇妙""无中生有"。但相比其他目标，这条目标在活动中不是特别重要，就不会作为书面教案中的活动目标出现。另一方面，学前儿童在文学作品学习中能够掌握重复性句子，这不仅有助于学前儿童理解文学作品的内容，也为学前儿童猜想、复述、表演提供基础。

3. 运用与表现：复述、表演、续编、扩编

运用与表现主要是能力技能方面的活动目标，包括三个层次。第一层次是再现文学作品中的句子、人物的对话、作品的大意，即复述。第二层次是在复述基础上用自己的想象或生活经验将文学作品表现出来，即表演。通常复述与表演结合起来的活动更有感染力。例如，在文学作品《爷爷一定有办法》中，约瑟的爷爷每次在废物改造的过程中都是拿起物品"翻过来，又翻过去""拿起剪刀开始喀吱、喀吱地剪""再用针飞快地缝进、缝出、缝进、缝出"。这些既是重复性句子，也是学前儿童感兴趣的故事内容。相应的活动目标就可以确定为"复述故事中的重复性句子，积极参加角色扮演。"第三层次是能根据故事的部分情节或图书画面的线索猜想故事情节的发展，或续编、创编故事。例如，文学作品《爷爷一定有办法》给学前儿童猜测故事情节的发展并大胆表述出来留下了很大的空间，故事的发展模式和故事中重复的语言是学前儿童可以理解并加以运用来创编故事的，且对大班学前儿童而言有一定的挑战性。活动目标可以相应地表述为"大胆推测、想象故事情节的发展，能够清楚地表达自己的想法"。在情感态度维度则可以表述为"喜欢讲故事、愿意与他人合作一起表演故事、创编故事等"。

4. 结合文学作品主题，整合相关学习内容

学前儿童在文学作品学习中能够获得对有关人物形象的理解，体会文学作品要表达的情绪情感。教师在设定目标时要考虑文学作品对学前儿童人格塑造、个性养成的意义。教师也可以挖掘其他领域的活动内容，整合相关的学习内容，形成活动目标。例如，活动目标可以表述为"发现故事中蓝毯子越变越小的规律，懂得充分利用材料、不浪费的道理"。

二 幼儿园文学作品活动内容的选择

幼儿园文学作品是实现幼儿园语言教育目标的载体，又是幼儿园语言教育活动的依据。教师在选择文学作品内容时既要考虑文学作品的教育功能，又要考虑学前儿童的欣赏趣味和欣赏能力。

（一）文学作品题材以学前儿童熟悉的生活为主

优秀的文学作品，都是以学前儿童的眼光去观察生活，以学前儿童的心理去思考生活，以学前儿童的语言去表现生活。生活教育理论启示我们，在选择文学作品时应选取学前儿童熟悉的生活画面，有声有色地描绘学前儿童天真烂漫、充满稚气的心理活动和言行举止，把丰富的生活内容和深刻的真理通过最浅显易懂、有趣的形式表现出来，让学前儿童在体验文学作品乐趣的同时潜移默化

地受到感染。

（二）文学作品形象应鲜明生动

学前儿童的思维以具体形象思维为主，其内容是具体的。形象性是这种思维的主要特点，主要表现在学前儿童依靠事物在头脑中的形象来思考。学前儿童思维的特点及学前儿童年龄段特点决定了他们需要借助事物的形体、色彩、声音去认知外部世界。因此，学前儿童文学作品所塑造的形象要活灵活现，不论是人物还是小动物，都要抓住其外部特征，描绘出其神态和动作。生动形象的描述可以增加文学作品的艺术感染力和表现力，使作品深受学前儿童喜爱，同时还可以提高学前儿童学习的兴趣。

（三）文学作品语言应浅显易懂

受语言发展规律的限制，学前儿童还不能准确地理解抽象水平较高的词语和一些复杂的句子，因而文学作品的语言要浅显易懂，遵循适合学前儿童语言发展规律。所以，学前儿童文学作品在语言形式上常常具有生动、形象的特征，作品中的句子多采用简单句、主动句和短句。但这并不意味着要将文学作品的书面语言全部转化为口头语言，或是把难以理解的新词语都改为学前儿童能接受和理解的词语。特别是对中、大班学前儿童来说，教师应注意适当引导他们从作品中获得不同样式和不同风格的语言，感受文学作品的语言美。

（四）文学作品结构简单，情节有趣

学前儿童对事物之间相互关系的理解往往比较简单，且停留于表面。因此，学前儿童文学作品情节不能太复杂、人物形象不能过多，人物关系也不要太复杂，需要具有简单化的结构以及单纯、有趣的情节。以文学作品《鳄鱼怕怕 牙医怕怕》（图8-4）为例，该作品讲述的是鳄鱼和牙医之间心理活动变化的故事，用简单、重复的句子刻画了鳄鱼和牙医戏剧性的心理活动变化。故事的开头，鳄鱼长了蛀牙，去看牙医，鳄鱼和牙医的心理对话是一模一样的，但是心理活动却完全不同，这一情节设计有利于激发学前儿童的阅读兴趣。

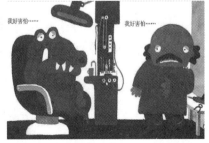

图8-4　文学作品《鳄鱼怕怕 牙医怕怕》

三、幼儿园文学作品活动设计的基本结构

幼儿园文学作品活动的主旨是引导学前儿童积极主动地学习语言文学作品，感知理解文学作品，并能创造性地运用语言。文学作品活动是从某个作品入手，开展一组与作品相关的活动，这组活动可以帮助学前儿童在活动中学习文学作品，理解体验作品，迁移作品经验，并能够创造性想象和语言表达，具体可分为以下层次。

（一）第一层次：学习文学作品

第一层次是幼儿园文学作品活动的首要环节。教师可根据作品的难易程度、本班学前儿童的实际发展水平及活动环境与材料利用的便利与否，采取不同的形式来组织教学。常见的导入手段有如下四种。

1. 问题导入

教师可结合学前儿童的生活经验和文学作品的内容，设置几个学前儿童感兴趣的、有价值的问题，让学前儿童自由讨论，激发他们欣赏文学作品的兴趣。

例如，在基于文学作品《国王生病了》开展的中班文学作品活动的导入环节，教师可以设置这样几个问题：你生过病吗？生病时感觉怎么样？国王为什么会生病？如果你是医生，你有什么好办法让国王恢复健康呢？

2. 谜语导入

教师可通过让学前儿童猜谜语，引出文学作品中的主要角色或者是与文学作品相关的内容。例如，在基于文学作品《城里来了大恐龙》开展的小班文学作品活动中，教师可自编一个有关恐龙的谜语："它们是爬行动物中的霸主，种类很多，体型一般比较大，有的生活在空中，有的生活在陆地上，有的生活在水里，它们有的吃肉，有的吃植物，现在都已经灭绝了，你们知道它们是什么动物吗？"引导学前儿童猜出谜底，从而引出恐龙的话题（图8-5）。

图8-5 故事《城里来了大恐龙》

3. 直观形象导入

教师可出示与文学作品内容相关的图片、视频或实物等，引导学前儿童观察、思考，激发学前儿童学习的兴趣。

例如，在讲述故事《咕咚来了》的文学作品活动中，教师可以出示"表情紧张的小白兔"图片，引出故事，激发学前儿童聆听故事的兴趣；在讲述童话《胖胖兔减肥》的文学作品活动中，教师播放视频《可爱的小兔子》，引导学前儿童理解"灵巧"一词；在讲述寓言故事《拔苗助长》的文学作品活动中，教师可出示学前儿童自己种的大蒜盆栽，并引起学前儿童对种植盆栽等的关注。

4. 游戏导入

教师结合教具，以生动有趣的游戏导入活动。这样可以充分调动学前儿童的积极性，使学前儿童处于愉悦的情绪中，有利于他们进一步倾听和理解文学作品。

例如，在大班阅读活动"天生一对"中，教师可组织学前儿童开展配对游戏，初步理解"一对"的含义；将相同的事物配对，出示两副不一样的手套，请学前儿童给手套进行配对，启发学前儿童说说为什么它们两个是一对；将相关的物品配对，出示花、花瓶、碗、勺子，请学前儿童帮忙给它们配对，启发学前儿童说说哪两个是一对。

在这一层次中，活动的重点在于引导学前儿童感知、欣赏文学作品；排除学习上的认知、语言、社会知识方面的障碍。教师要注意，在学前儿童初次感知时尽量完整演示，让他们对文学作品有一个整体印象。但不要过多地重复（故事应讲述两遍为宜），以免学前儿童失去兴趣；多用提问的方式组织讨论，引导学前儿童深入思考和想象；不强调学前儿童机械记忆，以减轻短时记忆负担。

（二）第二层次：理解体验作品

在学习文学作品活动的基础上，教师需要进一步引导学前儿童理解体验作品，尤其是让学前儿童通过直接感知、亲身体验、实践操作去理解作品所承载的丰富有趣的语言形式和传达的思想感情，体验作品中人物的情感和心理变化。因此，教师可以根据每个具体的文学作品内容来设计相关活动，加深学前儿童对文学作品的理解，也为进一步想象、创编作品内容并进行语言表述打下基础。具体怎么做呢？教师可以延续上一个层次的活动，继续设计一些与文学作品相关的活动，如复述、表演活动、美术活动等，让学前儿童跟着文学作品去看、去听、去感受。

1. 复述

复述可分为全文复述和细节复述两种形式。用于全文复述的文学作品一般篇幅较短，结构比较工整，语言和情节有部分重复，语言优美，通俗易懂，形象而富有童趣。细节复述比较适合于篇幅较长、难度较大，但文中有些描述或人物对话特别精彩动人的文学作品，可以让学前儿童在欣赏文学作品的基础上学习某一段或某几段内容的复述。儿歌或儿童诗的篇幅都比较短小，且整体形象感比较强，学前儿童基本上都能全文复述，所以一般不作细节复述要求。

2. 表演活动

表演活动是通过引导学前儿童对文学作品中对话、表情的再现来体验文学作品，它需要学前儿童亲自进行表演和想象，用心理解、体会作品。这也是学前儿童比较喜欢的一种语言教育活动形式。幼儿园常见的表演活动有故事表演活动和诗歌表演活动。表演活动需要学前儿童置身于角色中去体会人物的心理和思想，揣摩人物的动作和表情，允许学前儿童有自己创造性想象和表现。

例如，在基于童话《春天的电话》开展的中班文学作品活动中，可以借助故事表演活动让学前儿童用简单而形象的动作扮演角色，学习故事中的对话语言。教师扮演小黑熊，并请几名学前儿童一起表演故事。让其他学前儿童观察教师与学前儿童是怎么说的，怎样做动作的；评价表演好在哪里，还有哪里表演得不够好，怎样演更好。

3. 美术活动

美术活动一般是围绕文学作品活动开展的绘画、手工等活动。例如，在基于诗歌《会长大的鞋子》开展的大班文学作品活动中，教师可以引导学前儿童开展活动"做鞋子"，向学前儿童提供事先准备的卡纸，各种颜色的纸，如红色、黄色、绿色等。学前儿童将脚放在卡纸上，描画自己脚的形状，再贴一层漂亮的彩纸装饰，两人一组配合，用布条（或用彩色皱纸）编成辫子，当作鞋带，用订书机固定在鞋子上，做好后学前儿童可以穿上自己做的鞋子玩一玩。

在这一层次中，活动的重点在于引导学前儿童切身体验，深入理解；注重情感、心理方面的引导。教师要注意围绕文学作品组织相关的活动，不走题；引导学前儿童用眼睛去看、耳朵去听、脑袋去思考；将指导的重点放在理解体验文学作品上；教学方法的使用要符合文学作品本身的特点。

（三）第三层次：迁移作品经验

在帮助学前儿童深入理解体验文学作品的基础上，教师还可以围绕文学作品内容重点开展操作性强或具有游戏性质的活动，进一步引导学前儿童迁移文学作品经验。因为文学作品向学前儿童展示的是建立在学前儿童生活经验基础上的间接经验，这种经验让学前儿童感到既熟悉又新奇有趣。但是，仅仅让学前儿童的学习停留在理解这些间接经验的基础上是不够的，还不能充分地将这些间接经验与学前儿童的直接经验联系起来。例如，通过开展与文学作品内容相关的绘画、手工、游戏等活动，帮助学前儿童迁移相关经验，让学前儿童在活动中将文学作品各方面内容纳入自己的经验范畴，有助于加深对文学作品的理解，也为进一步拓展想象和语言表述能力打下基础。

例如，在基于诗歌《贺年片儿》开展的中班文学作品活动中，教师可以在学前儿童欣赏了许多的贺年片后，为学前儿童提供丰富的材料，让学前儿童独立构思，制作出自己的贺年片，并将制作好的贺年片带回家中，请爸爸妈妈帮忙，写上自己要说的话。以此通过手工活动来帮助学前儿童充分体会到关心及被关心的喜悦之情。在这一层次上，活动的重点在于将文学作品各方面内容纳入学前儿童的经验范畴；使学前儿童的直接生活经验与文学作品中的间接经验实现双向迁移。教师需进一步组织与文学作品重点内容有关的、可操作的，或具有游戏性质的活动。

（四）第四层次：创造性想象和语言表达

通过前面三个层次的活动，学前儿童对文学作品本身的学习、理解和体验已经达到了较高的水平。这时候，教师可以进一步创设机会，让学前儿童发挥想象力，并创造性地运用语言去表达自己的想法。

创造性想象和语言表述活动仍需立足于原有已学的文学作品内容进行。在这一层次活动中，教师可以让学前儿童续编童话，也可以让学前儿童仿编诗歌、散文，还可以让学前儿童围绕所学文学作品内容进一步想象、讲述。

例如，在基于诗歌《梳子》开展的中班文学作品活动中，教师可以引导学前儿童仿编诗歌。第一步，教师和学前儿童一起复习诗歌《梳子》，随着优美的音乐，让学前儿童有感情地朗诵这首诗歌。第二步，教师展示新的挂图：风和红旗，冲浪板和大海。教师可以做仿编诗歌的示范："妈妈用梳子/梳着我的头发，我也用梳子/梳着妈妈的头发，冲浪板是大海的梳子/梳着大海的头发。"教师示范之后，请学前儿童依据自己观察到的经验和文学作品进行仿编练习。第三步，教师再次出示新的图片：扫帚和地板，小朋友和滑滑梯，汽车和马路，火车和铁轨。教师引导学前儿童观察图片，感知它们之间的联系，尝试自己仿编诗歌。第四步，让学前儿童自由想象，结合自己以往的经验进行仿编。第五步，教师在学前儿童仿编时做好记录，最后进行展示并总结。让学前儿童重新欣赏自己仿编的成果，激发他们仿编诗歌的兴趣。

在这一层次中，活动的重点在于为学前儿童创设机会；促进学前儿童创造性想象和语言表达。教师应将本层次的活动立足于原有的文学作品内容，应注重培养学前儿童对语言艺术的敏感性。

任务三　幼儿园文学作品活动中的几种特殊活动形式

一　学前儿童诗歌和散文仿编活动

学前儿童诗歌和散文的仿编活动，即学前儿童在欣赏诗歌与散文、理解其内容及构成的基础上，仿照某一首诗歌或某一篇散文的框架，调动个人经验进行想象，编出自己的诗歌或一段散文。这种活动形式往往是在围绕诗歌或散文的教学活动基础上进行的，并且在整个活动中处于最后一个层次。这种活动形式对发展学前儿童的想象力和创造力很有益处。

（一）学前儿童诗歌和散文的仿编活动要点

1. 准备状态

仿编诗歌和散文对学前儿童来说很有挑战性，因此在活动前需要做好准备。学前儿童在参与仿编活动前需要做好如下准备。

（1）对所仿照的诗歌或散文要熟悉理解，对要仿编的诗歌和散文的内容及形式都要有所认知。

（2）需要有这方面的知识经验，在仿编过程中调动这些已有的知识经验。

（3）需要具备一定的想象力和语言表达能力。教师必须要注意观察不同学前儿童的发展水平，并且在仿编前给予学前儿童一定的练习机会，以便了解班级内每名学前儿童的发展水平，这将有利于教师在活动过程中进行指导。

2. 讨论与示范

在仿编活动开始时，教师可组织学前儿童对将要仿编的作品进行讨论，引导学前儿童注意仿编活动的关键环节。例如，在基于诗歌《阳光》开展的大班文学作品活动中，在仿编前，教师可用提问的方式引导学前儿童复习诗歌的表现手法。比如："谁记得，诗歌中怎么描述阳光的。阳光，在窗上爬着/阳光，在花上笑着/阳光，在溪上跳着/阳光，在妈妈的眼里闪着。"接着教师要进行仿编示范，通过示范进一步启发学前儿童的想象，同时帮助学前儿童将自己的想象纳入一定的语言框架结构之中。仍以诗歌《阳光》为例，教师可把诗歌编成："阳光，在云上飘着/阳光，在水面上荡着/阳光，在国旗上闪着/阳光，在爸爸妈妈心里亮着。"

3. 学前儿童想象与仿编

教师在仿编示范之后，就可以开始让学前儿童进行想象与仿编。为了帮助学前儿童熟练掌握技巧，教师可采用具有直观形象的教具，让学前儿童借助于某一图片或实物来仿编。如果是仿编诗歌《阳光》，可以向学前儿童提供云朵、海水、国旗等图片，帮助学前儿童仿编诗歌。

等学前儿童通过想象能熟练地仿编诗歌后，教师可取消直观教具的使用，要求学前儿童脱离实物或图片去想象与仿编，一步步地引导学前儿童掌握仿编诗歌与散文的方法。

4. 串联与总结

在学前儿童分别仿编出自己的诗歌或散文段落后，教师可引导学前儿童将原来的诗歌、散文（篇幅较短）复述下来，然后将学前儿童仿编的段落加上去。有的诗歌和散文原文有总结句，那么就仍以总结句来结束全文。

这需要教师在学前儿童仿编时，随时注意并记下学前儿童仿编的内容。教师可采用在黑板上或纸上随手画的方法。比如在仿编诗歌《绿色的世界》时，教师引导学前儿童画下有关绿色的东西等，当学前儿童仿编时，教师记下有关的形象。这样总结时便可指引学前儿童将仿编段落一段一段地加到原来的诗歌后面去。

（二）不同年龄班学前儿童诗歌与散文仿编的要点

学前儿童仿编诗歌和散文的能力，与他们的认知、想象及语言运用能力关系密切，不同年龄班学前儿童的仿编能力会有差异，仿编的形式和要求也有所不同。在组织学前儿童仿编时，教师必须充分注意不同年龄班学前儿童的发展特点，对他们提出不同的要求。

1. 小班学前儿童诗歌与散文仿编的要点

小班学前儿童诗歌和散文欣赏的重点是理解作品的语言和画面，仿编活动的重点是要求学前儿童在原有画面的基础上换词，通过改换某个词来体现诗歌或散文的画面变化。改换新词后往往不是整个画面的大变动，而只是局部的迁移转换。例如，教师引导小班学前儿童仿编诗歌《绿色的世界》，可允许学前儿童只变动"绿"字，换上不同的颜色造词而引起画面的变化。

2. 中班学前儿童诗歌与散文仿编的要点

中班学前儿童诗歌和散文仿编可要求学前儿童通过变换词句，使诗歌或散文整个画面出现新的内容。比如《会长大的鞋子》这首儿歌，中班学前儿童仿编出这样的句子："我想发明一顶戴不坏的、会长大的帽子/头发长大了/帽子也跟着长大/等我长成一个大人的时候/小帽子也长一顶漂亮的大帽子。"这段诗与原诗结构相同，但因几处词句的变动，换上了新的形象，于是构成了新的画面。中班学前儿童诗歌和散文的仿编着重于培养这种能力。

3. 大班学前儿童诗歌与散文仿编的要点

大班学前儿童诗歌和散文欣赏的重点在于理解这两类作品特殊的表现形式。随着学前儿童欣赏水平和仿编水平的提高，在大班进行的诗歌和散文仿编活动中，可考虑对原有诗歌和散文的结构进行部分变动，也可以根据学前儿童的知识经验仅向学前儿童提供一个开头作为想象线索，引导学前儿童自己完成诗歌和散文的创编。例如，在基于童话《城里来了大恐龙》开展的大班文学作品活动中，教师可提示学前儿童每人画一幅画，请学前儿童说说画了些什么。教师出示范例画后，请学前儿童将自己的画编成故事的后半段。总之，大班的诗歌和散文仿编在结构上的限制可相对少一些，允许学前儿童大胆想象并进行再创造。

二 学前儿童编构故事活动

学前儿童编构故事是尝试运用语言来编出符合结构规则的故事。编构故事分为扩编和续编等形式。学前儿童编构故事既需要一定的生活经验作为基础，又依赖于自身的语言表达能力、充分的想象力和思维能力以及对故事结构的理解能力。由于编构故事能力的差异，对不同年龄班学前儿童的故事编构提出了不同的要求。

（一）学前儿童编构故事活动的组织思路

学前儿童编构故事活动的组织思路是在帮助学前儿童感受理解故事类文学作品的前提下，不断提高学前儿童对故事类文学作品内容与形式构成的敏感性，从而逐步学会编构出完整的故事。总的来说，活动的组织应当按照以下两个顺序。

1. 从理解到表达的顺序

编构故事是需要建立在理解故事基础上的，编构故事活动应从理解故事、提高对故事类文学作品构成的敏感性入手，帮助学前儿童逐渐把握编构故事的要求。随着学前儿童年龄的增长及编构故事经验的增加，要逐渐提高编构故事的难度。

2. 按照故事类文学作品构成因素的难度顺序，制定学前儿童编构故事活动的目标要求

故事总是包括语言、情节、人物、主题这四个基本组成部分，在这四个构成因素中，各个因素从理解到掌握运用的过程是不一样的，难度也不同。因此，在组织学前儿童编构故事活动时，需要根据故事类文学作品构成因素的难度顺序，制定学前儿童编构故事活动的目标要求。

（二）不同年龄班学前儿童编构故事活动的组织要点

学前儿童编构故事活动的重点应贯彻从理解到表达的原则，也要符合语言文学活动的整体要求。因此，编构故事活动，应从结构情节的角度进行统领，具体分层活动的重点如下。

1. 小班编构故事活动的重点

小班编构故事活动的重点是编构故事的结局，即学前儿童依据对语言、情节、人物、主题的理解，在故事即将结束时为故事编构一个结局。以故事《三只小白兔的故事》为例，学前儿童只需根据故事情节发展，并结合个人经验编出"三只小白兔赶快回家"即可。按照情节发展的线索，编构故事结局是在情节出现高潮之后连续完成的。

2. 中班编构故事活动的重点

中班编构故事活动的重点应放在编构故事的"有趣情节"上。这里所说的"有趣情节"是指故事情节的高潮部分。教师在讲述故事时，可到高潮部分突然停止，让学前儿童积极想象，编构出可能出现的情节。例如，以故事《老虎来了》为例，学前儿童要认真倾听故事，根据故事提供的线索，创造性地、合理地续编故事情节。教师讲述故事前半部分，要求学前儿童认真倾听，加深对故事所提供线索的理解。教师提问："老虎来了，接下来会发生什么事呢？小动物们会怎样呢？故事又会有怎样的结局呢？"学前儿童自主合作编构故事结尾，能大胆地说出自己的观点，积极参与编构故事，并能自信地将故事讲出来。

3. 大班编构故事活动的重点

大班学前儿童已经基本上掌握了如何编构故事。因此，大班编构故事活动的重点应放在编构完整故事上，要求学前儿童编出的故事具有语言、情节、人物和主题等构成要素。

为了帮助学前儿童循序渐进地掌握编构完整故事的方法，教师可给学前儿童提示想象的线索，并注意逐渐减少这种提示，而增加学前儿童独立编构的部分。

三 故事表演游戏

故事表演游戏是一种特殊的文学作品活动形式。这种活动通过对话、动作表情再现文学作品，帮助学前儿童理解体验文学作品的内容。以童话《小河马的用处》为例，为了帮助学前儿童理解小河马的自卑心理，以及当小河马发现自己长处时的兴奋自豪情绪，教师通过组织表演游戏，让全班学前儿童参加表演，使学前儿童更好地理解文学作品的内容，并体会小河马的心情。故事表演游戏用动作、语言、表情再现原本只有语言结构的人物形象和情节，这种活动向学前儿童提出了身临其境、设身处地想象和表演的要求，学前儿童置于这样的活动中，便自然而然地向着用心理解和体验文学作品的方向去努力。同时，用动作、言语和表情来完成理解体验作品内容，符合学前儿童具体形象思维的特点。

本书将故事表演游戏分为以下三种类型，分别采用不同的组织方式。

（一）整体表演型

整体表演型的故事表演游戏要求学前儿童在理解作品的基础上，按照故事的情节连贯完整地表演动作，表演的成分比较多。在进行表演活动时，学前儿童一对一地扮演角色，即故事中的个体角色由一名学前儿童表演，群体角色则不做严格限制，可由若干学前儿童同时担任。比如，故事《猴子学样》中的老爷爷由其中一名学前儿童扮演，猴子则由多名学前儿童同时扮演。在表演过程中，教师在一旁领诵故事，串联情节，扮演某个角色的学前儿童则在角色台词需要时参与对话独白，其余学前儿童可以跟随教师朗诵故事。

（二）分段表演型

分段表演型的故事表演游戏是将整个故事情节切成若干段落，讲一段故事，进行一段表演。这种类型的表演游戏可由多人扮演同一角色，例如，中班在进行故事《三只蝴蝶》的表演游戏时，教师就可以让一组学前儿童扮演红蝴蝶，另一组学前儿童扮演黄蝴蝶，再由其他组学前儿童扮演白蝴蝶，红花、白花、黄花、太阳公公、雨等都可以根据需要，让若干学前儿童分别扮演。这种表演游戏允许全班学前儿童共同参加，解决了"角色少、观众多"的矛盾。在表演时，听教师领诵完一段故事后，相应的角色便上场表演动作，教师可视情况重复刚才的故事段落，其余学前儿童也可随同朗诵。当这段表演结束时，表演者摆出造型，然后下一段表演开始。在这种游戏中，每名学前儿童都扮演一定的角色，没有台上或台下的感觉，能够比较放松地进入角色。

（三）角色活动型

角色活动型的故事表演游戏更多地兼有表演游戏与角色游戏的双重特点，这种双重性表现在活动的各个方面。在表演的场景方面，角色活动型的故事表演游戏的场景是根据文学作品提供的人物情节与场景设置的，但又有角色游戏的特色。例如，故事《给妈妈的一把椅子》中有家、救火、餐厅、沙发店等场景出现，就可以按照角色游戏的方法设置这些场景。在角色扮演方面，学前儿童可以一对一地扮演文学作品中的人物，但群众角色人数可以增加，如故事《给妈妈的一把椅子》里有妈妈、小姑娘、外婆，这些明确的角色由个别学前儿童扮演，但救火队员、餐厅工作人员和沙发店工作人员则可让班级其他学前儿童分别扮演。在表演动作和情节发展方面，学前儿童需要根据作品提供的人物和情节线索去表现，但不严格限制表演范畴，在玩的过程中他们可以根据自己的想象发展动作、发展情节，游戏的成分比较多。游戏的结果具有两种可能性，既可能出现文学作品的结果，又可能出现游戏活动的结果。从活动中学前儿童的口语交流方面来看，学前儿童可能使用部分文学作品的角色语言，但更多的是自己沉浸在游戏中假想的角色语言，换句话说，语言使用同样有表演游戏和角色游戏的双重特点。

总之，故事表演游戏是对学前儿童发展有利的活动。但过于追求表演效果，追求成人欣赏的装饰美都是没有必要的。只有认识到这一点，才能在幼儿园经常开展故事表演游戏，并且常玩常新，真正使故事表演游戏成为寓教于乐的活动。

◇ 项目小结

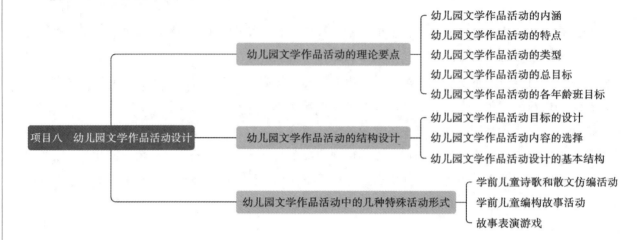

思考与练习

一、单项选择题

1.学前儿童文学欣赏活动为学前儿童提供的是（　　）的机会。

　　A.独白语言学习　　B.口头语言学习　　C.书面语言学习　　D.全面语言学习

2.以下不属于学前儿童文学作品的是（　　）。

　　A.儿歌　　　　　　B.童话　　　　　　C.儿童历史知识　　D.散文

3.编构故事的重点放在"有趣的情节"上，这是对（　　）编构故事的要求。

　　A.小班学前儿童　　B.中班学前儿童　　C.大班学前儿童　　D.学前儿童

4.帮助学前儿童排除认知、语言、社会知识方面的障碍，这是学前儿童文学欣赏活动中（　　）这一层次的重点。

　　A.初步感知作品　　B.理解体验作品　　C.迁移作品经验　　D.创造性想象与语言表达

5.以下不属于学前儿童复述故事的形式是（　　）。

　　A.全文复述　　　　B.个人复述　　　　C.分段复述　　　　D.分角色复述

二、活动设计题

请围绕"春天"，为大班学前儿童设计主题活动，应包括三个子活动。

要求：

（1）写出主题活动的总目标。

（2）采用诗歌《春风》设计一个具体的语言教育活动方案，包括活动的名称、目标、准备和主要环节。

（3）写出另外两个子活动的概要，包括名称、目标。

附诗歌：

春 风

春风一吹，芽儿萌发。

吹绿了柳树，吹红了山茶，

吹来了燕子，吹醒了青蛙。

吹得小雨轻轻地下。

实践与实训

实训：以小组为单位进行交流讨论，结合幼儿园文学作品活动设计的基本结构，分别设计一份生活故事、诗歌及散文的文学作品活动的教案。

目的：掌握幼儿园文学作品活动目标的设计和设计的基本结构，并能设计具体的幼儿园文学作品活动。

要求：制作此活动所需的课件及教具、学具，开展模拟教学，并进行评析。

形式：小组合作。

项目九 幼儿园语言区活动设计

◇**学习目标**

1. 了解幼儿园语言区活动概述、幼儿园语言区环境设置和幼儿园语言区的评价。
2. 掌握幼儿园语言区的创设与评价的原则和方法。
3. 能根据不同年龄段学前儿童的需要合理创设语言区,并以恰当的方式指导学前儿童在语言区的活动。

◇**情境导入**

中班的张老师刚刚结束了故事《龟兔赛跑》的阅读活动,班上有些幼儿却仍然沉浸在故事情节之中,他们七嘴八舌地互相讨论着。有的幼儿说:"小白兔可太可惜啦!错过了能当冠军的机会。"有的幼儿说:"小乌龟会游泳,要是他抄近道从起点直接游到河对岸的终点去,小白兔就算不在树底下睡大觉,冠军还是小乌龟!"

张老师听到大家讨论的内容后,感觉很有意思,于是决定趁本班幼儿对故事的兴趣正浓的时候,将教室的阅读区升级改造成为故事《龟兔赛跑》的主题语言区,让本班幼儿能够继续发挥他们的想象力,在区域活动时间与小伙伴开展角色扮演与故事改编、续编等活动。

那么,什么是幼儿园语言区活动呢?它有怎样独特的价值呢?我们又该如何根据不同幼儿的需要,创设对他们来说富有吸引力的语言区呢?通过本项目的学习,你将逐一找到这些问题的答案。

任务一 幼儿园语言区活动概述

学前期是语言发展的关键期,正式与非正式的语言教育活动都对学前儿童语言发展起着积极的作用。语言区活动是幼儿园语言教育活动的有机组成部分，是围绕学前儿童语言发展而设立的学习型区角活动。以下将对幼儿园语言区与语言区活动的定义、分类、特征，以及在此类活动中的教师角色进行介绍。

一、幼儿园语言区与语言区活动的定义

幼儿园语言区是为学前儿童语言发展而有针对性地设置的活动区角，在语言区角里，学前儿童可以自由操作材料、自主阅读，或与同伴交谈，自发地开展讲述、表演等活动（图9-1）。语言区的设置能够为学前儿童个别化和浸润式学习语言提供良好的活动环境，是适应新课程背景下的教育观的体现。语言区活动是学前儿童在语言区角自主开展的活动，它是幼儿园语言教育活动的有机组成部分。语言区活动将语言教育融入游戏之中，能够起到发挥学前儿童的想象力，丰富学前儿童的语言，培养学前儿童的倾听与表达能力，锻炼学前儿童的前阅读、前书写能力的作用。

图9-1　幼儿园的语言区

二、幼儿园语言区活动的分类

幼儿园语言区一般有两类，一类是全园公用的语言活动室（阅览室），另一类是以班级区角形式存在的语言区。按照在语言区可开展的活动类型来分类，一般可分为以下五类。[①]

（一）早期阅读类

早期阅读类活动是幼儿园语言教育活动的重要组成部分，在幼儿园阶段，应发展学前儿童自主

---

① 李莉．幼儿园语言区角活动的特点、类型与指导策略探究[J]．早期教育（幼教·教育教学），2017（1）：10-12．

阅读的能力。语言区可提供各类学前儿童喜爱的绘本、玩具书、挂图等纸质材料以便于学前儿童开展自主阅读活动，还可提供点读笔作为学前儿童自主阅读的辅助工具，这有利于增强学前儿童阅读过程的趣味性。

（二）情境表演类

情境表演类活动是指学前儿童依据某个已听过的故事情节，利用一些头饰、道具等创造性地再现或以改编的形式将故事情节表演出来。在此过程中，学前儿童往往需要与同伴互动，共同完成表演。在此类活动中，学前儿童的想象力、语言表达能力、沟通交往能力都将得到很好的锻炼。

（三）操作讲述类

操作讲述类活动是指学前儿童将图卡、字卡、故事场景拼图等材料按照一定的规则进行排序、组合，并将排序、组合完成的材料作为线索开展讲述活动。在此活动中，学前儿童需要运用到逻辑推理能力、前识字能力，在讲述的过程中学前儿童的语言表达能力也会得到锻炼。

（四）制作创编类

《指南》明确提出"让幼儿在写写画画的过程中体验文字符号的功能，培养书写兴趣"。制作创编类活动包括学前儿童利用多种材料自制绘本、贺卡等，此类活动能够帮助学前儿童了解书面语言规则，体验动手制作的成就感，并能锻炼学前儿童的前书写能力。

（五）听说游戏类

听说游戏能够很好地培养学前儿童的倾听能力和表达能力，是学前儿童喜爱的游戏方式。听说游戏类活动往往会创设有趣的情境，设定某种规则，比如让学前儿童以接龙、问答的形式开展游戏，有时也会运用到一些儿歌、童谣等。

三 幼儿园语言区活动的特征

幼儿园语言区活动具有材料类型多样、活动动静结合两大特征。

（一）材料类型多样

语言区是为发展学前儿童听、说、读、写能力而设置的区域。基于这样的定位，语言区适用的材料十分多样。从材质上来说，手偶、布制道具、木制的小剧场、拼图等都是在情境表演类或操作讲述类活动中可被用到的材料，纸质的各类绘本，教师自制的图卡、字卡则在早期阅读类、制作创编类活动中可以被用到。除此之外，美工耗材、各类多媒体设备，也可根据需要被教师选择投放，在语言区占据一席之地。

（二）活动动静结合

语言区活动既可以安排安静的自主阅读、自主动手制作类活动，又可以安排学前儿童与同伴交谈、故事讲述类活动。在与同伴的互动中，学前儿童除了会运用口头语言来表达，还会经常需要运用到一些肢体动作来表达，因此语言区活动具有动静结合的特点。

四 幼儿园语言区活动中的教师角色

在区域活动中教师的定位与在集体教学中教师的定位有很大差异。在集体教学中教师是主导者，而在区域活动中，学前儿童则是活动的主导者，而教师是活动的支持者。教师在为学前儿童提供支持时，也需要分析学前儿童遇到的问题，从而在游戏过程中适时地根据不同需要转换不同的角色。通常在幼儿园语言区活动中，幼儿园教师会充当以下四种角色。

（一）观察者

在区域活动时间，学前儿童需要自主选择自己喜爱的材料进行探索。教师会在活动开始时充当一个观察者的角色，在学前儿童身后默默观察学前儿童的行为，判断是否需要提供支持和帮助。在活动进行的过程中，教师也需要观察学前儿童在语言区的表现，将其记录下来，作为评估学前儿童表现的依据。

（二）发起者

当学前儿童在语言区徘徊时间较长，一直没有找到合适的材料时，教师可以与学前儿童交谈，了解学前儿童的前期经验，引导学前儿童找到合适的材料。当学前儿童出现不会使用语言区提供的材料的情况时，教师也可以为学前儿童做示范，讲解材料的使用方法，激发学前儿童独立或合作操作材料的兴趣。

（三）参与者

在学前儿童需要的时候，教师可以充当参与者的角色，以玩伴的身份进入游戏，在游戏过程中与学前儿童一同探索材料，通过对话交流引导学前儿童更深入地思考、更积极地表达，并充分发挥语言区材料所应该发挥的教育价值。

（四）协调者

有时学前儿童可能在语言区活动过程中出现意见不一、争执甚至争抢材料的行为，这时就需要教师充当协调者的角色。教师需要了解学前儿童意见分歧点在哪里，帮助学前儿童分析和解决，还需要了解学前儿童争执、争抢材料情况发生的缘由，妥善处理此类事件。

任务二 幼儿园语言区环境创设

 幼儿园语言区环境创设要求

《纲要》指出："发展幼儿语言的关键是创设一个能使他们想说、敢说、喜欢说、有机会说并能得到积极应答的环境。"良好的语言学习环境既是学前儿童语言探索活动正常开展的保证，又是培养学前儿童良好学习品质的保证。教师应当依据语言领域教学的独特性以及学前儿童学习语言的特点，有策略且恰当地设计语言区环境，不断完善并增强该区域的环境功能，让有限的空间产生最佳的教育效果。

（一）材料配备要求

科学投放语言区材料不仅能够帮助学前儿童提升听、说、读、写能力，还能丰富学前儿童的生活经验，增强其语言理解和表达能力，从而系统地掌握语言知识。以下将对如何为学前儿童选择适合的语言区材料展开说明。具体而言，科学投放语言区材料需要做到以下三点。

1. 贴近学前儿童生活经验

语言区材料作为幼儿园语言教育活动的载体，应贴近学前儿童生活经验。教师在选择材料时，应该考虑材料是否源于学前儿童的生活，学前儿童是否具有相关知识经验，不够贴近学前儿童生活经验的材料对学前儿童来说难以理解，因而操作起来有困难，也难以激发他们的兴趣。例如，教师在选择小班主题为"送动物回家"的动物分类游戏材料时，应当选择学前儿童日常生活中常见且较为逼真的动物模型，以免学前儿童对动物无法辨认或误认，从而影响游戏效果。

教师可以将学前儿童语言区的创设与语言领域集体教学活动建立联动关系，将语言区活动作为集体教学活动的延伸，帮助学前儿童更好地内化集体教学活动的学习内容，并在语言区对集体教学活动相关主题内容进行拓展。

2. 符合对应年龄段需要

教师投放材料时，应当符合对应年龄段需要，即材料要符合学前儿童的兴趣以及对应年龄段的思维特征。

直觉行动思维是小班学前儿童的典型思维方式，加之小班学前儿童注意力维持时间较短，因此提供给该年龄段的语言区材料应当新颖、可操作性强，能够带给学前儿童充分的感官体验。带有小机关的翻翻书、能提供多种感官刺激的触摸书可将学前儿童的注意力维持在较高的水平，同时带给学前儿童良好的阅读体验，在教师的适当引导之下，学前儿童能够更好地理解材料内容，起到前阅读能力培养的作用。提供触觉板、嗅觉瓶等材料也能够调动学前儿童的多种感官，教师通过引导，可让学前儿童将自己的感觉描述出来，从而扩充学前儿童词汇量、增强学前儿童口语表达能力。

中、大班学前儿童的思维以具体形象思维为主，逻辑思维能力有所发展，具有一定的推理能力，基于这些特征，可为该年龄段的学前儿童提供能够将故事线清晰展现的绘本、带有故事线索的拼图，鼓励学前儿童以此类材料为依据讲述故事。大班学前儿童有较强的同伴交往意愿和能力，材料的投放上也需要考虑此类因素，教师提供的材料应体现互动性，可选择学前儿童熟悉喜爱的故事角色头饰、服装等相关道具，鼓励学前儿童分角色合作开展故事扮演游戏，使学前儿童在与他人的合作过程中发展自身的倾听与表达能力。

语言区的阅读表达依托于学前儿童对故事的理解、想象与创造，不仅能更好地帮助学前儿童理解故事内容，还可以体现再创造的内容，因此阅读表达工具的投放十分重要。表演、绘画都是学前儿童的阅读表达工具。材料投放时，除了考虑各年龄段的差异外，还应在班级里投放多样的阅读表达工具以兼顾同一年龄段学前儿童的个体差异。

3. 蕴含合理的教育目标

要达成怎样的教育目标应当是教师在投放语言区材料之前首要考虑的问题。从纵向角度来看，一般可分为总目标、学前儿童各年龄班目标、语言教育活动目标三个层级；从横向角度来看，一般可以分为认知目标、情感与态度目标、操作技能目标三类。教师可将《纲要》和《指南》语言领域的要求细化，开发出适宜学前儿童操作的若干份材料，实现区域内容的严谨性和区域材料的可循性。而学前儿童运用此类材料开展的活动则应具有"既适合学前儿童的现有水平，又有一定的挑战性"的特征。

小班学前儿童年龄较小，听觉能力处于发展的关键期，语音发展、词汇量积累也处于飞跃期，对这个年龄段的学前儿童而言，听说能力是语言学习的重点，教师可运用多媒体设备的点读、复读、智能对话功能训练学前儿童的听说能力。帮助学前儿童提升听说能力、积累词汇量和纠正发音。

中、大班学前儿童听、说、读、写能力相对小班学前儿童有所提高，口语表达能力、人际交往能力也大大增强，在此阶段，语言区活动设计可将小班的"听故事"改为"讲故事"，再逐渐过渡到合作"演故事"，随着学前儿童年龄的增长，语言区所投放的纸偶、角色卡片、小舞台等材料应为学前儿童提供更丰富的故事讲述线索，材料的主题设置上也应更突出自主改编、创编，最大程度地发挥学前儿童的想象力与创造力。

对于自制材料而言，为更有针对性地实现教育目标，教师可在设计材料时将指引内化在材料中，譬如运用简单的图示加文字发挥引导作用。这样学前儿童就能主动地去操作材料，不断地摸索和尝试，最终实现在自主学习、主动探索中积累经验，获得语言能力的提升。

（二）材料应用要求

1. 区域布局

学前儿童在语言区活动过程中需要稳定的操作时间和安静的学习空间，为满足这样的要求，语言区在教室中的活动空间应当独立、宽敞，与相对安静的区域相邻，这样可避免与其他区域互相干扰，同时也能保证学前儿童探索过程的连续性和深入性。

不同年龄段学前儿童学习特点、发展需要不同，教师可根据学前儿童年龄的不同分别将语言区布置成较封闭式的、半开放和全开放的区域。小班学前儿童自控力较弱，易受外界环境影响，将小班的语言区围合成相对固定、独立的区域能最大限度地避免互相干扰。中、大班学前儿童的自控力和任务意识随着年龄的增长会逐渐增强，他们在一个区角中的探索时间也有所增长。因此，对于中班的语言区，教师可尝试将语言区设置成半开放区域，并到大班逐渐过渡到全开放区域，这样更有利于学前儿童的自由交往，还能够培养他们的自我管理能力。

2. 家具摆放

教师应根据学前儿童年龄的不同选择适宜的活动柜、桌椅以及其他家具。

活动柜应安全稳固，高矮、大小应符合学前儿童的生理特点。可选择与学前儿童身高等高或稍高的长方形层柜，便于摆放材料与日常消毒。书柜或书架应是开放式的，能够使摆放的图书封面不重叠，使学前儿童能够一目了然看到可供选择的图书，同时便于取放。

适合的桌椅有利于学前儿童形成良好的坐姿与书写习惯，因此，教师应为学前儿童选择高度与对应年龄身高匹配、安全无毒、光滑平整的桌椅。

除了活动柜和桌椅以外，可适当布置其他辅助物品以装饰语言区，吸引学前儿童进入语言区开展活动。

3. 标识

为了帮助学前儿童养成良好的材料取放习惯，并帮助学前儿童了解材料的玩法，教师需要设计不同的标识粘贴或安插在语言区中。

小班的活动柜标识应尽量直观，可采用来自学前儿童生活的简单标识，如动植物、水果的形状轮廓。进入中班以后，学前儿童会表现出对文字的兴趣，此时可将一部分简单的文字加入标识之中，并在学前儿童进入大班以后增大文字标识的比例。这些标识可帮助学前儿童较快记住材料所在位置，同时还能帮助学前儿童提升认读文字的能力。

书架上的图书往往种类繁多，可设计标识用于图书的分类。将书的封面粘贴上彩色标签，在书架上也粘贴上代表不同类型图书的彩色标签，这样学前儿童可通过对应书的封面标签颜色和书架上的标签颜色找到书应归还的位置。

4. 材料摆放与更替

供学前儿童操作的语言区材料不应只是随意按整齐、美观的标准呈现，而应按照功能进行分类，同一类材料也应根据难易程度按照一定规律摆放，使得材料的投放有层次，查阅方便。

语言区材料不应一成不变，需要根据学前儿童发展的需要和兴趣，以及材料状况动态调整。

（1）根据学前儿童的需要来调整。

学前儿童的需要可分为个别学前儿童的需要和班级学前儿童的需要。《指南》指出："每个幼儿在沿着相似进程发展的过程中，各自的发展速度和到达某一水平的时间不完全相同。要充分理解和尊重幼儿发展进程中的个别差异，支持和引导他们从原有水平向更高水平发展……"因此，教师在开展语言区活动时应当注意观察学前儿童在语言区活动时的表现，看看在语言区活动的学前儿童是否都能够找到适合他们能力水平，即处于他们"最近发展区"的材料，如不能，教师应当对现有材料进行适当增减，最好能够做到在同一主题内容之下分别提供功能近似而难易程度不同的两到三份材料供不同的学前儿童选择，以使投放的材料看起来更有层次。

学前儿童的发展是一个持续、渐进的过程，学前儿童的各项能力也在专门的学习与生活中不断提升，特别是在经历了寒暑假来到新学期后，学前儿童的语言、认知、精细动作水平相对于上学期会有明显的变化。因此在学期转变阶段，教师应根据班级学前儿童的各项能力来调整语言区所投放的材料。例如，小班的学前儿童往往不能很好地控制挤胶水所需的力道，因此给他们提供的用于粘贴的工具选择固体胶更为合适，而到了中班则可以尝试将一部分固体胶替换成胶水，以更好地锻炼学前儿童的握力、手部控制能力。

（2）根据学前儿童的兴趣来调整。

当教师发现班级中有的学前儿童对某一幼儿园课程主题或生活中了解到的主题感兴趣时，教师就可以在语言区投放一些该主题的语言区材料，以满足这一群体的需求。例如，在"情境导入"中，教师基于对学前儿童兴趣的观察，适时增加了故事《龟兔赛跑》相关的语言区材料。

此外，教师需要关注不同材料的使用频率。有一种情况是学前儿童都爱进语言区玩某一到两种材料，而剩下的材料则几乎无人问津，说明剩下的几种材料对学前儿童的吸引力不够。面对这种情况，教师应分析学前儿童为什么爱玩那一或两种材料，为什么对剩下的几种材料不感兴趣，从而找到语言区材料能够得到优化的方案。另外一种情况是，新材料刚刚在语言区投放时，学前儿童兴趣浓厚，但随着时间推移，学前儿童对其逐渐失去了兴趣。在此种情况之下，教师就需要根据对学前儿童平时喜好的了解，对现有材料进行替换或者对材料构成进行调整，对玩法进行创新，通常可尝试将游戏难度略微提升一个层次，从而重新吸引学前儿童，并使他们的能力在原有基础上有所提升。

（3）根据材料的状况来调整。

有些材料本身属于耗材，如蜡笔、彩色纸。暖色调的材料通常更受欢迎，因而在学前儿童日常使用中消耗较快，一旦余量不足，可能导致学前儿童之间争抢或降低语言区活动的吸引力。还有一些材料可能会因为学前儿童的不当操作、重复使用而产生缺损和部件丢失，影响材料原本教育作用的发挥。教师应当及时发现此类情况，增补、修复原有材料或直接替换成其他可用材料，避免语言区作用无法充分发挥，造成空间浪费。

二 幼儿园语言区环境创设方法

通常，语言区按照功能进行布局，通常可分为阅读区、桌面语言游戏区和表演区三个分区。

（一）阅读区

阅读区是以阅读活动为中心设置的区角。

阅读区适合设置在教室光线明亮、相对安静的区域，用活动柜、桌椅、沙发等围成一个半开放的区域，这样可以避免学前儿童视力受到损伤，并使学前儿童在阅读区看书时不易被打扰。阅读区的布置色彩不宜太过跳跃，应营造温馨舒适的氛围。教师可根据规划面积在区域内合理地安排活动柜、桌椅、收纳筐、地毯（或地垫）、靠枕等的摆放位置，如果空间大小允许，也可以在此区域放置沙发、小帐篷。学前儿童置身于这样的环境之中，会有安全感与亲切感，从而使他们产生阅读和书写的意愿。

阅读区所提供的桌椅、书架高度应与对应年龄段学前儿童的身高相匹配。教师在选择阅读材料时应遵循以学前儿童为本的原则，依据对应年龄段学前儿童的心理特点，同时结合幼儿园实际情况和班级特点来投放适宜的阅读材料。例如，幼儿园教学活动有月度主题，可根据主题内容定期更换图书，作为教学活动的延伸阅读材料。

投放在阅读区的阅读材料可包括绘本、工具书、益智游戏书、图卡、挂图等，还可以投放一些学前儿童自制的图书。考虑到学前儿童的个体差异，投放的图书中既要有学前儿童读过的旧书，又要有新书，并以一定的规律分类摆放，阅读材料的科学分类还可丰富学前儿童的前阅读和前书写经验。

为不同年龄段学前儿童投放的阅读材料应有所区分。为小班学前儿童准备的阅读材料应色彩鲜艳、画幅大，人物、情节简单，内容与学前儿童日常生活经验联系紧密，同一名称的书要多准备几本，为学前儿童相互模仿、想读同一本书提供方便；而对于中、大班学前儿童，投放的图书则需要品种更加多样，故事人物和情节相对复杂，有更多图画细节。

在阅读区的墙面部分，可张贴新书简介以及入区说明。新书简介可展示部分新投放图书的关键页面及简单说明，增强学前儿童对新书的阅读兴趣；入区说明可用图文结合的方式阐明阅读区的使用规则，通常包括：进区人数的限制；应将图书轻拿、轻放，保持阅读区环境的安静；遇到两人都想看同一本书的情况，应通过轮流或分享的方式协商解决；图书阅读完毕后应及时归还原处。[1]

除布置适宜的环境以外，教师也可利用阅读区开展适宜的活动。例如，教师可开展"图书分享"活动，请学前儿童与同伴或家长一同阅读；举办"故事大王"比赛，请学前儿童讲讲在阅读区阅读到的故事，比比谁能够讲得最多、最好；组织"找答案"活动，收集学前儿童对日常生活中现象的疑问，引导学前儿童通过查阅图书找出问题的答案。

（二）桌面语言游戏区

桌面语言游戏区是学前儿童通过动手操作有趣的材料来发展语言能力的区角。

1.桌面语言游戏区的环境创设思路

桌面语言游戏区应根据学前儿童的身高，摆放合适高度的活动柜，在柜子中可放置用于不同活动的材料，每份材料可用托盘或者材料筐单独盛放。在柜子一旁可摆放桌椅，给学前儿童提供一个舒适的、自主的游戏环境。

随着信息技术的发展，各类电子产品也可以作为学前儿童开展桌面语言游戏的重要工具，实现学前儿童的学习在视、听、说上的结合。可用于该区角的电子设备有点读笔、学生学习机、复读机、MP3等。此外，教室的一体机也可用于部分视听类语言教育活动。教师可将适合学前儿童欣赏、倾听、学习的音频和视频收录在此类设备中，根据需要为学前儿童播放。利用这些设备，学前儿童可实现人机互动，完成语言的输入与输出。

需要使用到电子设备的活动，通常都是以训练学前儿童听说能力为主的活动。在设备投放之前，教师应确保学前儿童了解每种设备的正确使用方式，并提醒学前儿童注意保护好设备，不可随意摔和乱按，以免不当的操作导致设备损坏，影响活动的正常开展。除专门向学前儿童操作演示设备的不同功能外，教师还可以在盛放设备的收纳盒上，或区角相邻墙面上用图或图文结合的方式展示设

---

[1] 高羽，周晴.学前儿童语言教育与活动指导[M].北京：人民邮电出版社，2019.

备按键的作用以及不同功能的使用方法。

桌面语言游戏区的许多活动与书写、记录有关，教师可在此区域常备一些文具供学前儿童选用，如笔、纸、胶水、小夹子、垫板等。[①]投放文具等材料时，应充分考虑学前儿童的年龄特点，科学摆放。例如，小班学前儿童小肌肉控制能力弱，为小班学前儿童提供的笔应选用粗杆彩色笔，便于学前儿童抓握；到了中班，学前儿童的动手能力有所提升，可投放相对普通铅笔更粗、更好抓握的三角形彩色铅笔作为过渡，帮助学前儿童掌握握笔的方法，形成良好的书写习惯；大班学前儿童动作灵活，手指的小肌肉快速发展，可为他们提供相对中班学前儿童使用的、更细一点的铅笔，并引入握笔器。教师也需要引导学前儿童逐步学会从将文具整理放回原位，到能够按照一定规律整理文具后有序摆放的能力。

2. 桌面语言游戏区材料投放范例

范例 9-1

动物小火车

1. 活动目标

（1）享受在情境中倾听的乐趣。

（2）能仔细倾听故事，并理解故事内容。

（3）能按照故事顺序送小动物上下车。

2. 适合投放年龄班

小班。

3. 活动准备

MP3、耳机、动物模型、小火车玩具若干。

4. 操作步骤

（1）取出所有材料，并戴上耳机。

（2）聆听MP3中播放的故事，注意中途什么动物上车了，什么动物到站下车了。

（3）根据故事内容，分别帮助手中的动物模型上下火车。

（4）故事末尾，根据音频内容核对"在终点站下车"的小动物是否正确。

5. 教师指导

（1）活动开始前，教师要教会学前儿童MP3的使用方法。

（2）提示动作和反应跟不上故事节奏的学前儿童，必要时可以选择中途暂停，执行完一个指令、摆好一个动物模型之后再接着听。

[①] 王微丽，霍力岩. 幼儿园语言区材料设计与评价[M]. 北京：中国轻工业出版社，2018.

范例9-2

自制书"我的家"

1. 活动目标

(1) 享受贴贴纸的乐趣。

(2) 知道家中各类常见物品的摆放位置。

(3) 能将简单的文字与其表达的意义相联系。

2. 适合投放年龄班

小班。

3. 活动准备

自粘贴式(或吸附式)相册本、家居物品图片或贴纸若干。

4. 操作步骤

(1) 从材料筐中取出空白的相册本。

(2) 观察内页上侧边粘贴的家庭常见功能区的名称,如厨房、卧室等。

(3) 根据对应页面功能区名称找到通常会放置在该区域的物品贴纸并粘贴在页面上(自粘贴式),或撕掉页面覆盖的薄膜,将家居物品图片吸在页面上(吸附式)。

5. 教师指导

(1) 引导学前儿童在完成每一页自制书的制作之后描述对应页面的内容。

(2) 请学前儿童根据功能区名称文字描边的颜色和粘贴到该页面的贴纸图片描边的颜色是否一致来自行判断贴纸是否贴在了正确的功能区。

范例9-3

绕 口 令

1. 活动目标

(1) 喜欢跟读绕口令。

(2) 初步了解绕口令的特点。

(3) 能够口齿清晰地跟读绕口令。

2. 适合投放年龄班

中班。

3. 活动准备

复读机、耳机、绕口令书若干。

4. 操作步骤

(1) 取出复读机、绕口令书，并戴上耳机。

(2) 完整聆听慢速播放的绕口令，并随着录音播放翻阅绕口令书，了解绕口令大意。

(3) 单句跟读绕口令并尝试指出书中对应句子所在的位置。

(4) 播放正常语速的绕口令并跟读。

(5) 尝试在书的帮助下自己完整读出整首绕口令并用复读机录下来。

(6) 将自己录下来的声音与原音频对比。

5. 教师指导

(1) 在活动开始前，教师要教会学前儿童活动所需的复读机相关功能和使用方法。

(2) 提醒学前儿童仔细辨别绕口令中每个字发音的细微差异。

(3) 鼓励学前儿童大胆学说绕口令，语速从慢到快进行练习。

范例 9-4

装 饰 文 字

1. 活动目标

(1) 萌发对汉字结构的兴趣。

(2) 学习按照从左到右、从上到下装饰文字的方法。

(3) 锻炼小肌肉的控制能力，培养耐心。

2. 适合投放年龄班

中班。

3. 活动准备

空心文字纸张若干、双面胶若干、豆子一碗、镊子一把、垫板一个。

4. 操作步骤

(1) 选取一张教师事先准备好的、表面粘贴上了双面胶的空心文字纸。

(2) 将纸表面覆盖的双面胶保护膜撕掉。

(3) 将纸张夹在垫板上。

(4) 取出镊子，将豆子从碗里依次夹起粘贴在文字空心处。

(5) 按照从左到右、从上到下的顺序填充文字，直至填满。

5. 教师指导

(1) 关注学前儿童的坐姿，提醒学前儿童注意眼睛和纸张之间的距离。

(2) 鼓励表现较好的学前儿童选择文字结构从简单到复杂、笔画由少到多的纸张。

范例 9-5

故 事 排 序

1. 活动目标

(1) 喜欢听故事,有良好的倾听习惯。

(2) 能理解故事内容。

(3) 观察细致,能正确给图片排序。

2. 适合投放年龄班

大班。

3. 活动准备

MP3、耳机、故事图卡、牛皮纸制成的折页式相册本、彩色水笔若干。

4. 操作步骤

(1) 取出一套自己喜欢的故事图卡,并平铺在桌上。

(2) 戴上耳机,将MP3播放的音频内容调至图卡对应的故事部分。

(3) 仔细聆听故事,按照故事发展顺序为图卡排序。

(4) 完成排序后,将图卡翻过来,检查排序是否正确。

(5) 按照正确的顺序,将图卡依次装进相册本里。

(6) 为相册本绘制封面,将其制成故事书。

5. 教师指导

提醒学前儿童注意观察、对比故事图卡的细节,从而找到与音频片段对应的正确图卡。

范例 9-6

反义词配对拼图

1. 活动目标

(1) 乐于认读文字。

(2) 了解简单的汉字所表达的意思,认识"反义词"。

(3) 能正确归纳一组图片之间的显著差异。

2. 适合投放年龄班

大班。

3. 活动准备

反义词文字拼图4~5组(如高矮、胖瘦、大小、多少、空满),能体现反义词文字意思的图片拼图4~5组。

4.操作步骤

(1) 找出反义词图片拼图,将其一一配对。

(2) 将互为反义词的文字拼图拼在一起。

(3) 根据图片上的线索,依次找到能够体现图片特征差异的文字拼图。

(4) 将文字拼图摆放在能够体现对应图片差异特征的图片拼图下方,直至所有拼图文图对应。

5.教师指导

(1) 指导学前儿童找到有同类事物的图片拼图,进行一一配对,再描述同组图片拼图的异同。

(2) 当图文匹配有困难时,教师提示学前儿童观察图片和文字边框特征,边框颜色一样的文字和图片即为匹配的文图。

(3) 完成全部拼图之后,可请学前儿童找一找,教室里有哪些事物的差异可以用拼图中的反义词来表示。

微课视频
《传声筒》

微课视频
《日常生活所需》

微课视频
《谁先谁后》

(三) 表演区

表演区是学前儿童用动作、表情、语言表达自己对文学作品理解和再现文学作品内容的区角。

1.表演区的环境创设思路

教师可根据本班的实际情况,灵活利用空地、班级收纳柜,打造学前儿童表演的小舞台。表演区的主题和布置方案需要与学前儿童商议,充分考虑学前儿童的兴趣。

表演游戏既可由真人扮演,即学前儿童自身充当角色,也可由学前儿童通过操作教具(如木偶、手偶等)来进行表演,因此表演区的布置方案需要根据表演的主题、表演的形式来规划。对于学前儿童自身充当角色来表演的形式,表演区空间应相对开放,便于学前儿童在其中走动,环境的布置应均服务于主题,富有情境性,使学前儿童具有代入感。对于木偶戏、手偶戏等由学前儿童自行操作教具来进行表演的形式,则表演区布景需要相对少而精,小舞台或木偶戏台可摆放在桌面或柜子最上层,柜子里可摆放与活动相关的饰物、设备。

年龄较小的学前儿童由于思考能力尚未成熟,往往需要依赖同伴的装扮来明确自我扮演的人物,因而应为他们配备更多的道具;相对地,年龄较大的学前儿童角色意识趋于稳固,他们不仅能够明确自己的角色,还能从表演环境和其他表演者身上获得必要的线索,从而对道具的需求量减少,而对道具的多样性需求增多。此外,给年龄较小的学前儿童准备的道具应当与所扮演的文学作品中角色形象更加接近,以帮助学前儿童明确扮演对象;而给年龄较大的学前儿童准备的道具则可设计得更抽象一些,以便让他们能按实际表演的需要自行转换道具的用法。

学前儿童往往对自己制作的教具兴趣颇高,因此教师在与学前儿童商议确定好表演区的主题后,还可发挥学前儿童的主观能动性,邀请学前儿童参与到如面具、头饰等表演道具的制作中来。

为了支持和鼓励学前儿童的表演活动,教师可将表演活动的构思设计过程用图画、实物、照片等形式记录在墙上,形成动态的活动墙饰,为师幼互动和家园互动提供媒介,并成为活动进一步发展的依据和线索。将活动与环境创设有机地结合起来,形成"活动生成环境,环境支持活动"的良性循环。

2. 表演区材料投放范例

范例 9-7

龟 兔 赛 跑

1. 活动目标
(1) 喜欢在扮演游戏中与同伴交流。
(2) 理解故事情节,正确把握角色特点。
(3) 能分角色创造性地将故事表演出来。
2. 适合投放年龄班
中班。
3. 活动准备
乌龟和兔子头饰、服饰若干,大树、河流等景物墙面布景若干。
4. 操作步骤
(1) 学前儿童自行商议角色分配。
(2) 学前儿童戴好头饰、穿好服饰,分角色表演。
5. 教师指导
(1) 引导学前儿童之间友好协商分配角色、共同配合完成表演。
(2) 鼓励学前儿童改编、续编故事情节,将自己对故事的改编、续编在表演中表现出来。

范例 9-8

月 亮 之 歌

1. 活动目标

(1) 喜欢在扮演游戏中与同伴交流。

(2) 理解绘本内容,正确把握角色特点。

(3) 能分角色完整讲述故事。

2. 适合投放年龄班

大班

3. 活动准备

《月亮之歌》绘本人物手偶若干、小舞台一个、背景音乐。

4. 操作步骤

(1) 学前儿童自行商议角色分配。

(2) 将小舞台摆放好,戴上角色手偶。

(3) 按照绘本故事情节分角色表演。

5. 教师指导

(1) 引导学前儿童揣摩角色的情绪变化,将这样的变化用不同的声调、节奏、速度表现出来。

(2) 教师以某一角色身份参与表演活动,间接促成故事情节的推进和发展。

微课视频
《手偶表演》

任务三 幼儿园语言区的评价

评价在语言区活动中有着非常重要的意义,是促进学前儿童语言发展的重要支撑。语言区的评价可以从对语言区环境创设的评价、对语言区活动过程的评价两个方面展开。

一、对语言区环境创设的评价

区域环境是区域活动的载体,学前儿童的语言在与环境的不断互动中得到发展,对区域环境的评估即为对环境创设适宜性的审视,是语言区评价的第一步。语言区环境是否适宜学前儿童开展活动,可主要从以下方面来考查。

(一)安全性与舒适性

教师应评估语言区的布置是否有安全隐患,主要需要评估投放的材料中是否有可能对学前儿童人身安全造成威胁的物品,如过小的颗粒或带有尖角的部件。对于这类材料的投放应尽量避免,如材料可替代性低,则教师需要监督学前儿童的操作过程,避免发生意外。此外,需要评估区角设置是否舒适,应观察该区角是否有舒适的座位和良好的照明,是否存在家具过于密集导致空间狭窄的可能。

(二)互动性与参与性

与同伴交流是学前儿童语言能力提升的一种重要途径,因此语言区应当布置有能够促进学前儿童之间沟通的材料,尤其应关注是否有能够为学前儿童搭建交流桥梁的材料。此外,应评估语言区材料以及墙面是否符合学前儿童的审美和兴趣,色彩鲜艳、形象生动的材料对学前儿童有较大的吸引力,能够使学前儿童更愿意参与语言区的活动。

(三)结构与组织方式

教师应观察语言区的结构和组织是否合理,学前儿童是否可以自主探索和利用资源。例如,语言区是否有明确的区域划分,标签和标识是否清晰,学前儿童是否能快速地找到所需的资源。此外,还应评估材料的投放是否具有层次性,是否能够满足不同发展水平的学前儿童的需求。

基于以上方法,可分别评价语言区的空间布局、材料投放、墙饰的适宜性如何(表9-1),从而得出针对现有环境的改进思路。

表9-1 语言区环境评价表

一级评价指标	二级评价指标	标准分(分)	得分(分)
空间布局	区域空间大小是否可以满足学前儿童的活动需求	10	
	家具色调是否协调,环境创设风格是否符合对应区角游戏性质	10	
材料投放	材料的摆放是否互相有关联性,是否符合学前儿童的使用习惯	10	
	材料的数量是否充足、种类是否多样,能满足不同学前儿童的需求	10	
	材料外观是否生动有趣,能够激发学前儿童的探究意愿	10	
	是否有学前儿童参与制作的材料或能满足学前儿童创意需求的材料	10	
	材料操作是否安全	10	
	材料是否能鼓励学前儿童互助合作	10	
墙饰	是否有合理呈现区角游戏的规则、玩法说明	10	
	是否有能够激发学前儿童参与活动的兴趣的内容	10	

二、对语言区活动过程的评价

准确地评估学前儿童在语言区活动的情况对教师而言有两点帮助。一是有助于教师了解学前儿童的兴趣特点与个体差异；二是通过恰当的评估方式，教师可以在综合评估学前儿童的基础上，根据他们表现出的差异有针对性地给予指导。因此，利用合理的评价策略不仅可以更精确地掌握学前儿童语言能力的发展成效，也便于教师优化提升语言课程结构，促进每名学前儿童的成长，并达到提高教育质量的目的。

教师想要评价在语言区活动的学前儿童，可以通过观察记录学前儿童的行为、语言来实现。语言区活动观察记录表是对学前儿童进行评价、对教师教学工作进行反思的有效工具（表9-2），教师需要对学前儿童活动过程的相关表现如实记录，形成新的指导策略。

表9-2　语言区活动观察记录表

观察时间		观察对象	
观察区角		记录人	
观察情况记录			
评价与分析			
教师介入情况			
改进措施			

对学前儿童在语言区的活动表现，教师不应用同一标准来评价和衡量所有学前儿童。《指南》指出："尊重幼儿发展的个体差异……要充分理解和尊重幼儿发展进程中的个别差异，支持和引导他们从原有水平向更高水平发展……切忌用一把'尺子'衡量所有幼儿。"因此，教师在开展语言区活动时应尊重个体差异，确保学前儿童拥有不同的学习节奏、学习和成长路径的可能性。

对学前儿童而言，语言区活动设置成功与否的标准便是学前儿童是否能在既有层次之上实现更上一层的成长。教师对学前儿童在语言区的活动表现进行评估时，应该从情感、态度、技能及知识四个维度展开评价。除了评价其语言能力之外，教师更应注重评价他们的专注力、自信心、协作沟通技巧等学习品质和非智力因素，并常常鼓励学前儿童，帮助他们形成积极向上的心态与良好的行为习惯。[①]

[①] 李莉.幼儿园语言区角活动的特点、类型与指导策略探究[J].早期教育（幼教·教育教学），2017（1）：10-12.

◇ 项目小结

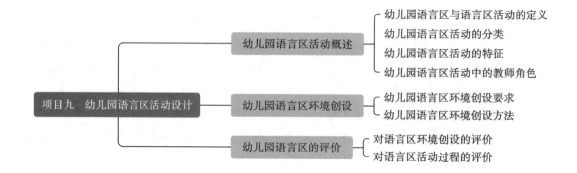

思考与练习

一、单项选择题

1.对学前儿童学习品质的正确理解是（　　）。（2017年上半年教师资格证考试《保教知识与能力》真题）

A.活动过程中的态度和行为倾向　　　　B.活动过程中的学习速度

C.活动过程中的知识积累　　　　　　　D.活动过程中的道德品质

2.学前儿童通过塑造角色表现文学作品内容的游戏是（　　）。（2021年上半年教师资格证考试《保教知识与能力》真题）

A.角色游戏　　　　B.结构游戏　　　　C.智力游戏　　　　D.表演游戏

二、论述题

简述幼儿园语言区的活动类型。

三、材料分析题

小班刚开学，新来的王老师在语言区投放了自己精心准备的"听一听，画一画"主题游戏材料，包括一个复读机、一盒彩色铅笔、一个垫板夹、若干张白纸，并在盛放材料的托盘里用图文结合的方式写了一份《游戏说明书》：学前儿童自主播放录音，按照录音中图形出现在顺口溜的顺序，用铅笔将图形画出来。然而一周过去了，语言区的材料都鲜有学前儿童问津，只留下纸上寥寥几笔的涂鸦。

请分析这种情况出现的可能原因，并谈谈如果你是王老师，遇到这样的情况，你会怎么做？

四、活动设计题

请为中班学前儿童设计一个适宜的语言区活动。

实践与实训

实训一： 请利用见习机会进入幼儿园班级，找出班级中的语言区，并评价该语言区设置方面的优缺点。

目的： 理解幼儿园语言区创设的要求，能将理论应用于实践。

要求： 掌握语言区环境创设的评价方法，运用语言区环境评价表为区域打分。

形式： 实地观察与分析。

实训二： 自行组建小组，小组合作为各年龄班学前儿童分别制作一份语言区的材料。

目的： 掌握材料配备原则，能运用学前儿童心理学相关知识指导实践，并发展创新能力、合作能力和动手能力。

要求： 尽可能运用常见的废旧材料制作，制作的材料要符合前面所述的材料配备要求。

形式： 小组合作。

项目十　学前儿童第二语言的发展与教育

◇**学习目标**

1. 了解第二语言及其相关概念定义、第二语言习得的相关因素与影响。
2. 熟悉学前儿童第二语言教学的常用方法。
3. 树立正确的学前儿童第二语言教学观，掌握学前儿童第二语言的教育目标、教育内容和教学手段。

◇**情境导入**

随着经济全球化和社会生活信息化进程的加快，区域间科技、经贸、文化的交流日趋频繁，越来越多的人开始注重第二语言的学习。在这个过程中，人们发现"学前儿童学习一门新的语言轻而易举，而成年人学习起来却很吃力"。因此，不少幼儿园和早教机构已经开始为3岁甚至更小的学前儿童开设英语课。但是，到底应该什么时候开始学习第二语言呢？对于学前儿童来说，第二语言的学习应该如何开展呢？本项目的学习将帮助你解答这些疑问。

任务一　学前儿童第二语言发展

一、第二语言及其相关概念

第二语言的定义有狭义和广义之别。狭义的第二语言是相对于第一语言，即母语或本民族语言而言的，指因历史、地理因素形成的多民族国家和地区（如加拿大的法语区和我国西藏、新疆地区等）的人们学习和使用的非本族语，[①]如对我国维吾尔族的学前儿童而言，维吾尔族语言是第一语言，汉语则为第二语言。广义的第二语言是相对最先习得的语言而言的，指在掌握母语后通过学习而掌握的第二种语言，如英语的学习对于土生土长的中国学前儿童而言即为第二语言的学习。

第二语言习得一般是指学习本民族语言后学习另外一种语言的过程。[②]狭义的习得是指在自然语境的浸染中获得第二语言，而广义的习得则是指除了在自然情境中无意识地习得以外，将在教学情境中有意识地习得也纳入了其中。

与第二语言习得相关的其中一个热词为双语教育。双语教育是由"bilingual education"翻译而来，狭义的双语教育指学校使用第二语言或外语教授非语言学科的教学活动，广义的双语教育是指在同一教育机构中以两种语言为学习目标和学习媒介的教育活动。[③]目前我国幼儿园真正意义上的双语教育还比较少，而以活动为基础的第二语言教育相对普遍。

近年来，我国诸多少数民族聚居区面临着因为人才流动、移居，以及单一语种地区移民计划带来的双语使用和双语教育的问题。越来越多学前儿童需要在母语之外学习新的语言，第二语言的顺利使用在很大程度上决定了这些学前儿童未来的学业发展和终身发展。

二 学前儿童第二语言习得

（一）相关因素

1. 脑机制

研究者利用习惯化和去习惯化的实验方法，证明了婴儿早期就具有辨别多种语音的能力。例如，在耳机中播放一种语音材料，使用仪器监控婴儿吮吸奶嘴的情况，这时婴儿会逐渐适应这种语音，其吮吸奶嘴的频率趋于稳定；当耳机中的语音材料发生变化时，婴儿吮吸奶嘴的频率也会发生变化。这说明婴儿能够分辨出前一种语音与后一种语音的区别，即对语音的听辨和区别能力在婴儿时期就已经形成了。Cheour等人（1998）进行的ERP研究发现，6～12个月的婴儿辨别母语和非母语元音变化的反应是不同的，同样的结果也发生在7～11个月的婴儿辨别母语与非母语辅音变化的反应上。由此可推知，学前儿童已经能够通过仔细听来区别，甚至掌握除母语以外的其他语音，从而具备学习第二语言，甚至更多语言的能力。

2. 心理因素

学前儿童第二语言习得的心理因素包括动机、情感和态度三个方面，这些因素会影响学前儿童第二语言的习得效果。[④]

在第二语言习得中，动机指直接促使学习者开展学习活动的内在驱动力。科德在1967年首次指出，当处于第二语言环境时，动机的驱动力会促使学习者积极、主动地学习第二语言。在此之后，

---

① 陈思，周兢.双语：儿童发展机遇与挑战的再解读[J].全球教育展望，2014（5）：78-86.
② 王玉琼，周兢，李林慧.第二语言习得的语言输入研究综述[J].早期阅读（幼教·教育科研），2012（9）：2-7.
③ 张加蓉，卢伟.学前儿童语言教育活动指导[M].2版.上海：复旦大学出版社，2009.
④ 朱韦.第二语言习得中的心理因素研究综述[J].英语教师，2022（12）：188-190.

研究者对学习动机进行了深入研究，并将动机分为了两类：综合性动机和工具性动机。综合性动机指的是学习者为了融入当下的语言环境，融入目标语言社会、文化而学习语言，工具性动机则是将语言学习作为挣钱的手段或为了通过对应语言的考试而学习语言。根据研究表明，两者均可以带来理想的语言学习效果。①

情感这一心理因素由不同的心理因素混合而成，具有易变性和不确定性特征。语言学习者在学习过程中不可避免地会受焦虑、抑制、自尊等情感因素的影响。20世纪80年代初，美国著名语言学家克拉申（Krashen）提出了情感过滤假说。他认为，大量的可理解的输入并不意味着学习者能够很好地习得第二语言，情感因素也会影响他们对第二语言的习得，习得的必要条件是学习者愿意接受可理解的语言输入。

除此之外，态度也是影响第二语言习得的重要心理因素。20世纪中叶，加德纳和兰伯特研究发现，积极的态度能促进第二语言习得，提升习得效率；消极的态度则会抑制智力活动，阻碍第二语言习得。

由此可见，第二语言习得是一个非常复杂的认知过程，受许多因素的影响。心理因素具有不确定性，既可能带来积极的影响，又可能带来消极的影响。

（二）影响

研究表明，在双语教育环境下熟练掌握第二语言对学前儿童的影响主要表现在以下四个方面。

1.脑、神经系统的结构和功能方面

研究表明，脑、神经系统的结构和功能均具有高度的可塑性，早期学习并有较多机会练习第二语言能够作用于人类大脑，使大脑功能甚至结构发生改变。

脑的可塑性是指脑可以被环境或经验所修饰，具有在外界环境和经验的作用下不断塑造其结构和功能的能力。法拉内·瓦加哈德姆等人（1997）的研究发现，在学前期切除负责语言加工的大脑左半球后，病人仍然具有获得语言的能力。米勒等人（1999）的研究发现，大脑左半球受损伤较早的患者会出现大脑右半球优势。②这些研究表明大脑右半球功能在外界环境的作用下得到重塑，使原本不负责语言加工的脑区具有新的功能。关于学习与训练的研究也发现，经过一定的语言训练后，与语言相关的大脑皮层的活动会发生变化。例如，一项采用ERP技术对学习人工语言时大脑活动特点的研究发现，由于学习后的自动化程度提高，大脑皮层活动程度减弱，从而引起了脑电波幅的下降。Wang等人（2003）进行的fMRI研究发现，进行新语言加工的脑区比进行母语加工的脑区激活程度更高，或者会出现新的功能区。这些研究均表明神经系统在一定程度上会受学习经验的影响而得到重塑。

2.语言方面

大量对词汇量的研究发现，双语学前儿童无论是母语还是第二语言习得的词汇量都明显小于母语学前儿童，这一差距从学前期就开始显著加大，进入小学时，这一差距已非常明显。研究指出，在家庭中只说西班牙语的学前儿童，比在家庭中同时说西班牙语和英语的学前儿童，平均接受性词

①Rod Ellis.The Study of Second Language Acquisition [M].Shanghai: Shanghai Foreign Language Education Press, 1994.

②郭瑞芳，彭聃龄.脑可塑性研究综述[J].心理科学，2005（2）：409-411.

汇量得分减少1个标准差，直至进入中学早期阶段，这一趋势都会持续存在。这说明第二语言词汇量的积累对于母语的词汇量积累有消极影响。在对双语学前儿童的词义理解研究中也发现，双语学前儿童的两种语言词义理解的深度都略差。对这种在语言学范畴内出现的双语学前儿童两种语言的发展都滞后于单语学前儿童的情况，目前研究者普遍认同的一种解释是双语学前儿童可能使用任意一种语言的频率都低于同龄的单语学前儿童，这样就导致了双语学前儿童在客体和对应的语言表达之间的联结方面的能力比较弱，这种较弱的联结能力可能是造成双语学前儿童在语音通达、词义理解等方面表现不佳的原因。[1]这反映了在真正的双语教育环境下，第二语言学习对学前儿童语言发展的消极影响。

3. 认知方面

双语教育对学前儿童的认知能力既有积极作用也有消极作用。已有的研究发现，双语学前儿童在某些认知实验中的表现比单语学前儿童的表现更差。仔细研究这些实验的过程发现，双语学前儿童表现略差的可能原因都指向来自另一种语言的干扰，即双语学前儿童必须首先处理和控制来自另一种语言的干扰，这就意味着他们比单语学前儿童需要更多的控制能力，导致在一些需要快速反应的项目中，双语学前儿童的表现较差。然而，双语的学习也会给学前儿童带来优势，如学前儿童的脑功能结构随着双语的学习有所改变，学前期就精通双语的学前儿童，将具有更好的执行能力，这一能力将会使学前儿童在未来的认知发展、学业发展中具备一定优势。

4. 社会性方面

任何一种语言与其所处的文化环境以及渗透到文化中的思想、观念、传统、习俗等密切相关。学前儿童学习第二语言，有机会接触到不同的文化，可以帮助学前儿童丰富人生经验，适应和接受不同的思想、观念、文化等，为其将来在多元社会生活做好准备。语言不仅是思考的工具，还是社交的工具。学前儿童学习第二语言，能与不同语言群体的成员进行交往，无形中扩大了自己社交的范围，这在帮助他们认知多文化环境世界的同时，也能帮助他们更好地认知自己、评价自己，提高其自我认知、自我评价的能力，以及人际交往能力。[2]

目前，我国也面临着来自双语教育的严峻挑战。在新疆、西藏等民族地区学前儿童的教育问题中，双语教育是重中之重。在一些内陆地区，少数民族学前儿童的汉语水平也成为他们未来发展的决定性因素。应当承认，在早期同时学习两种语言需要学前儿童和教育者均付出较大努力，在学前儿童的双语教育中，教育者要帮助学前儿童发挥双语学习的最大优势，弥补劣势。因此，在早期对双语学前儿童进行及时、适宜、有效的干预，对其未来发展十分重要。

三 第二语言习得的关键期

根据大脑的可塑性研究，学前期既是神经可塑性最强的时期，也是语言能力迅速发展的时期。如果此时为学前儿童提供第二语言的学习环境，随着语言刺激的不断积累，学前儿童正在发育的大脑就会自动发展最有效的神经语言网络，不需要再重新构建一个新的语言处理系统，就能够在母语的语言处理系统支持下更省力地学习新语言，因此其学习效率和能力都要高于学习第二语言开始较晚的学习者。

---

[1] 陈思，周兢. 双语：儿童发展机遇与挑战的再解读[J]. 全球教育展望，2014（5）：78—86.
[2] 郑星星. 幼儿时期英语学习的特殊性研究[J]. 河南教育（幼教），2018（12）：44—46.

第二语言习得是否存在关键期，以及关键期的起点和终点应该对应哪一年龄段，国内外学者对这一问题进行过很多研究，但目前还未得到一致的结论。目前学界已基本达成一致的观点是第二语言的不同方面对获得年龄的敏感性不同，第二语言语音的学习，以及语法中部分句法的学习可能存在关键期。①

其中，语音受到年龄的影响最大，研究表明习得第二语言的年龄越早，发音越好。婴儿出生后就能够区分各种不同的语音，包括母语的语音和外语的语音。因此，此时的婴儿被称为"世界公民"，也就是说婴儿能够识别世界上所有语言的语音。之后随着学习经验的积累，婴儿开始能够发声，大概在4岁就已经完成发声发展的任务，学前儿童此时能够掌握母语的全部语音。与此同时，学前儿童对未有学习经验的语言的语音辨别能力逐渐降低。语音发展的特点是先辨别，后发声。因此，学前儿童在4岁前若从未接触过其他语言，则他们对其他语言的语音辨别能力就会日渐减弱，进而影响学前儿童的发音。学前儿童说话带有口音的现象的主要原因是学前儿童在4岁之前未能及时学习相关语言的标准语音。②

句法的敏感期年龄比语音晚。Johnson和Newport(1989)采用非连续性和相关检验两种方法，对年龄介于3~39岁的移民美国的朝鲜母语者进行测试，结果显示青春期前句法判断的成绩高且稳定，在青春期后成绩低且不稳定。Johnson(1992)又采用笔头方式实验，发现7岁之前移民的受试者，其英语水平与本地人无显著差异，但在青春期获得第二语言的被试成绩显著高于青春期后开始学习第二语言的被试成绩。③

由此可见，对学前期的第二语言习得而言，最重要的并非词汇量的积累，而是获得纯正的第二语言语音和掌握正确的句法。

任务二　学前儿童第二语言教育

一　学前儿童第二语言教育目标

在让学前儿童学好母语的前提下，为学前儿童提供多元文化的语言环境，引导学前儿童学习第二语言，是我们开展学前儿童第二语言教育的基础。学前期的第二语言教育作为一种启蒙教育，其重点应放在以下三个方面。④

（一）培养学前儿童学习第二语言的兴趣

培养学前儿童学习第二语言的兴趣是学前儿童第二语言教育的首要目标。兴趣对第二语言启蒙教育的成败是至关重要的，这关乎学前儿童未来语言的发展和他们日后学习语言的积极性。学前儿

①龚少英，彭聃龄.第二语言获得关键期研究进展[J].心理科学，2004 (3)：711-714.
②郭丽月.儿童什么时候学习第二语言更好？[J].大众心理学，2022 (7)：32-32，36.
③龚少英，彭聃龄.第二语言获得关键期研究进展[J].心理科学，2004 (3)：711-714.
④周兢.对我国学前儿童英语教育定位的思考[J].学前教育研究，2004 (12)：4-6.

童通常很大胆，不会因为自己讲错话而觉得难为情，这是学前期就开始进行语言教育的优势，我们应当利用好这一优势，为学前儿童提供能够运用第二语言进行交往，并使之不断产生学习兴趣的第二语言学习环境。游戏是学前儿童喜爱的学习方式，教师应当让学前儿童在愉悦的游戏中习得第二语言，借此挖掘学前儿童的巨大的潜能。在教学内容、方法的选择及教学要求上，都应当考虑学前儿童的兴趣与学习特点，尤其在教学方法、形式、手段上要不断更新以保持吸引力。①

（二）帮助学前儿童建立初步的第二语言语音感

学前儿童应当在学前期接触第二语言，从而在早期就建立起语言的敏感性。人的语音觉知在学前期形成，同时第二语言语音觉知也比较容易在这个时期获得。正因为如此，学前儿童的第二语言学习应当具有非常鲜明的特点，即引导学前儿童在唱唱、念念、说说的过程中，自然而然地获得第二语言语音感，增强对这样一种不同于母语的语言的敏感性。这种语言的敏感性，将有助于学前儿童分辨不同语言的语音，知道彼此之间的差别。

（三）引导学前儿童通过语言学习感知多元文化

任何一种语言都与文化有着不可分割的联系。学前儿童在学习语言的同时，也在不知不觉地学习文化。学前儿童对文化的感悟，主要是通过与成人和同伴的互动来实现的。因此我们应当让学前儿童在活动中学习第二语言，通过原汁原味的第二语言（如英语）的儿歌、故事、游戏、戏剧等，感悟不同文化的魅力，了解不同地区人们的生活习惯和生活方式，从而形成多元文化的基本概念。

二 学前儿童第二语言教学内容

学前儿童的语言学习应当是"有用的"和"有效的"。有效的语言学习是连接个人生活经验和社会的学习。对学前儿童来说，当他们能够用语言进行沟通时，这种学习才对他们产生意义。②因此，在第二语言教育内容的选择上，应当以语言的实际运用为中心，选择合适的教学内容。

围绕学前儿童已有的经验选择活动内容，是学前儿童第二语言教学内容中应该把握的基本原则。第二语言的学习比母语学习难，因此，更要注重选择学前儿童在日常生活中与亲身经历相关的内容。比如，学习词语时，应选取那些学前儿童感兴趣的色彩、形状、动物、交通工具等；学习对话时，可以结合实际生活中的打招呼、购物、逛公园等场景。

总之，从教学内容的选择上要突出第二语言的交际功能，并与学前儿童的生活相联系。③

三 学前儿童第二语言教学手段

学前儿童第二语言教学手段有以下五种。

---

① 张加蓉，卢伟. 学前儿童语言教育活动指导[M]. 2版. 上海：复旦大学出版社，2009.
② 周兢. 对我国学前儿童英语教育定位的思考[J]. 学前教育研究，2004（12）：4-6.
③ 郑星星. 幼儿时期英语学习的特殊性研究[J]. 河南教育（幼教），2018（12）：44-46.

（一）玩游戏

学前儿童喜欢通过游戏来学习，因此可以设计各种语言学习游戏活动。例如，玩猜词游戏（What is it?）、听指令做动作（Simon says）等游戏。这样的游戏和活动可以激发学前儿童的兴趣和积极性，提高对第二语言指令的反应速度，并使他们自然而然地学习第二语言。

（二）唱儿歌

学前儿童普遍喜欢音乐，因此可以通过教唱一些有趣和易于理解的儿歌来学习第二语言。这些歌曲可以涵盖日常用语、数字、颜色、动物等常用词语和表达。例如歌曲 *Apple Song*，通过主动歌唱和跟唱歌曲中押韵而形象的歌词 "apple round, apple red, apple juicy, apple sweet"，学前儿童能够更好地记忆和理解语言。

（三）阅读绘本

与学前儿童分享配有生动的插画，并用简短的句子来诠释故事情节的绘本，如 *Brown Bear, Brown Bear, What Do You See?* 可以作为教师开展第二语言教学的重要途径。教师可以利用图片和文字对绘本的内容进行讲解和交流，让学前儿童通过观察、描述和回答问题来提高他们的语言技能。

（四）日常生活情境对话模拟

通过模拟日常生活情境，如购物、用餐、玩耍等，可以让学前儿童在真实环境中运用第二语言。教师可以准备一些实物和角色扮演道具，引导学前儿童以小组为单位在模拟情境中进行口语练习。

（五）使用多媒体资源

利用高品质的多媒体资源，如原版动画片、故事视频、互动应用等，可以为学前儿童提供有趣且易于理解的语言学习材料。这不仅可以增加学前儿童的学习动力，还能为学前儿童营造标准、自然的第二语言学习环境，以提高语言输入的数量和质量。

以上教学手段都能够让学前儿童愉快地接触和使用第二语言，是符合学前儿童心理发展特点的教学手段。教师应根据学前儿童的年龄和语言水平，合理选择教学内容和教学手段，培养他们对第二语言的学习兴趣。

四 学前儿童第二语言教学法

第二语言教学法没有具体的理论模式，常以流派的形式存在，流派数量时至今日已数以百计，以下对学前儿童第二语言常见的教学法进行简要介绍。

（一）直接法

直接法又称自然法，产生于19世纪末20世纪初。它强调语言的使用是靠感知和记忆，以模仿操练为主要教学手段，通过对语言材料的归纳来总结语法规则，主要以提高学习者的听力及口语能力为主要目标。

直接法的特点：强调语言的直接学习、理解、运用；强调以口语为基础，在大量的语言实践中练习和培养听说能力；强调句本位原则，句子是表达思想和教学的基本单位。例如，英语句型"What do you like？""I like orange."在学前儿童掌握句型后，可根据自己的喜好将"orange"替换成"apple，banana"等，既可练习句型，又可复习单词。

（二）交际法

20世纪70年代，为了实现加强各国之间交流的目的，以功能、意念为纲的交际法应运而生。

交际法的特点：把第二语言的教学目标设定为语言交际能力；以功能为纲，教学过程交际化；以语言交际的主要形式——话语为教学的基本单位，语音、词汇、语法主要通过话语情境综合教学。例如，在教授食品类名词时，教师通过设立一个食品店和货架，上面陈列一些食品，让学前儿童通过买卖各种食品来学习该类名词以及相应购物情境中所出现的句子，如英语句型"What do you like to buy？I want..."。让学前儿童在这样的交际场景中一边使用语言一边学习语言。①

（三）全身反应法

全身反应法是20世纪60年代美国著名的心理学家詹姆斯·阿歇尔提出的，倡导把语言和行为联系在一起，是一种通过使用身体动作，来对语言输入作出反应的教学方法。

全身反应法的特点：以"先听后说"为基本主张，不要求学前儿童立刻说而只需用全身动作进行反应；以"听-做动作"为主要教学组织形式，这是该模式最明显的特征；以使用祈使句为主。例如，为了学习身体部位的单词，教师一边播放英文歌曲 *Head,Shoulders,Knees, and Toes*，一边根据歌词内容分别指出自己身体对应的部位，请学前儿童先跟随音乐模仿教师的动作，经过几次重复之后，学前儿童能够一边跟着教师做动作一边学唱这首英文歌，能够将歌词中的词汇与自己身体部位对应。

（四）后教学法

后教学法是指20世纪中后期以来西方外语教学研究中出现的，从根本上超越传统教学法概念的一种第二语言教学方法。

第二语言教学中的后教学法不同于任何一种传统意义上的教学法流派，它不是呆板、静态、封闭的教学法，而是一种灵活、动态、开放的第二语言教学方法。它反对以往把外语教学简单化的做法，强调充分考虑外语教学的各种复杂情况，强调语境对教学的重要性。后教学法提出了"学习者

---

① 杨文，宋占美．学前教育专业英语[M]．北京：北京师范大学出版社，2011．

自主"和"教师赋权"等核心理念,鼓励教师将课堂教学实践理论化,将教学理论知识实践化。[1]

如今,第二语言教学研究已从研究简单而理想的教学方法的"方法时代"进入了"对方法的一种选择,而非对一种可选择方法的研究的后方法时代"。"教学有法,教无定法。"在后方法时代,学前儿童的第二语言教育需要在吸取先前各种教学法的基础上,根据学前儿童的特点和时代的变化,不断进行改革和创新。[2]

五、学前儿童第二语言(英语)教学设计范例

范例 10-1

The Easter Day 复活节(社会领域)

1. Teaching Objectives 活动目标

(1)了解复活节的由来以及有关的风俗活动。

(2)尝试用句型 I make... for the Easter Day,来介绍自己为复活节做的准备。

(3)乐意参与英语活动,体验英语活动的乐趣。

2. Preparations 活动准备

(1)设置5个操作区域。

区域一:包装礼物,准备材料包括彩色包装纸、彩色丝带、礼品花、彩纸辫子、纸花、圆点片、橡皮筋、油画棒、各种包装盒子、剪刀、胶水、纱。

区域二:制作花环,准备材料包括毛根、彩纸、彩色丝带、皱纹纸、剪刀、胶水、纱、礼品花、彩纸辫子、纸花、圆点片。

区域三:制作彩蛋,准备材料包括煮熟的鸡蛋、油画棒、记号笔、颜料、彩纸、剪刀、胶水、礼品花、圆点片。

区域四:制作食品,准备材料包括彩色橡皮泥、一次性盆子。

区域五:制作面具,准备材料包括卡纸、彩纸、彩色丝带、油画棒、剪刀、胶水、纱、礼品花、彩纸辫子、纸花、圆点片。

(2)各个区域的指示牌。

(3)有关复活节的幻灯片。

(4)音乐 *If You are Happy*。

3. Procedures 活动过程

(1) Warming up 热身。

T:Good morning,boys and girls!

---

[1] 陈力. 外语教学法的"后方法"时代[J]. 山东师范大学外国语学院学报(基础英语教育),2009(3):8-13.

[2] 陈稳会. 后方法时代外语教学法回顾及展望[J]. 延边教育学院学报,2019(4):106-108.

C: Good morning, Annie!

T: How do you feel today?

C: I feel happy/sad/angry/tired/scared.

（2）Presentation 演示。

T: Boys and girls, attention, please! Today, I will show you an interesting movie. Would you like to have a look?

C: Yes.

T: Great!（播放片头）What's this?

C: It's an egg.

T: Wonderful! Can you guess what's in it?

C: ...

T: Maybe./Good idea./Wonderful.

T: OK, look carefully. Let's go on watching. What's this?

C: Pictures.

T: Yes, there are many pictures. Let's have a look.

（在欣赏图片的过程中渗透单词：present, garland, easter egg, food, mask）

（3）Introduce the Easter Day 介绍复活节。

T: Just now, we saw many pictures about the Easter Day. Do you know the Easter Day?

C: No.

T: OK, you see, the Easter Day is used to celebrate the return of Jesus from the dead. And on the Easter Day, people will hold many activities. Also, I have some pictures about the interesting festival, would you like to have a look?

C: Yes.

（在欣赏图片的过程中再次渗透单词：present, garland, easter egg, food, mask）

T: What can you see in the pictures?

C: I can see...

（4）Organize activities 组织活动。

T: Today, I would like to hold the Easter Day party. Who will go with me?

C: I will, I will.

T: OK, I have prepared many materials for you. You'll be divided into five groups. You see, Group 1 can use the materials to make the nice present. Group 2 can use the materials to make the beautiful garland. Group 3 can use the materials to make the colorful eggs. Group 4 can use the materials to make the delicious food. Group 5 can use the materials to make the interesting mask. Are you clear?

C: Yes.

T: OK, you can choose your favorite group. Let's go!（学前儿童操作，教师指导）

(5) Show Time 表演时间。

T: Boys and girls, attention, please! Have you finished it? Please put your work on the table.OK, show me your production.Oh, so beautiful! Let's introduce our work.

C: I make...for the Easter Day.

(学前儿童逐个介绍，练习句型：I make...for the Easter Day.)

T: So wonderful! Everything is ready.How do you feel now?

C: I feel happy.

T: OK.If you are happy, please sing the song with me.

(6) Closure 结束。

(7) Song: *If You are Happy* 歌唱 *If You are Happy*。

（案例来源：《学前双语教育研究与建构》）

范例 10-2

Protect the teeth 爱护牙齿（科学领域）

1. Teaching Objectives 活动目标

（1）增进学前儿童保护牙齿的意识和爱护牙齿的情感。

（2）让学前儿童知道牙齿的功能，明白刷牙是保持口腔清洁、保护牙齿的方法。

（3）要求学前儿童养成进食后漱口，每天早晚刷牙的好习惯。

（4）学习正确的刷牙方法。

（5）学习单词和短语：teeth、toothbrush、toothpaste、brush the teeth、rinse out the mouth。

2. Preparations 活动准备

每名学前儿童准备一套 dental model（牙齿模型）、一把 toothbrush（牙刷）。

3. Procedures 活动过程

（1）教师手拿小花茶杯，做漱口的动作，引起学前儿童注意。

T: What was I doing just now?

C: Rinse out the mouth.

T: Read after me: rinse out the mouth.

C: Rinse out the mouth.

（2）教师边做动作边示范朗读儿歌《漱口》，"手拿花花杯，喝口清清水，抬起头，闭着嘴，咕噜咕噜吐出水"。

T: You could discuss it in pairs.

T: This is dental model, let's look at it and then find out the features and functions of toothbrush.

（3）教师讲述故事 *The Bear Pull Out a Tooth*（《小熊拔牙》），引起学前儿童对牙疼现象的关注，让学前儿童在故事情境中思考龋齿的成因。

T：Please think about it：why did the bear have a toothache? How should we protect our teeth?

（4）教师引导学前儿童归纳保护牙齿的要点。知道刷牙是保持口腔清洁、保护牙齿的方法，学习正确的刷牙方法。

T：Please look at the toothbrush，and you can touch it. What does it look like?

（5）教师一边朗诵儿歌《漱口》，一边做示范。

（6）学前儿童在教师指导下认真刷牙（brush the teeth）。

（7）教师总结正确的刷牙方法，并提出学前儿童每天早晚在家里坚持刷牙的要求。

T：We should insist on brushing our teeth every morning and evening.

4. 活动延伸

请家长带学前儿童到医院检查牙齿（examine the teeth），督促学前儿童早晚用正确方法刷牙（brush the teeth correctly）。

（案例来源：《学前教育专业英语》）

范例 10-3

Rainbow 彩虹（艺术领域）

1. Teaching Objectives 活动目标

（1）在听听、说说、画画活动中，学前儿童主动探索色彩，进行涂色，提高涂色的兴趣。

（2）学习单词 rainbow 的正确发音，理解其含义，敢于与同伴进行简单的英语交流。

2. Preparations 活动准备

学前儿童每人一张彩虹条，每组七个小瓶和一份三原色颜料。

3. Procedures 活动过程

（1）学前儿童玩色，变色。

T：There're seven bottles. You can use the color：red，yellow，blue to change the other color.

（2）学前儿童操作，教师巡回指导。

T：What color have you made?

C：Orange, green, indigo and purple.

T：How did you mix it?

C：I mixed orange with red and yellow.

（3）鼓励学前儿童运用所学的英语色彩单词和句型进行表达。

T：You can see a lot of colors. Can you tell me the color?（学前儿童泛讲）

T：What's this?（教师出示图片彩虹）

C: Rainbow, rainbow.

（4）学前儿童通过图片、动作，理解rainbow的含义，反复感受与跟读，要求发音正确。

（5）开展游戏：By Train。

T: Let's play a game "By Train".

（学前儿童合作玩有规律的排序游戏，一个做动作，一个说英语，依次进行，动作可更换。例如，brush the teeth; nod the head; wash the face…）

（6）绘画彩虹。

（7）T: You may use some colors to draw a rainbow.（学前儿童绘画，教师巡回指导，提醒学前儿童彩虹的色序）

（8）鼓励学前儿童结伴用英语介绍rainbow的颜色。

（9）欣赏歌曲 *I Can Sing a Rainbow*。

（案例来源：《兴趣 童趣 情趣 幼儿园双语教学实践与探索》）

◇ 项目小结

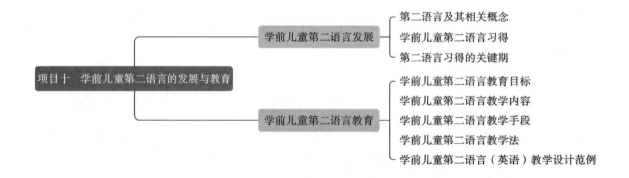

思考与练习

一、单项选择题

1.通过语言与行为的协调来教语言的教学方法是（　　）。

A.直接法　　　　B.交际法　　　　　C.全身反应法　　　　D.后教学法

2.学前儿童第二语言的重点教学目标不包括（　　）。

A.培养学前儿童学习第二语言的兴趣

B.帮助学前儿童建立初步的第二语言语音感

C.引导学前儿童通过语言学习感知多元文化

D.学会运用多样的句型，积累丰富的词汇量

3.以下说法中错误的是（　　）。

A.对语音的听辨和区别能力在婴儿时期就已经形成了

B. 对于第二语言习得来说，语法受到年龄的影响最大
C. 玩游戏、唱儿歌都是可行的第二语言教学手段
D. "后教学法"不是一种教学流派，灵活、动态、开放的第二语言教学思想

二、材料分析题

"学前儿童第二语言习得心理因素"部分的学习给了你哪些启示？你认为作为一名教师，在学前儿童第二语言教学中应当注意些什么？

三、活动设计题

请以"pet"为主题编写一个英语教育活动方案。

实践与实训

实训一：观摩一节幼儿园第二语言教学活动，分析活动由哪几个环节构成，并分析活动中所使用的教学方法。

目的：领会开展学前儿童第二语言教育的方法，能够运用理论指导实践。

要求：掌握不同教学方法的名称及其异同，了解其在活动中不同环节的作用。

形式：实地观察与分析。

实训二：制作一个可用于小班第二语言教学的教具。

目的：了解激发学前儿童语言学习兴趣的途径，并能运用相关心理学知识指导实践。

要求：尽可能运用常见的废旧材料制作，且符合小班学前儿童的年龄特点。

形式：小组合作。

项目十一　教育者的语言修养和教育引导

◇**学习目标**

1. 了解教师语言的定义,知道教师语言和家长语言的重要性。
2. 掌握教师语言和家长语言的基本要求,能够学习运用教师语言和家长语言的引导艺术。
3. 树立正确的语言交流观念,重视语言修养在交往过程中的价值。

◇**情境导入**

语言作为传播人类文明的基本载体,其作用显而易见。具备较高语言修养,是现代社会教育者的基本素质。教师和家长作为学前儿童成长过程中的重要教育者,应该怎样提升自身的语言修养,又应该注意哪些语言引导的艺术呢?相信学习完本项目后,你就会找到上述问题的答案。

任务一　教师语言修养和教育引导艺术

教学是由教师的教和学生的学组成的综合性实践活动。通过这种活动,教师有目的、有计划、有组织地引导学生学习和掌握科学文化知识和技能,促进学生身心和谐发展。在这种活动中,教师通过语言,向学生传授知识、讲解道理、表达情感,学生通过接收教师语言,理解和接受知识,懂得做人的道理。可以说,教师的语言是教师与学生之间重要的交流媒介和桥梁。那么,什么是教师语言?教师自身又应该具备怎样的语言表达能力呢?

一 教师语言的定义

教师语言的定义具有广义和狭义之分。广义的教师语言包括以语音为主要内容的口头语言、以文字为主要内容的书面语言和以眼神、手势、身姿为主要内容的态势语言。狭义的教师语言专指教师在从事教育教学工作中所使用的教师职业口头用语，是教师完成教育教学工作的最基本、最重要的手段，是教师职业特有的劳动工具。[①]

在本项目中，我们提到的教师语言采用的是狭义的教师语言定义。这主要是因为，在教育教学工作中，口头语言是教师使用最多、最便捷有效的用语，是教师语言的主体。[②]比利时学者G·德朗舍尔曾表示，在我们的教学形式中，教师的口头语言行为体现了他所做的全部事情和他要学生做的全部事情。苏霍姆林斯基也明确指出，教师高度的口头语言修养是合理地利用时间的重要条件，在很大程度上决定着学生在课堂上的脑力劳动效率。一名合格的教师，不仅要熟悉教师口头语言的基本要求，还要熟练掌握和运用教师的语言艺术。学前儿童是发展中的个体，"言传"是教师教育学前儿童的主要途径，在各类活动中发生的频率最高。因此，幼儿园教师要重视自身的语言修养，深入探讨、把握和研究教师语言在学前儿童成长与发展过程中的地位、影响及规律，努力提升教学业务水平和全面育人质量。

二 教师语言的基本要求

同其他行业和职业所使用的语言相比，幼儿园教师的语言一方面起着与学前儿童沟通的桥梁作用，另一方面对正处于语言发展关键期的学前儿童有着示范、强化的力量。在语言表达上，幼儿园教师的语言表达，应力求做到以下几点。

（一）简明准确，具有规范性

"学高为师，身正为范。"幼儿园教师的语言必须具有规范性，以产生语言的正面示范效应。首先，幼儿园是学前儿童学习普通话的前沿阵地，每名幼儿园教师都应成为推广普通话的模范。如果幼儿园教师发音不标准、普通话讲得不规范、带有浓厚的家乡口音或过多地使用方言，如将"捧起来"说成"绷起来"，将"汽车"说成"嘟嘟"等，都将严重阻碍学前儿童语言发展和国家对普通话的推广。其次，幼儿园教师要注意在遣词造句方面的规范性，避免用词不当、语句不通等问题。例如，有的幼儿园教师在表扬学前儿童时会说"今天表现最好的有×××、×××和×××"。"最"字表达的是独一无二的意思，但教师却在"最好的"后面说了好多个人，明显在遣词造句方面缺乏规范性，给学前儿童语言发展带来不良影响。最后，幼儿园教师要养成严谨周密的语言表达习惯，保证教学内容的科学性，促使学前儿童正确理解教学内容。在人际交往中，谈话的第一要务就是要简明、准确，教师用简洁、准确的语言传递教学信息，不仅能够最大限度地提高教育教学工作的效

[①] 王桂波，赵海宝. 教师语言[M]. 北京：高等教育出版社，2014.
[②] 韩承红. 教师语言[M]. 北京：北京师范大学出版社，2013.

能，还能够在潜移默化中影响学前儿童，对学前儿童进行语言表达的训练和陶冶。①

（二）灵活运用，具有启发性

灵活运用教师语言，启发学前儿童思维，对学前儿童产生心理的催动和激励作用，是幼儿园教师教学工作的重要内容。幼儿园教师要善于针对不同的教育对象、教育内容和教育环境，运用不同类型的语言，启发学前儿童思维，促进学前儿童语言发展。

案例导入

《论语·先进篇》中的语言智慧

在《论语·先进篇》中记载了这样一段对话。

子路问："闻斯行诸？"子曰："有父兄在，如之何其闻斯行之？"

冉有问："闻斯行诸？"子曰："闻斯行之。"

公西华曰："由也问闻斯行诸，子曰：'有父兄在'；求也问闻斯行诸，子曰：'闻斯行之'。赤也惑，敢问。"子曰："求也退，故进之；由也兼人，故退之。"

上述对话中，孔子运用教师语言对不同性格的学生有针对性地施以不同方向的启发，为学生提供了不同方向的引导，达到了良好的教学效果。在幼儿园的一日生活中，幼儿园教师应深入了解学前儿童，区分不同性格的学前儿童，如性格外向的和性格内向的学前儿童，自尊心强的和自尊心弱的学前儿童等，灵活运用教师语言，有针对性地给予不同方式、不同方向的指导，以求收到理想的教育教学效果。一句具有启示性的话，能使学前儿童茅塞顿开；一句具有激励性的话，能鼓励学前儿童，并使其拥有强大的力量。从真实的教育教学情境来看，幼儿园教师的工作是一项富于创造性的工作，教师的语言不仅要因人而异，还要因环境、时间而异，要仔细斟酌、灵活运用，在表达自身观点的同时要对学前儿童具有较强的启发意义。

拓展资源
"孔子的育人故事"

---

① 胡继霞.教师口头语言使用分析与思考——以中班幼儿常规管理为例[J].教育实践与研究，2023（6）：50-52.

（三）积极向上，具有教育性

韩愈在《师说》中指出："古之学者必有师。师者，所以传道受业解惑也。人非生而知之者，孰能无惑？惑而不从师，其为惑也，终不解矣。"教师的教育目标是教书育人，培育德智体美劳全面发展的社会主义建设者和接班人。《幼儿园教师专业标准（试行）》也明确指出，"遵循幼儿身心发展特点和保教活动规律，提供适合的教育，保障幼儿快乐健康成长"。可以说，教育性贯穿教师的全部教育活动，是教师语言的出发点与归宿。幼儿园教师语言必须积极向上，具备较强的教育性。其教育性体现在两个方面：一方面，幼儿园教师语言本身要积极向上、健康文明，禁绝粗俗、低级和恶劣，注意在学前儿童面前树立自己的师者形象，积极发挥教育的正面引导作用；另一方面，幼儿园教师语言的教育性还体现在师幼交流的过程中，实现了语言与教育的统一，建立了语言与教学之间的紧密联系，促进了幼儿园教师与学前儿童之间的教学交往。幼儿园教师要特别注意发挥教师语言的教育性，积极对学前儿童进行思想道德教育，把育人理念渗透在全部的教师语言实践中。

政策法规链接
《幼儿园教师专业标准（试行）》

三 教师语言修养的提升策略

教师语言是教师职业的专门用语，是教师职业技能的核心内容。一名合格的教师需要具备较强的语言表达能力和较高的语言修养。而提高教师语言表达能力，提升教师语言修养，可以从如下方面入手。

（一）要广泛学习，提高思想境界

"思想决定语言，语言是思想的直接体现。"[①]幼儿园教师要想提高自己的语言修养，首先要提高自己的思想境界，让自己的思想有力量、有火花和有光彩。鲁迅先生曾说，从喷泉里流出来的都是水，从血管里流出来的都是血。一个根本不热爱教师职业和教育工作的人，怎会用热情洋溢的语言去教导学生热爱国家、热爱人民；一个没有民族责任感、时代紧迫感、思想境界平庸的人，怎会真正作出催人奋进、激人上进、打动人心的思想动员。言为心声，源自思想。越是思想境界高的教师，越能在师生交往的过程中宽容大度、沉着镇静，也越能够运用精彩的话语应对突发事件，灵活施展语言的力量，创造出语言交往的奇迹。

提高思想境界，首先，要做的是虚心地向周围思想境界高的老教师和优秀教师请教和广泛地学习优秀典籍中科学的教育理念。其次，要积极地学习政策文件，了解当前党和国家对教育事业发展、

---
① 桑秋红.教师语言使用及修养提升策略研究[J].中国科教创新导刊,2014 (8)：212-213.

教育教学改革的新要求，以政策文件中传达的精神指导自身的教师语言，引领学前儿童健康成长。最后，可以深入地了解学前儿童，对学前儿童进行细致的观察，加强对学前儿童群体的认知、理解和思考，明确自身的引导性地位和学前儿童的主体性地位。总之，幼儿园教师语言修养的提升，离不开幼儿园教师思想境界的提升，而思想境界的提升，需要广泛地学习，深入地思考与改进。

（二）要善于积累，提高知识修养

教师语言是各种知识信息的载体，需要大量的知识作为支撑。教师要提高语言修养，不仅要掌握广博的通识性知识，还要掌握扎实的专业知识。那些名垂千古、语言修养极高的教育名家，往往十分注重自身知识修养的提升。理想的智育是教师拥有广博的知识，并将知识转化为智慧。只有在智慧的引导下，才有可能开展真正意义上的智育活动。作为21世纪的教育者，教师承担着为现代社会培养人才的重要任务，也面临着社会发展提出的艰巨挑战——成为复合型的人才。随着经济的快速发展，单一型知识的人才已经远远不能适应社会的需求，教师也应努力让自己的知识从"专"向"博"的方向发展，让自己拥有又"专"又"博"的知识体系，努力让自己的知识牢固而不僵化，广博而不杂乱。因此，教师就需要拥有从知识储存库中迅速提取、变换、组合相关内容，将其外化为灵活的、完美的、具有示范性的语言表达能力和语言修养。

教育是提高人综合素质、促进人全面发展的重要途径，是民族振兴、社会进步的重要基石，是对中华民族伟大复兴具有决定性意义的事业。好教师就应该是智慧型的教师，具备学习、处世、生活、育人的智慧，能够在师生交往的过程中对学生进行帮助和指导。陶行知先生说："出世便是破蒙，进棺材才算毕业。"这就要求幼儿园教师始终处于学习状态，站在知识发展的前沿，刻苦钻研、勤学笃行，不断充实和提高自己，用自己的言行为学前儿童的成长与发展持续提供指导。

（三）要勤学苦练，提高语言技能修养

除前面所阐述的内容外，教师语言修养还体现在教师的发音是否标准、语调是否符合内容、语气是否符合语境和遣词造句能力是否高超等方面。因此，幼儿园教师语言修养的提升还需要有规范用语的意识和较强的语言表达能力。比如，教师在发声时能够做好气息控制、语音辨识、语调变化和节奏处理等，让自己的声音响亮、持久，有稳定的气息。[1]在音量、语调变化和节奏处理上也能通过生活实践多观察、体会和品味，掌握轻重、快慢和抑扬顿挫的技巧。在说话时还能配合自然得体的态势语言，将态势语言和口头语言结合起来，让语言表达更加形象生动、严谨周密，让思想感情的表达变得更加充分和生动。

作为一名幼儿园教师，在师幼交往的过程中要多注意在具体的语言情境中积累语言技能，提高在不同的情境下使用不同语言技能的能力，多向拥有优秀口才的老教师们学习，向周围语言表达能力强的人学习，将书本上的理论知识和生活实践结合起来，处处留心、事事留意、多说多积累。除此之外，还要特别注意教育对象的年龄特点和前期经验，有针对性地选择语言表达方式，在实践中不断总结，并根据总结内容不断实践，最终持续改进与提高。

---

[1] 韩承红.教师语言[M].北京：北京师范大学出版社，2013.

四 教师的语言引导艺术

大量的研究表明,在达到必要的智力、知识和能力水平后,从事教书育人工作所不可缺少的语言表达能力、组织能力等会成为影响教书育人效果的决定性因素。"三寸之舌,强于百万雄兵;一人之辩,重于九鼎之宝。"教师的语言引导艺术的力量是强大的,要想提高教师的语言引导艺术,可以从以下三个方面入手。

(一)让情感成为媒介

情不通,则理不达。思想的交流,离不开情感作为媒介。一次成功的思想教育也是一种情感表达的艺术。教育心理学的研究表明:充满健康情感的话语比单纯的说理性话语更能收到理想的教育效果。当幼儿园教师做学前儿童的思想教育工作时,饱含激情的话语有利于让学前儿童产生情感共鸣,引导学前儿童形成积极的学习态度,并顺势完成对学前儿童的思想教育工作。反之,如果语言缺乏情感,就像是雨滴击打在了石头上,不能浸入学前儿童的心田。而语言交流中情感的获得与表达,本质上来自幼儿园教师对学前儿童发自内心的关怀和热爱。[①]

(二)用微笑传递温暖

古人云:"亲其师,信其道。"幼儿园教师要让学前儿童感到亲切,就要经常面带笑容。微笑作为一种最基本的表情语言,能够有效地传达情感,对学前儿童的心理产生积极的影响。在讲解、劝导、解释、交谈等表达过程中,幼儿园教师的亲切微笑能强化口头语言的信息传递与交流的功能,也能很好地鼓励学前儿童敢于面对困难、勇于攀登高峰,变得精神饱满、乐观向上(图12-1,图12-2,图12-3,图12-4)。幼儿园教师应在运用教师语言传递教育信息时合理而充分地利用微笑,用真诚、适度而又丰富的笑容彰显教育的魅力。至于如何掌握微笑这一语言艺术,还需要幼儿园教师自身在实践中不断探索、体验和总结。

图12-1 幼儿园教师的笑容之一

[①]方银叶,袁爱玲.幼儿教师语言使用及修养提升策略[J].教育导刊(下半月),2012(2):79-80.

图 12-2 幼儿园教师的笑容之二

图 12-3 幼儿园教师的笑容之三

图 12-4 幼儿园教师的笑容之四

（三）用幽默推动交流

著名的教育家斯维洛夫说："教育家最主要的，也是第一位的助手是幽默。"幽默既是一种教学艺术，也是教师才智的表现。幼儿园教师的语言要有一定的幽默感，幽默能很好地推动师幼互动与交流。一方面，幽默的语言能增加教学内容的形象性和鲜明性，容易引起学前儿童大脑皮层的兴奋；另一方面，幽默的语言能拉近师幼之间的距离，活跃课堂氛围，有利于学前儿童形成开朗的性格。幼儿园教师应该通过设计幽默的课堂情节、讲笑话、谈趣事、动作幽默和表情幽默等多种方式灵活运用幽默的语言艺术。

案例导入

桌子上流小河了

某幼儿园的午餐时间到了，中班学前儿童排着长队，依次端着饭菜走回自己的座位。这时，一阵吵闹声传到了张老师的耳朵里："毛毛的汤洒了""汤往下流了""快拿抹布"……张老师闻声走了过去，当看到毛毛把汤撒在了桌子上时很是生气，心想：平时一直提醒他们不管做什么事都要小心，难道他们把这两个字当成"耳旁风"了吗？真想好好地批评一下毛毛。但是，当看到毛毛已经在用抹布擦桌子，而且他把头抬起又迅速低下时投向张老师的那一瞬间的眼神——又害怕、又羞愧、又紧张……张老师又有些不忍心了，心中的怒气一下子又压了下去。张老师知道此时的毛毛已经意识到了自己的错误了，如果再批评他，或许会让他更加紧张和害怕。张老师调整了一下自己的情绪，面带微笑地抚摸着毛毛的头说："桌子上流小河了，有没有流到身上？下次注意，好吗？"班上其他学前儿童都笑着说："桌子上流小河了，桌子上流小河了……"原本紧张的氛围突然变得轻松了。毛毛听了张老师的话，知道一场风波已经平息了，紧张的神情一下子舒展了许多，他轻声对张老师说："张老师，以后我会更加小心的，请你原谅我。"①

任务二　家长语言修养和教育引导艺术

当一名婴儿呱呱坠地，离开了黑暗的子宫，马上就会遇到他生存与发展的初始环境——家庭，也会遇到他人生的第一任教师——父母。父母是学前儿童最温暖的依靠，他们将通过语言这种主要的交流方式，直接影响学前儿童的世界观、人生观和价值观，也间接影响了学前儿童的个性发展和心理健康水平。那么，什么样的语言能够对学前儿童的发展起到积极的引领作用呢？父母在与学前儿童交流时应该具备什么样的语言艺术呢？

---

①姜兰芳，张艳萍.做幽默型幼儿教师[M].北京：中国轻工业大学出版社，2011.

一　家长语言对学前儿童发展的影响

著名的生态学家劳伦兹做过这样一个实验，让刚刚破壳而出的小鸭子不先看到母鸭子，而是首先看到劳伦兹，于是，有趣的事情发生了，小鸭子将劳伦兹当成了自己的母亲，总是跟着他。这一现象被劳伦兹称为"印刻"。劳伦兹也由此提出了"关键期"这一概念。在学前儿童成长的过程中，父母作为首席导师，用自己的语言，在学前儿童的关键期留下了不可磨灭的印记。

（一）家长语言是学前儿童语言学习的蓝本

学前期是掌握口语的最佳时期，学前儿童的语音、语法和口语表达能力都能得到迅速发展。在这个时期，家庭教育的影响时间最长、影响力最大。有研究表明，学前儿童在两个月大的时候就会对成人发出的声音有所反应，经常会暂停自己的声音来倾听成人的语音；在六个月大的时候会通过"咿咿呀呀"的声音吸引周围人的注意；更大一点的学前儿童会在与家长相处的过程中模仿家长的口语，逐步提升自己的口语表达能力。一般来说，学前儿童对家长也有着天然的崇拜感，家长语言是他们心目中最为重视、最有威望的语言。

家长语言是学前儿童语言学习最重要的蓝本。学前儿童的语言甚至可以说是家长语言的镜像，在遣词用句、语音语调和发声方式等方面有着惊人的相似之处。在学前儿童语言学习的关键期，家长们如果希望学前儿童语言发展能够较为顺利，还需要特别注意与学前儿童口头沟通时的语言，使用适宜的语言艺术，为学前儿童提供良好的学习蓝本。

（二）家长语言是学前儿童认知发展的源泉

学前儿童认知水平的提升在很大程度上依赖于他人的语言，尤其是与其朝夕相处的家长。人类的知识如此丰富，包含了广博的学术文化成果、实践活动经验和复杂的事物客观规律等，但语言还是能够毫不费力地将它们承载起来，并传播出去。[1]当家长把学前儿童带到大街上，告诉他这是卡车，那是轿车；当家长睡前带着学前儿童一起阅读《小红帽》的故事；当家长指导学前儿童学习自己穿脱衣物；当家长给学前儿童讲解拾金不昧的道理……这些无一不是在拓展学前儿童的认知世界，提升学前儿童的认知水平。家长运用语言，将信息传递给学前儿童，也将一定的社会价值观和社会规范传输给学前儿童。家长语言对学前儿童认知发展的影响是巨大的，其语言技巧的高低和语言艺术的掌控能力，直接影响学前儿童内心世界的建立，关系到学前儿童头脑中"知识之树"的成长发育。

（三）家长语言是学前儿童人格塑造的关键因素

人在学前期的人格教育来自家长。家长的言传身教，影响着学前儿童最初人格的形成。而家长

---

[1] 叶慎花.父母语言对孩子的影响及建议[J].中小学心理健康教育，2018（32）：70-73.

语言是学前儿童人格塑造的关键因素。在家庭生活中，家长通过语言传递的内容，向学前儿童传递了一种信息："你是一个什么样的人，你应该成为什么样的人。"①可以说，学前儿童的人格被深深地刻上了家庭的烙印。这种烙印将会成为决定学前儿童对自我身份的认知、认同和对世界的看法的关键因素。著名的心理学家罗森塔尔和雅各布森曾经做过一个影响颇深的实验。他们先是从某学校的小学生中随机挑出部分学生，将这些学生的名单交给学校的校长和教师，并表示这些名单上里的学生都是很有潜力的学生。一段时间后，他们重新对这些学生和新加入的学生进行智力测验，发现这些名单上的学生在智力上并没有多么出众，但学习能力和学习兴趣明显提升，学习效果明显增强。也就是说，对这些学生学业成绩起到重要作用的因素不是智力，而是别人的期待，其中必然包括家长信任和鼓励的语言。心理学界将这种效应称为"皮格马利翁效应"。家长作为学前儿童的启蒙者，提供的教育引导将会成为学前儿童社会化的基点。②家长语言中渗透出的对学前儿童的态度将影响学前儿童的自我认知，家长语言也会将家长的观念传输给学前儿童，引导学前儿童的人格发展。

 微课视频
《皮格马利翁效应》

二 家长语言修养的提升策略

一位教育家曾说："父母教育孩子的最基本的形式，就是与孩子的谈话。我深信世界上好的教育，是在和父母的谈话中不知不觉地获得的。"家长的语言修养是学前儿童成长与发展过程中的重要影响因素。作为学前儿童生活的重要参与者，家长应该怎样提升自身的语言修养呢？

（一）具体问题具体分析，有针对性

每名学前儿童都是发展中的个体，有着自己独特的内心世界，在语言、认知、思维、想象等多个方面都与成人有着明显的不同。许多家长在与学前儿童相处的过程中最容易忽视的就是这一点，他们将学前儿童当成"小大人"，以成人的眼光衡量学前儿童，为学前儿童的天性行为贴上错误行为的标签，让学前儿童处于情绪低落的状态，阻碍了学前儿童身心健康发展。

---

① 冯永刚. 刍议家庭道德启蒙教育的语言艺术[J]. 教育导刊（下半月），2011（7）：79-81.
② 叶慎花. 父母语言对孩子的影响及建议[J]. 中小学心理健康教育，2018（32）：70-73.

> **案例导入**
>
> ### 儿童的一百种语言
>
> 儿童是由一百种组成的,儿童有一百种语言,一百双手,一百个念头,一百种思考、游戏、说话的方式,还有一百种倾听、惊奇和爱的方式,有一百种欢乐,去歌唱、去理解一百个世界,去探索、去发现一百个世界,去发明、去梦想一百个世界。儿童有一百种语言,一百、一百再一百,但被偷走了九十九种,学校和文明,使他的身心分离,他们告诉儿童,不须用手去做,不须用头脑去想,只要听不必说,只要理解不要快乐。爱和惊奇,只在复活节、圣诞节才有,他们要求儿童,去发现早已存在的世界,在儿童的一百个世界中,他们偷走了九十九个,他们告诉儿童:游戏与工作,现实与幻想,科学与想象,天空与大地,理智与梦想,都是水火不容的。他们就这样告诉儿童:一百种并不存在。但儿童却说:其实真的有一百种!①
>
> 的确,儿童有一百种语言,也有一百种可能。好奇好问的个性、天马行空的想象和与生俱来的探索欲望,让他们经常不遵循成人按部就班的思维模式,也经常让成人措手不及。如果家长不能做到尊重学前儿童的身心发展规律,具体问题具体分析,而是高高在上、自以为是地判断学前儿童的行为,就可能会成为一个可怕的"教育刽子手"。为了能够更好地与学前儿童进行交谈,家长应该学习并深入掌握学前儿童身心发展和语言发展的阶段和规律。不仅如此,家长还应认真观察学前儿童,了解学前儿童的个性化特征,从学前儿童的角度来考虑问题并对症下药。"教学有法,教无定法",家长要是能根据学前儿童的特点认真思考、仔细琢磨,一定能在语言交谈方面积累各种行之有效的方法,提升自身的语言修养。

(二)避免语言暴力,有激励性

社会心理学家库利的镜中我理论认为"人们彼此都是一面镜子,映照着对方"。他认为人的行为在很大程度上取决于对自我的认知,而这种认知主要是通过与他人的社会互动形成的,他人对自己的评价、态度等,是反映自我的一面"镜子",个人透过这面镜子认知和把握自己。父母充满期待的、积极的语言及关注,会在无形中给学前儿童提供一种暗示,让学前儿童在激励中朝向父母所关注的方向发展。相反,父母对学前儿童消极的、负面的语言暴力,则会极大地打压学前儿童的积极性和自信心。

曾有一位母亲带着自己刚上幼儿园的女儿,询问当时日本著名的教育家铃木镇一。她说:"铃木先生,我知道您是著名的教育家,您看我的孩子能成才吗?"铃木先生头也不抬地说:"不能。"那位母亲马上询问原因,铃木先生说:"她成不了才,是因为你在怀疑她不能成才。"语言是一把双刃剑,它能给学前儿童带来温暖和力量,也能对学前儿童的心灵产生极大伤害。家长对学前儿童说"你看

---

① 卡洛琳·爱德华兹,莱拉·甘第尼,乔治·福尔曼.儿童的一百种语言[M].罗雅芬,连英式,金乃琪,译.南京:南京师范大学大学出版社,2006.

别人家×××如何如何""你都在学些什么呀""你真是烂泥扶不上墙"等话语,在严重的情况下会让学前儿童跌入自卑的深渊。因此,家长若想要提升自己的语言修养,与学前儿童友善交流,务必先要有意识地调整自己的情绪,避免语言暴力,让学前儿童有被需要、被关怀、被激励的感觉,只有这样,家长与学前儿童的交流,才能真正发挥家庭教育的引领作用。

拓展资源
"铃木镇一的教育观"

(三) 保持学习,有前瞻性

作为学前儿童生活的重要参与者,家长对学前儿童的影响不仅仅是为学前儿童提供充足的物质生活条件,更重要的是对学前儿童心灵上的引领和人格上的塑造。但教人者,须先教己。一个称职的家长,应尽量保持学习的状态,让自己的知识面"广"一些、"博"一些。每名学前儿童都是持续发展的个体,他们的语言、认知、思维和想象的水平都处于持续发展的过程中。在这个特殊时期,家长就像是一位先导,以个人的语言修养、知识修养和智力水平,带领着学前儿童向更高的层次发展。

近些年来,随着国家对学前儿童教育的重视,供学前儿童和家长阅读和学习的教育类图书如雨后春笋般出现,为家长提供了很好的学习资源和材料。家长可以充分利用当前的有利环境,保持学习的状态,掌握更多的古今中外文化成果、学前儿童身心发展规律和养育策略,为学前儿童提供一种带有前瞻性的、有利于身心健康发展的教育。同时,家长在为学前儿童做讲解和引导时,也要特别注意进行语言上的过滤,保证所提供的"精神食粮"的科学性和准确性。

三 家长的语言引导艺术

学前期是一个人人生的出发点,成年后长出的"枝叶"、绽放的"花朵"和结出的"果实",都可以在学前期追根溯源。①在学前期,家长与学前儿童的交流,经常会出现"一句话把人说笑"或"一句话把人说跳",因此家长要特别注意语言引导的艺术性。

(一) 答疑解惑的艺术

学前儿童群体是好奇好问的群体,也是出了名的"问题专家"。诸如"为什么晚上看不到太阳""什么是男孩子、女孩子""电视机里的人是怎么进去的"等问题比比皆是。他们几乎每天都在向家长提出问题,并要求家长回答,直到他们满意为止。在这个过程中,家长的回答对学前儿童有很大的影响。那么,如何回答学前儿童的问题,才能起到答疑解惑的作用呢?

---

① 李宇明,白丰兰.父母语言艺术[M].北京:北京语言学院出版社,1991.

首先,家长要答其所问,也要答超所问。答其所问,也就是学前儿童问哪个方面的问题,就要回答哪个方面的问题。例如,学前儿童问:"妈妈你在哪里工作?"家长可以直接回答,"我在××学校工作"。答超所问,就是要适当增加回答的内容,将回答变为"我在××学校工作,这个学校风景很好,食堂饭菜也很好吃,下次带你去看看喔"。由此,亲子之间的答话不仅仅是答话,还是通过答话教授学前儿童知识和道理。其次,家长要读懂学前儿童的言外之意。学前儿童一般有什么问题就直接问什么问题,但也存在言外之意。例如,学前儿童很不想去幼儿园,就有可能会问:"等下是不是要去幼儿园,我肚子疼了怎么办?"这时,学前儿童的真实意图是不想去幼儿园并询问家长的态度,家长还需要根据具体情境来问答。最后,家长的回答要正确,给出较为科学的答案。在家庭生活中,学前儿童会经常问到一些不易回答或不宜回答的问题,就像许多学前儿童感兴趣的问题:"我从哪里来?"家长会因为不懂或者想要"哄"学前儿童,乱扯一通,给出不正确的答案。但错误的答案一旦在学前儿童心中生了根,再想纠正就非常困难了。所以,在回答学前儿童的问题时,家长还需要谨慎处理,慎用语句。

(二)表扬与批评的艺术

表扬与批评,是家庭教育的重要手段,更是家长手中的两张"王牌"。表扬是对学前儿童正确行为的肯定和强化,批评是对学前儿童错误行为的遏制和否定。这两张"王牌"的使用质量直接关系到家庭教育的成功与失败。那么,表扬与批评应该如何使用呢?在心理学研究中,表扬用来增加正确行为的次数,批评用来减少错误行为的次数,二者并不适合单一使用,应相辅相成。家长在使用时,可以参考如下技巧。

(1)表扬学前儿童的成就。表扬最重要的就是表扬学前儿童的成就。
(2)表扬要发自内心。学前儿童对成人的语言是非常敏感的,要避免说假话。
(3)表扬学前儿童的具体行为。成人要让学前儿童明白自己是因为什么事情而受到表扬。
(4)批评要就事论事。批评学前儿童最正确的方式是就事论事、不乱扯。
(5)批评中不能带有责骂性语言。批评绝对不能上升到侮辱人格、伤害自尊。
(6)批评是为了学前儿童的成长。批评是教育手段,是建设性的,不是破坏性的。

教育实践证明,无论是表扬还是批评,都必须有理有据,让学前儿童明白被表扬或被批评的原因。同时要注意适度原则,既不能夸大其词,又不能轻描淡写。坚持表扬与批评相辅相成的原则,让表扬与批评真正成为家长手中的"王牌"。

(三)与特殊儿童交谈的艺术

人人都希望自己的孩子耳聪目明、身体健全。但很多时候,由于先天或者后天的因素,家庭中出现了特殊儿童。如果一个家庭遭遇了不幸,迎来了特殊儿童,家长应该如何进行语言沟通呢?首先是要有信心,深刻地认知到残而不废的道理。人是一根有思想的芦苇,有着自我补偿的功能。肢体上的不健全并不影响大脑的开发和使用,我们熟知的海伦·凯勒、张海迪等人就是很好的榜样。其次是要注意有声语言和无声语言的结合。根据特殊儿童的不同类型,指导他们掌握与人交流的技巧,帮助他们学习有声语言,勇于运用有声语言或者通过观察人的口形、面部表情等要素弥补有声语言的缺陷。最后是要在交流中鼓励特殊儿童自尊、自信和自强。通过经常讲述特殊人群自强不息的奋斗事迹，帮助特殊儿童树立信心，感受到生活的无限美好，引导他们树立远大理想、执着追求梦想。家长可以经常收集富有正能量的名人名言讲给学前儿童听，告诉他们不要惧怕失败。

◇ 项目小结

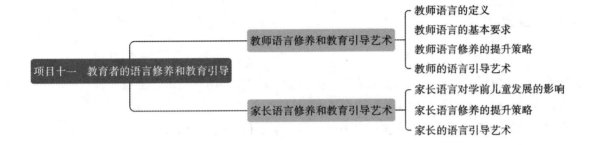

思考与练习

一、单项选择题

1.因为幼儿园小三轮车数量有限，中班学前儿童常为"谁骑车"而争论不休，一天，小宝跑到李老师面前说："小莉不让我骑三轮车。"对此，李老师恰当的说法是（　　）。（2022年幼儿园教师资格证考试真题）

　　A.小宝，我们玩别的玩具吧

　　B.小莉，让小宝骑，一会儿我让你发点心

　　C.小宝，可以怎样对小莉表达你的想法

　　D.小莉，我知道你是一个懂得谦让的好孩子

2.李老师打扫完班级卫生后，顺便靠坐在教室的玩具柜上。旁边的程程说："老师，你也坐上面呢！"此时，李老师恰当的回答是（　　）。（2022年幼儿园教师资格证考试真题）

　　A.玩具它们同意喔　　　　　　　　　　B.谢谢你

　　C.老师太累了，只坐一会儿　　　　　　D.谢谢你，小朋友会有危险

3."拼图"游戏时，王老师见东东反复拿起这块、放下那块，不知该拿出哪块，急得满脸通红、满头大汗。对此，王老师恰当的做法是（　　）。

　　A.不要着急，我们再试试吧　　　　　　B.你看看，晓红是怎么拼的

　　C.试试红色正方形的拼板吧　　　　　　D.仔细看一下颜色和形状

4.在一次数学活动中，黄老师问本班学前儿童："图上的月亮是什么样的呀？"大多数学前儿童回答："是圆的。"只有昊昊说："月亮是弯弯的。"黄老师对昊昊说："不对，图上的月亮明明就是圆的，哪里是弯的？"这表明黄老师（　　）。

　　A.缺乏批评教育的艺术　　　　　　　　B.没有灵活运用语言的能力

C.没有关爱学前儿童的情感　　　　　　D.缺乏纪律管理的方法

二、论述题

1.简述教师语言的基本要求。

2.简述家长的语言引导艺术。

实践与实训

实训一：观看影片《送你一朵小红花》，对师幼交往过程中的教师语言进行分析与评价，总结教师语言修养对学前儿童成长的影响。

目的：掌握教师语言对学前儿童成长与发展的影响，体会教师的语言引导艺术。

要求：结合本项目内容与要求，对电影中的教师语言进行分析与评价。

形式：小组合作。

实训二：选择一所幼儿园，在家长接送自家孩子时记录亲子沟通的语言，并对其进行分析与评价。

目的：掌握家长语言对学前儿童成长与发展的影响，体会家长的语言引导艺术。

要求：结合本项目内容与要求，对真实教育情境下的家长语言进行分析与评价，并谈谈自己的感受。

形式：小组合作、实地观察与分析。

参考文献

（一）著作类

[1] 教育部基础教育司.《幼儿园教育指导纲要（试行）》解读[M].南京：江苏凤凰教育出版社，2017.

[2] 杨玉芳.心理语言学[M].北京：科学出版社，2015.

[3] 彭聃龄，陈宝国.普通心理学[M].6版.北京：北京师范大学出版社，2024.

[4] 张大均.教育心理学[M].3版.北京：人民教育出版社，2015.

[5] 蔡迎旗.学前教育原理[M].武汉：华中师范大学出版社，2017.

[6] 祝士媛.学前儿童语言教育[M].北京：北京师范大学出版社，2000.

[7] 周兢.学前儿童语言教育[M].北京：高等教育出版社，2015.

[8] 周兢，余珍有.幼儿园语言教育[M].北京：人民教育出版社，2004.

[9] 周兢.学前儿童语言学习与发展核心经验[M].南京：南京师范大学出版社，2014.

[10] 周兢.幼儿园语言教育资源[M].北京：人民教育出版社，2015.

[11] 周兢.汉语儿童早期阅读与读写能力发展研究[M].上海：华东师范大学出版社，2019.

[12] 张明红.学前儿童语言教育与活动指导[M].4版.上海：华东师范大学出版社，2021.

[13] 张明红.幼儿园语言教育与活动设计[M].北京：高等教育出版社，2010.

[14] 郭咏梅.幼儿园优秀语言活动设计70例[M].北京：中国轻工业出版社，2015.

[15] 陈丹辉.幼儿园语言教育活动指导[M].北京：高等教育出版社，2011.

[16] 颜晓燕.学前儿童语言教育与活动指导[M].北京：教育科学出版社，2012.

[17] 王蕾.幼儿图画书主题赏读与教学[M].上海：复旦大学出版社，2015.

[18] 康长运.幼儿图画故事书阅读过程研究[M].北京：教育科学出版社，2007.

[19] 康素结，李欢欢，陈梦明.学前儿童语言教育与活动指导[M].长沙：湖南师范大学出版社，2020.

[20] 杨文，宋占美.学前教育专业英语[M].北京：北京师范大学出版社，2011.

[21] 姚健，蒋耀琴.兴趣 童趣 情趣：幼儿园双语教学实践与探索[M].上海：上海教育出版社，2002.

[22] 孔宝刚.学前双语教育研究与建构[M].上海：复旦大学出版社，2007.

[23] 彭启福.理解之思——诠释学初论[M].合肥：安徽人民出版社，2005.

[24] 陈琦，刘儒德.当代教育心理学[M].3版.北京：北京师范大学出版社，2019.

[25] 李辉，李培美.幼儿园发展课程教师用书（上）小班[M].北京：新时代出版社，2006.

[26] 李辉，李培美.幼儿园发展课程教师用书（下）小班[M].北京：新时代出版社，2006.

[27] 李辉，李培美.幼儿园发展课程教师用书（上）大班[M].北京：新时代出版社，2006.

[28] 李辉，李培美.幼儿园发展课程教师用书（下）大班[M].北京：新时代出版社，2006.

[29] 肯·古德曼.全语言的"全"全在哪里[M].李连珠，译.南京：南京师范大学出版社，2005.

[30] 王志明.幼儿园教育活动与研究[M]，苏州：苏州大学出版社，1995.

[31] 钱维亚.儿童教师口语[M].北京：高等教育出版社，2008.

[32] 朱家雄，张亚军.给儿童教师的建议[M].上海：华东师范大学出版社，2010.

[33] 张明红.学前儿童语言教育与活动指导[M].3版.上海：华东师范大学出版社，2014.

[34] 赵寄石，楼必生.学前儿童语言教育[M].2版.北京：人民教育出版社，2003.

[35] 赵美娟.乔姆斯基的语言观[M].上海：上海外国语教育出版社，2013.

[36] Ellis R.The Study of Second Language Acquisition [M].Oxford：Oxford University Press，1994.

（二）期刊类

[1] 李思瑾，王庭栋，彭芝琳，等.新生儿对语音的感知、辨别和学习[J].心理科学进展，2023(12)：2295-2305.

[2] 陈树雯.第二语言语音产出研究的理论基础及新进展[J].当代语言学，2023(4)：541-561.

[3] 张义宾.重视去语境化语言：国际学前语言教育的新动向[J].学前教育研究，2022(9)：15-21.

[4] 郭丽月.儿童什么时候学习第二语言更好?[J].大众心理学，2022(7)：32-32，36.

[5] 朱韦.第二语言习得中的心理因素研究综述[J].英语教师，2022(12)：188-190.

[6] 李旭，陈诗.幼儿亲子教育话语语用模式建构探析[J].教育学术月刊，2021(12)：72-79.

[7] 曹璟钰，王利刚，陶婷，等.母亲受教育程度与学前儿童语言早期发展的meta分析[J].中国心理卫生杂志，2021(12)：1019-1024.

[8] 施晓梅.语言整合活动：提升幼儿关键经验的有效途径[J].学前教育研究，2021(11)：91-94.

[9] 马蕾.幼儿园语言活动与大班幼儿学习品质的发展[J].学前教育研究，2021(9)：87-90.

[10] 王娜.儿童语言游戏对我国英语教育的启示[J].学前教育研究，2020(7)：85-88.

[11] 程黎，李宏倩，高健.3—5岁幼儿口语叙事能力对创造力发展的影响[J].中国特殊教育，2020(4)：81-88，96.

[12] 彭杜宏.儿童早期学习品质的本质内涵、因素结构及学习效应[J].学前教育研究，2020(3)：57-71.

[13] 索长清.幼儿学习品质之概念辨析[J].学前教育研究，2019(6)：35-44.

[14] 徐明玉，任芳，沈理笑，等.屏幕暴露对0~3岁婴幼儿语言发育的影响[J].临床儿科杂志，2019(2)：97-101.

[15] 郝宇霞.基于关键经验的幼儿语言教育活动策略探究[J].教育观察，2019(3)：61-63.

[16] 汪劲秋.3~6岁儿童语言核心经验发展的调查研究[J].上海教育科研，2018(12)：38-42.

[17] 郑星星.幼儿时期英语学习的特殊性研究[J].河南教育(幼教)，2018(12)：44-46.

[18] 卢珊，郭文婷，李亚庆，等.家庭社会经济地位对幼儿词汇理解的影响：多重中介效应分析[J].心理科学，2018(6)：1359-1365.

[19] 周同燕.语言的功能体系及其对语言教育的启示[J].赤峰学院学报(哲学社会科学版)，2018(9)：

33-36.

[20] 刘玉娟.0—3岁儿童语言和言语障碍的早期诊断与干预[J].中国特殊教育,2018(9):53-57,71.

[21] 赵晓非,王陆正,唐欢.少数民族学前幼儿汉语词汇和语句能力的测评分析——基于新疆双语幼儿园双语教育的质量监测[J].民族教育研究,2017(6):130-140.

[22] 赵晓非,张君,王陆正.少数民族学前幼儿汉语能力监测研究[J].课程·教材·教法,2017(11):46-52.

[23] 吴瑞林,王华,赵晓非,等.大规模幼儿语言能力测评的设计与实践——基于表现性评价理念与平板电脑技术[J].学前教育研究,2017(9):34-44.

[24] 陈新葵,张积家.语言在情绪理论中的作用:从基本情绪观到心理建构观中的概念行为模型[J].西北师大学报(社会科学版),2017(3):132-137.

[25] 练丽娟,战菊.语言习得中的文化认同研究综述[J].新疆社会科学,2017(2):152-157.

[26] 赵蓉晖.语言社会功能的当代理解[J].中国社会科学,2017(2):159-171.

[27] 杨金芳.基于脑科学的儿童语言学习探微[J].上海教育科研,2017(1):24-27.

[28] 官群.儿童早期语言天赋:来自国际研究前沿的证据[J].学前教育研究,2016(8):32-40.

[29] 任桂琴,陈烜之,邹晓燕,等.幼儿汉语口语感知特点及神经机制[J].心理科学进展,2016(1):1-8.

[30] 陈菊咏.影响第二语言学习的神经机制及其对第二语言教育的启示[J].全球教育展望,2015(11):121-128.

[31] 李跃文,杨兴国.儿童早期读写课程的发展与特点及其启示[J].学前教育研究,2015(8):60-63.

[32] 李林慧.早期阅读理解能力发展:多元模式的意义建构[J].学前教育研究,2015(7):28-34,51.

[33] 刘昆.儿童语言学习品质与语言入学准备水平的相关性探究[J].现代中小学教育,2015(2):105-108.

[34] 张欣.利用故事结构促进幼儿语言能力的发展[J].学前教育研究,2015(2):67-69.

[35] 王秀萍,储昭兴."关键经验"内涵及其对我国学前教育的启示[J].教育导刊(下半月),2015(1):19-22.

[36] 吉姆·康明斯,俞婷.双语教育的国际发展:关于吉姆·康明斯双语教育理论与实践的圆桌对话[J].当代教育与文化,2014(3):1-11.

[37] 陈思,周兢.双语:儿童发展机遇与挑战的再解读[J].全球教育展望,2014(5):78-86.

[38] 刘揖建.论幼儿语言环境对幼儿语言发展的影响[J].语文建设,2013(15):19-20.

[39] 于冬青.关键经验:学前教育活动设计的新思路[J].东北师大学报(哲学社会科学版),2012(5):192-195.

[40] 王玉琼,周兢,李林慧.第二语言习得的语言输入研究综述[J].早期教育(幼教·教育科研),2012(9):2-7.

[41] 郭荣学,肖玉,章洪.湖南省1—6岁幼儿语言发展的基本情况与规律[J].学前教育研究,2011(11):45-48.

[42] 傅媛蕾,周素妹.论电视文化对幼儿语言发展的影响[J].中国报业,2011(4):40-41.

[43] 张长英,桑标,周爱保,等.动画片语境学习对幼儿英语语音意识的促进[J].心理科学,2010

(5): 1042-1046.

[44] 王娟,张积家.幼儿语言学习的机制及其对教育的启示[J].学前教育研究,2010(6):30-36.

[45] 夏瑞雪,周爱保.回汉藏3~6岁幼儿语言发展的差异与影响因素[J].学前教育研究,2008(2):35-38,60.

[46] 宋雪松,张忠梅.儿童语言习得认知观与早期双语教育[J].学前教育研究,2008(1):52-54.

[47] 赵琳,裴淼,刘华,等.中国儿童第二语言学习的新课程模式[J].陕西师范大学学报(哲学社会科学版),2006(4):117-122.

[48] 阮福金,周晖,李峰.家庭文化环境对幼儿语音意识的作用[J].心理发展与教育,2006(1):13-17.

[49] 莫雷,陈新葵,张金桥,等.幼儿期书面语言习得对后续发展的影响研究[J].学前教育研究,2005(9):21-23.

[50] 许燕明.在对话中学习与成长——3岁儿童语言学习的特点与指导[J].教育导刊(下半月),2005(8):13-16.

[51] 周兢.对我国学前儿童英语教育定位的思考[J].学前教育研究,2004(12):4-6.

[52] 龚少英,彭聃龄.第二语言获得关键期研究进展[J].心理科学,2004(3):711-714.

[53] 赵琳,强海燕.儿童早期第二语言浸入式教学与课程建构研究[J].学前教育研究,2002(4):30-33.

[54] 陈宝国,彭聃龄.语言习得的关键期及其对教育的启示[J].心理发展与教育,2001(1):52-57.

[55] 田野.从认知心理学谈幼儿语言课程的设计[J].外国教育资料,2000(2):39-45.

版权声明

为了方便学校课堂教学，促进知识传播，便于读者更加直观透彻地理解相关理论，本教材选用了一些论文、电影、电视、网络平台上公开发布的优质文字案例、图片和视频资源。为了尊重这些内容所有者的权利，特此声明，凡在本书中涉及的版权、著作权等权益，均属于原作品版权人、著作权人等。

在此向这些作品的版权所有者表示诚挚的谢意！由于客观原因，我们无法联系到您，如您能与我们取得联系，我们将在第一时间更正任何错误或疏漏。

与本书配套的二维码资源使用说明

　　本书部分课程及与纸质教材配套数字资源以二维码链接的形式呈现。利用手机微信扫码成功后提示微信登录，授权后进入注册页面，填写注册信息。按照提示输入手机号码，点击获取手机验证码，稍等片刻收到4位数的验证码短信，在提示位置输入验证码成功，再设置密码，选择相应专业，点击"立即注册"，注册成功。（若手机已经注册，则在"注册"页面底部选择"已有账号，立即登录"，进入"账号绑定"页面，直接输入手机号和密码登录。）接着提示输入学习码，需刮开教材封面防伪涂层，输入13位学习码（正版图书拥有的一次性使用学习码），输入正确后提示绑定成功，即可查看二维码数字资源。手机第一次登录查看资源成功以后，再次使用二维码资源时，只需在微信端扫码即可登录进入查看。